Wolfgang Dürwald

Anatomie des Todes

Wolfgang Dürwald

Anatomie des Todes

Militzke

Die deutsche Bibliothek – CIP-Einheitsaufnahme
Dürwald, Wolfgang:
Anatomie des Todes: ein Rechtsmediziner ermittelt /Wolfgang Dürwald. –
Leipzig : Militzke, 2002
ISBN 3-86189-252-9

1. Auflage

Lektorat: Kathrin Kürzel
Umschlaggestaltung: Ralf Thielicke
Satz: Claudia Hofmann
Druck und Bindung: sachsendruck GmbH

Inhaltsverzeichnis

Vorwort

Wie schon in den beiden bisher erschienenen Büchern soll auch in diesem Band nicht nur von sensationellen Mordfällen, sondern in erster Linie vom gerichtsmedizinischen Alltag berichtet werden, der ja nicht nur mit Mord und Totschlag einhergeht. Auf eine tatsachengetreue Schilderung von Kriminalfällen wurde daher verzichtet, vielmehr soll auch hier wieder an Hand von Beispielen die Vielfältigkeit der gerichtsmedizinischen Tätigkeit dargestellt werden. Aus Datenschutzgründen werden bewusst keine Namen und Orte dieser Ereignisse genannt, und die Darstellung entspricht nicht in jedem Punkt dem tatsächlichen Ablauf. Jede Erzählung hat zwar einen wahren Hintergrund, sie stellt aber in vielen Fällen eine beispielhafte Zusammenfassung von mehreren Fällen dar, an denen die Art und Weise der gerichtsmedizinischen Untersuchungsmöglichkeiten gezeigt werden soll. Die Darstellung der Handlung erfolgt in erster Linie so, wie sie sich dem Gerichtsarzt dargeboten hat und wie die an ihn gerichtete Fragestellung beantwortet werden konnte. Deshalb ist auch dem juristischen Verfahren wie Ausgang, Höhe der Strafe und dgl. keine besondere Beachtung geschenkt worden, zumal in der DDR der gerichtsmedizinische Sachverständige nicht in jedem Fall zur Hauptverhandlung geladen wurde. In vielen Fällen wurde nur das schriftliche Gutachten verlesen. Keineswegs nahmen die ärztlichen Sachverständigen so häufig an Gerichtsverhandlungen teil wie heute.

Zweifellos ist es eine der Hauptaufgaben der Gerichtlichen Medizin, unklare Todesfälle zu untersuchen und die Todesart sowie die genaue Todesursache festzustellen. Man unterscheidet zwei *Todesarten*: den *natürlichen* und den *nichtnatürlichen Tod*. Unter dem Begriff des natürlichen Todes versteht man allgemein Todesfälle, die durch ein krankhaftes Geschehen im Körper und Störungen seiner Organsysteme einschließlich der Altersveränderungen und der Altersschwäche bedingt sind. Auch Infektionskrankheiten gehören hierzu. Nichtnatürliche Todesursachen finden sich bei Todesfällen, die durch eine schädigendes Ereignis von außen, durch welches das normale Funktionieren und Zusammenwirken der Organsysteme gestört wird, hervorgerufen werden. Hierzu gehören die drei Kategorien Selbsttötung, Unfall und Tod durch fremde Hand. Mitunter werden diese Todesarten auch als gewaltsamer Tod zusammengefasst. Zu dem Tod durch fremde Hand gehören nicht nur Mord und Totschlag, sondern auch durch andere Personen vorsätzlich begangene Körperverletzungen mit Todesfolge und auch all diejenigen Todesfälle, die durch Handeln oder pflichtwidriges Unterlassen verursacht wurden, ohne Rücksicht darauf, ob sie schuldhaft (vorsätzlich oder fahrlässig) begangen wurden. Auch Todesfälle im Zusammenhang mit medizinischen Maßnahmen gehören dazu.

Nicht immer wird ein nichtnatürlicher Tod gleich erkannt, auch nicht bei der ärztlichen Leichenschau. Es gibt Umstände, die zunächst an eine natürliche Todesursache denken lassen. In manchen Fällen eines gewaltsamen Todes beabsichtigte der Täter sogar, dass eine natürliche Todesursache angenommen wird. Andererseits gibt es aber auch eine Reihe von Fällen, die auf Grund der Befunde und des Ablaufes zunächst den Verdacht auf einen gewaltsamen Tod lenken, der sich dann aber nicht bestätigt. In vielen Fällen lässt sich die wahre Todesursache eben nur durch eine Obduktion und entsprechende Zusatzuntersuchungen klären. Von diesen Aufgaben und Untersuchungsmöglichkeiten des Gerichtsarztes soll im Folgenden in erster Linie die Rede sein. Abschließend soll noch kurz auf einige andere Aufgaben des Gerichtsarztes eingegangen werden.

Wolfgang Dürwald

Kapitel 1

Kunstfehler in der Medizin

Zu den interessantesten, aber auch kompliziertesten und unangenehmsten Aufgaben der Gerichtlichen Medizin gehört die Beurteilung von ärztlichen Kunstfehlern. Man versteht darunter jede falsche, gegen die Regeln der ärztlichen Kunst verstoßende Handlungsweise. Eine rechtliche Bewertung ist damit allerdings noch nicht getroffen, denn nicht jeder ärztliche Fehler hat eine juristische Konsequenz. Rechtlich relevant wird eine solche falsche Handlungsweise erst dann, wenn dadurch ein Schaden eingetreten ist und wenn dieses Verhalten schuldhaft war; d. h. wenn diese Handlung oder Unterlassung fahrlässig oder vorsätzlich begangen wurde.

Auch Ärzte, Schwestern und Pfleger sind nur Menschen und deshalb nicht unfehlbar. Auch sie haben mit unglücklichen Zufällen und dem Zusammentreffen mehrerer ungünstiger Umstände zu kämpfen wie jeder andere auch. Das Gravierende bei ihrem Handeln ist aber, dass es Menschen betrifft und jede falsche Handlungsweise Leben und Gesundheit ihrer Patienten gefährden kann. Andererseits kann ein ungünstiger Verlauf mit schlechten Ergebnissen gerade in der Medizin auch eintreten, ohne dass ein Fehler oder gar schuldhaftes Handeln vorliegt.

Der menschliche Organismus ist ein viel zu kompliziertes System und das Zusammenspiel aller Funktionen so vielschichtig, dass es kaum möglich ist, eine absolut sichere Vorhersage bezüglich des Ergebnisses einer Operation oder des Ausgangs einer sonstigen Behandlung zu machen. Auch der geschickteste und versierteste Arzt erlebt immer wieder Fälle, die unglücklich verlaufen und bei denen sich Komplikationen einstellen, die er nicht vorausgesehen hat und in vielen Fällen auch nicht voraussehen konnte. Aber auch wenn er sich frei von jeder Schuld weiß und ihm dies in manchen Fällen auch juristisch bestätigt wird, so wird ihn ein unglücklicher Ausgang doch sehr belasten. Er wird sich Vorwürfe machen und immer wieder fragen, ob er vielleicht doch etwas übersehen hat. Es gehört zu den Schwierigkeiten der ärztlichen Tätigkeit, mit derartigen Belastungen fertig zu werden. Hinzu kommt, dass dem Arzt nicht selten bittere Vorwürfe sowohl von Patienten als auch deren Angehörigen gemacht werden, die glauben, jeder Misserfolg in der Medizin ist auf ein fehlerhaftes Handeln zurückzuführen. Gestützt wird diese Meinung noch durch den weit verbreiteten Glauben, dass die Medizin heute für nahezu alles eine Heilungsmöglichkeit hat.

Aus all diesen Gründen wird vom Arzt und dem gesamten medizinischen Personal eine ganz besondere Sorgfalt verlangt, die Zwischenfälle jeglicher Art auf ein Mindestmaß reduziert. Es müssen deshalb eine ganze Reihe von Sicherungen und Kontrollen in den gesamten Handlungsablauf eingebaut werden, die Fehler verhindern sollen. Kommt es doch einmal zu irgendwelchen Gesundheitsschäden oder gar zum Tod und werden als Ursache dafür Fehler in Diagnostik und Therapie vermutet, so muss eine Klärung erfolgen, zu der neben einer exakten Ermittlung aller Umstände auch unabhängige Sachverständige gehört werden müssen, die dem Gericht oder der Untersuchungskommission die notwendigen Kenntnisse und das jeweilige Spezialwissen vermitteln, die zur sachgerechten Beurteilung einer medizinischen Maßnahme und dem Ausgang im speziellen Fall notwendig sind.

In vielen derartigen Fällen wird der Gerichtsmediziner deshalb nicht nur zur Untersuchung der Schäden insbesondere bei Todesfällen herangezogen, sondern auch als Gutachter vor einer Ärztekommission oder dem Gericht gehört – häufig zusammen mit einem Sachverständigen der jeweiligen Fachdisziplin. Neben der Feststellung des genauen Körperschadens beziehungsweise der Todesursache ist vor allem die Frage des Kausalzusammenhangs zwischen einer bestimmten Handlung und dem eingetretenen Schaden zu beurteilen, d. h., es muss geprüft werden, ob die falsche Handlungsweise überhaupt den Schaden verursacht hat oder ob möglicherweise allein die Grundkrankheit für den unglücklichen Verlauf verantwortlich war. Weiterhin muss geklärt werden, ob die verursachende Handlung schuldhaft, d. h. vorsätzlich oder fahrlässig, begangen worden ist. Vorsätzlich wird wohl selten ein Behandlungsfehler gemacht, jedoch kann der bedingte Vorsatz, der dolus eventualis, in Betracht kommen. Man versteht darunter das bewusste In-Kauf-nehmen einer Schädigung.

Schäden können sowohl durch aktives Handeln als auch durch das Unterlassen von an sich notwendigen Maßnahmen verursacht werden. Es gehört mit zu den unangenehmsten Aufgaben eines Sachverständigen, sich gutachterlich über die Handlungsweise eines ärztlichen Kollegen äußern zu müssen, besonders, wenn diese Beurteilung Fehler des Arztes oder seiner Helfer aufdecken muss. Hierbei ist natürlich völlige Objektivität oberstes Gebot, auch wenn man mitunter von Nichtmedizinern die Redensart: »Eine Krähe hackt der anderen kein Auge aus« hört. Andererseits setzt sich der Gutachter nicht selten dem Vorwurf der Unkollegialität aus und wird als »postmortaler Klugscheißer« bezeichnet, wenn sein Gutachten den ärztlichen Kollegen belastet. Doch weder das eine noch das andere darf sein Urteil in irgendeiner Weise beeinflussen.

Natürlich muss der Gerichtsarzt auch hier seine Grenzen kennen. Er kann nicht in allen Spezialdisziplinen der Medizin sachverständig sein und muss sich gegebenenfalls der Mithilfe von Gutachtern des betreffenden Faches bedienen. Doch in vielen Fällen kann er gegenüber den Ermittlungsorganen oder dem Gericht quasi als Dolmetscher dienen und bestimmte Schlussfolgerungen der anderen Sachverständigen für den medizinischen Laien verständlich darlegen. Auch dies ist eine wichtige Aufgabe seiner Tätigkeit. Er hat mit darauf zu achten, dass die Gutachten klar und verständlich abgefasst werden und dass durch eine unklare beziehungsweise unverständliche Aussage keine Fehlbeurteilung entsteht. Und er muss sich stets darüber im Klaren sein, dass die Aufgabe jedes Gutachters lediglich darin besteht, dem Gericht die nötige Sachkenntnis im speziellen Fall zu vermitteln, nicht aber darin, über Schuld oder Nichtschuld zu entscheiden. Diese Aufgabe fällt einzig und allein dem Gericht zu.

Wichtig ist auch, dass ein Sachverhalt gutachterlich so beurteilt wird, wie er sich zum Zeitpunkt des Handelns darstellte, und nicht rückschauend allein von den eingetretenen Folgen aus. Auch dürfen zwischenzeitlich gewonnene neue medizinische Erkenntnisse, die erst nach der zu beurteilenden Handlung bekannt geworden sind und in die ärztliche Praxis Eingang gefunden haben, nicht Grundlage der Beurteilung sein.

Solche Kunstfehler-Gutachten wurden von uns nicht nur für Gerichte erstattet, sondern auch im Rahmen des ärztlichen Begutachtungswesens. Hierbei ging es in erste Linie um die Klärung von Haftpflichtschäden bzw. um die Zuerkennung einer materiellen Entschadigung im Rahmen der damals existierenden sogenannten »erweiterten materiellen Unterstützung«, kurz EMU genannt. Diese nach meiner Meinung sehr zweckmäßige Bestimmung kam für diejenigen Fälle in Betracht, bei denen ein unerwarteter und nicht voraussehbarer Schaden eingetreten war, ohne dass ein schuldhaftes Handeln nachgewiesen werden konnte. Ich selbst habe viele Jahre sowohl in einer Bezirksgutachterkommission als auch in der zentralen Gutachterkommission der DDR mitgewirkt. Es war eine äußerst interessante und verantwortungsvolle Tätigkeit. Die Zusammenarbeit fast aller medizinischer Fachdisziplinen und die Problemdiskussionen waren auch für die eigene Weiterbildung von großer Bedeutung.

Viele Fälle ärztlicher Fehlhandlungen sind auf Verwechslungen zurückzuführen, die auf Grund eines routinemäßigen Handelns nicht rechtzeitig bemerkt und nicht selten durch eine Reihe von unglücklichen Zufällen noch begünstigt wurden. Deshalb ist es unbedingt nötig, an verschiedenen Stellen Kontrollmechanismen in den Behandlungsablauf einzubauen, wie etwa die Abzählkontrolle am

Ende der Operation, die Sicherung von Bauchtüchern bei Operationen oder die mehrfache Kontrolle einer Medikation bei der Verabreichung von Medikamenten, um derartige Fehler zu vermeiden.

Fehler kommen auch dann vor, wenn die Pflichten und Aufgaben der einzelnen Mitarbeiter nicht genau festgelegt sind und sich bei der Untersuchung bzw. Behandlung einer auf den anderen verlässt oder wenn die Anweisungen an die Helfer nicht exakt formuliert werden. Auch muss jeder Mitarbeiter in solch einem Behandlungsteam wissen, wo seine Grenzen sind, was er darf und kann und was nicht. Dies gilt sowohl für die ärztlichen Hilfskräfte als auch für den Arzt selbst. Er muss ebenso wie seine Helfer wissen, wann seine eigenen Grenzen erreicht sind und wann er sich an einen Facharzt oder Spezialisten wenden bzw. einen Fall abgeben muss.

Diese Regel gilt nicht nur hinsichtlich seiner manuellen Fähigkeiten oder seines Wissens, sondern auch in Bezug auf seine jeweilige körperliche und geistige Leistungsfähigkeit. Vor allem die Länge des ärztlichen Dienstes spielt dabei eine wichtige Rolle. In nahezu allen Krankenhäusern war es bisher die Regel, dass Ärzte Bereitschaftsdienst machen, und zwar zusätzlich zu ihrem normalen Tagesdienst. Der Arzt beginnt also seinen Tagesdienst am Morgen, arbeitet acht Stunden und absolviert nahtlos einen Nachtdienst. Dieser geht naturgemäß bis zum nächsten Morgen. Und dann geht der normale Tagesdienst von acht Stunden weiter. Der Arzt ist also mindestens 32 Stunden ununterbrochen im Dienst. Sicher gibt es Einrichtungen, in denen der Nachtdienst relativ ruhig verläuft und der Arzt sich ausruhen kann. Er hat eben nur »Bereitschaftsdienst«. Aber in den meisten Fällen wird er auch nachts gefordert, und das nicht nur in den operativen Fächern. In zunehmendem Maße betrifft das auch die sogenannten konservativen Fächer, wenn Notfälle auftreten oder wenn der Nachtarzt gleichzeitig als Konsiliarius für andere Kliniken oder Abteilungen zuständig ist. Dies ist vor allem bei größeren Krankenhäusern oder Kliniken üblich. Er kann dann am nächsten Tag in eine Situation kommen, in der er auf Grund seiner Übermüdung nicht mehr voll leistungsfähig ist; dann muss er als verantwortungsvoller Arzt selbst entscheiden, ob er weiterarbeiten kann oder nicht. Arbeitet er weiter und trifft infolge seiner Übermüdung eine Fehlentscheidung, so kann er erhebliche rechtliche Schwierigkeiten bekommen. Jetzt haben mehrere bundesdeutsche Gerichte in Anlehnung an das EU-Recht entschieden, dass der Bereitschaftsdienst als volle Dienstleistung anerkannt wird.

Die bei der Beurteilung von ärztlichen Fehlhandlungen auftretenden Probleme sollen im Folgenden an einigen Beispielen dargestellt werden. Ich habe mir lange überlegt, ob gerade ich als Gerichtsmediziner über diese Fälle in einer breiten Öffentlichkeit berichten soll. Aber zum einen gebietet es die Ehrlichkeit, diesen in dem Aufgabengebiet des Gerichtsarztes nun einmal vorhandenen wichtigen Komplex nicht einfach aus standesbewussten Gründen auszuklammern, zum anderen kann und soll jeder, der mit solchen Fragen zu tun hat, aus den Fehlern anderer lernen und im eigenen Arbeitsbereich dafür sorgen, dass sie sich nicht wiederholen können.

Nur ein Operationszwischenfall?

Es war ein Operationstag wie jeder andere in dem kleinen Krankenhaus. Auf dem Operationsprogramm stand nichts Außergewöhnliches: eine Magenoperation und anschließend noch die Entfernung einer Gallenblase. Der Chef war zwar im Urlaub, aber der Oberarzt war ebenfalls ein sehr erfahrener Operateur, aufgrund seiner besonnenen Art war er beim Personal sehr beliebt. Die Assistenten und Schwestern arbeiteten gern mit ihm, weil er beim Operieren eine große Ruhe ausstrahlte und auch in komplizierten Situationen nie die Fassung verlor. Auch in schwierigen Fällen gab es nie ein lautes Wort, seine Anweisungen wurden ruhig und sachlich gegeben. Deshalb kam bei seinen Operationen nie Hektik auf, selbst dann nicht, wenn unvorhergesehene Blutungen oder sonstige Komplikationen auftraten, die ein schnelles Handeln erforderlich machten.

Die beiden Patienten waren am Vortag entsprechend vorbereitet und am frühen Morgen in den Operationssaal bzw. in den Vorbereitungsraum gebracht worden. Der Operateur, sein Assistent und die Operationsschwester wuschen sich vorschriftsmäßig und legten die sterile OP-Kleidung an. Auch die Narkoseschwester und die zu Hilfreichungen eingeteilte sogenannte unsterile Schwester waren bereit. Alles war routinemäßig vorbereitet, und die Instrumente und Medikamente, die benötigt wurden, waren bereitgestellt worden. Die Magenoperation begann pünktlich. Sie verlief komplikationslos und konnte innerhalb der vorgesehenen Zeit beendet werden. Es war sogar noch Zeit für eine kleine Pause bis zur nächsten Operation.

»Wollen Sie nicht schnell noch eine Tasse Kaffee trinken, Herr Oberarzt?«, fragte die unsterile Schwester. »Ich habe ihn frisch gekocht.«

»Gerne, Schwester Inge. Ich gehe nur noch mal schnell zum nächsten Patienten.«

Im Vorbereitungszimmer lag der Kranke, dem die Gallenblase entfernt werden sollte. Er war schon durch Medikamente ruhig gestellt und döste vor sich hin. Als er den Arzt sah, hob er etwas den Kopf: »Wann geht es los, Herr Doktor? Bin ich jetzt dran?«

»Es geht in wenigen Minuten los. Machen Sie sich keine Sorgen. Sie werden ruhig einschlafen und nichts merken. Wenn Sie wieder wach werden, ist alles vorbei, und Sie sind ihre Gallensteine los. Und damit auch die Koliken, die Sie so gequält haben.«

»Gott sei Dank, Herr Doktor, ich habe schlimme Zeiten hinter mir. Solche Schmerzen wünsche ich meinem ärgsten Feind nicht.«

Beruhigend strich der Oberarzt dem Patienten über den Kopf und ging in das Nebenzimmer, um seine Tasse Kaffee zu trinken.

Inzwischen war der am Magen operierte Patient aus dem Operationssaal herausgebracht worden. Eine Schwester saß neben ihm und wartete, dass er aus der Narkose erwachte, um ihn dann auf die Station zu bringen.

Im Operationssaal wurde inzwischen alles für die nächste Operation vorbereitet. Neue sterile Instrumente wurden zurechtgelegt und die voraussichtlich benötigten Medikamente und Infusionslösungen bereitgestellt, eine Routinearbeit, wie sie fast täglich ausgeführt wurde. Sie waren ein gut eingespieltes Operationsteam, bei dem nicht erst jeder Handgriff angeordnet werden musste. Hier wusste jeder, was er zu tun hatte, es musste nicht erst gesagt werden.

Die Ärzte wuschen sich erneut und zogen frische sterile Kittel an. Der inzwischen narkotisierte Patient wurde hereingefahren und auf den Operationstisch gelegt. Die Operation konnte beginnen.

Alles verlief wie gewohnt. Der Hautschnitt, die Blutstillung und die Eröffnung der Bauchhöhle boten keine Probleme. Die Bauchhaken wurden eingesetzt und die Gallenblase dargestellt. Einige Verwachsungen wurden problemlos freipräpariert. Nun wurde damit begonnen, die Gallenblase zu entfernen. Alles verlief glatt. Plötzlich rief der Operateur: »Was ist denn jetzt los, das Blut wird ja ganz dunkel! Was macht der Kreislauf?«

»Ich fühle keinen Puls, der Patient atmet nicht mehr«, rief die Narkoseschwester aufgeregt.

Selbstverständlich wurde die Operation sofort unterbrochen und versucht, die Herzkreislauftätigkeit wieder in Gang zu bringen, die künstliche Beatmung lief weiter. Aber alle Bemühungen blieben ohne Erfolg, der Patient war tot.

Natürlich herrschte nun große Ratlosigkeit. Die Operation war bis zu diesem Herzstillstand völlig normal und komplikationslos verlaufen. Warum dieses plötzliche Kreislaufversagen, dass einfach nicht zu beherrschen war und für das es vom Operationsverlauf her keine Erklärung gab?

»Hat es Probleme bei der Narkose gegeben?«, fragte der Operateur die Narkoseschwester.

»Überhaupt nicht, es ist alles völlig normal verlaufen. An der Narkose kann es nicht gelegen haben«, antwortete die Schwester, eine in modernen Narkoseverfahren bewanderte, äußerst zuverlässige Mitarbeiterin. »Ich kann mir das auch nicht erklären.«

Alle waren ratlos. Man musste sich damit abfinden, dass der Patient verstorben war.

Zur Klärung der Todesursache wurde eine Verwaltungssektion angeordnet und durch das zuständige pathologische Institut am nächsten Tag auch durchgeführt. Im Ergebnis der Sektion und der mikroskopischen Untersuchung der Organe kamen die Pathologen zu dem Schluss, dass ein plötzliches Herzversagen aufgrund einer Reihe von Veränderungen am Herzen die Todesursache sein konnte. Das Operationsgebiet war völlig in Ordnung, Blutungen oder andere Veränderungen bestanden nicht, die Unterbindungen der durchtrennten Blutgefäße waren allesamt dicht.

Da auch eine Verwechslung von Medikamenten oder des Narkosemittels ausgeschlossen werden musste, wurden die noch vorhandenen Ampullen überprüft, die Reste sichergestellt und eine chemisch-toxikologische Untersuchung veranlasst. Die ersten orientierenden Untersuchungen verliefen negativ, die Ergebnisse weiterer Spezialmethoden mussten noch abgewartet werden. Aber es war nicht wahrscheinlich, dass hier noch etwas gefunden wurde. Man musste sich offensichtlich damit abfinden, dass unerwartete Todesfälle in der Medizin und vor allem in der Chirurgie immer einmal auftreten können.

Natürlich ging der tägliche Operationsbetrieb in den nächsten Tagen weiter. Es verlief alles völlig normal. Das Operationsteam erholte sich langsam von dem Schock, den der plötzliche und unerwartete

Todesfall bei allen Beteiligten verursacht hatte, und versuchte, normal weiterzuarbeiten. Einige Tage nach dem Zwischenfall war unter anderem bei einer Frau eine Operation wegen eines Brustkrebses angesetzt worden. Neben der Brustamputation sollte auch eine Entfernung der regionalen Lymphknoten in der Achselhöhle vorgenommen werden. Diese Operation stand als Erstes auf dem Programm. Alle Voruntersuchungen waren durchgeführt worden. Komplikationen waren nicht zu erwarten. Die übliche Operationsvorbereitung war am Abend zuvor erfolgt.

Pünktlich begann die Operation mit dem Hautschnitt und der Präparation der erkrankten Brust. Sorgfältig wurden alle blutenden Gefäße unterbunden und der Schnitt bis in die Achselhöhle erweitert, um die Lymphknoten freizupräparieren. Immer wieder wurde von der Narkoseschwester der Kreislauf geprüft und darauf geachtet, dass die Beatmung in Ordnung war. Es bestand kein Hinweis auf eine Komplikation. Doch plötzlich, nach einem reichlich einstündigen Operationsverlauf, trat auch in diesem Fall wie schon ein paar Tage zuvor ein plötzlicher Herzstillstand ein. Die künstliche Beatmung lief normal weiter.

Auch jetzt versuchte der Operateur, die Herztätigkeit wieder in Gang zu bringen, wiederum ohne Erfolg. Das war innerhalb kürzester Zeit der zweite völlig unerwartete Todesfall, für den man zunächst keine Erklärung hatte. Und der Ablauf war ziemlich ähnlich gewesen. Nach etwa eineinhalb Stunden war es zu dem plötzlichen Herzstillstand gekommen, der durch keinerlei Maßnahmen rückgängig zu machen war.

»Alle Ampullen von den benutzten Medikamenten sicherstellen«, ordnete der Operateur an. »Und auch die Reste der Infusionslösung«, ergänzte der Assistent. Es wurde alles sichergestellt. Da sagte eine der Schwestern: »Sollen wir auch die leeren Infusionsflaschen aufheben? Ich habe eine schon vor die Tür gestellt.« – »Auch diese«, verfügte der Operateur. »Es muss alles geprüft werden.«

Die Operationsschwester machte die Tür zum Flur auf und sah links neben der Tür auf dem Boden eine 250-ml-Flasche stehen, in der sich üblicherweise die Infusionslösung von Jenacain-Traubenzucker befindet. Diese Flasche war leer. Die Schwester hob die Flasche auf und sah routinemäßig auf das Etikett.

»Was ist denn das? Wie kommt denn diese Flasche hierher? Wie kommt sie überhaupt in den Operationssaal? So etwa brauchen wir doch gar nicht«, rief sie aus.

Alle sahen zu ihr hin. »Das ist doch die Flasche mit der Infusionslösung«, sagt die unsterile Schwester. »Die habe ich doch eben erst rausgestellt, weil sie leer war.«

»Ja, aber doch nicht diese. Auf dem Etikett steht doch, dass darin 10 %ige Kaliumchlorid-Lösung war. So etwas haben wir doch noch nie gebraucht. Wie kommt denn eine solche Lösung überhaupt in den Operationssaal?«

Der Operateur sah sich ebenfalls die Flasche an. Tatsächlich, es stand ganz deutlich auf dem Etikett: »Kaliumchlorid, 10 %ige Lösung«. Ein winziger Rest war noch in der Flasche.

»Das muss untersucht werden, wir müssen wissen, ob nur ein falsches Etikett auf der Flasche ist oder ob der Inhalt tatsächlich Kaliumchlorid war. Ich weiß gar nicht, wozu das überhaupt gut ist. Wir haben es hier doch noch nie gebraucht«, sagte nun auch der Operateur.

Alle leeren Ampullen und die Infusionsflaschen sowie die bei der Narkose benutzten Mittel wurden sichergestellt, ebenso der noch halb gefüllte Infusionsbehälter. Der Chefarzt wurde umgehend an seinem Urlaubsort von den beiden tödlichen Zwischenfällen informiert, er benachrichtigte wiederum die zuständige Staatsanwaltschaft. Es wurde ein Ermittlungsverfahren gegen unbekannt eingeleitet und eine gerichtliche Sektion angeordnet.

Bei der Sektion fand sich der Zustand nach einer nicht beendeten Brustoperation. Das Operationsgebiet wies keine Besonderheiten auf. Eine sichere Todesursache konnte durch die Sektion allein nicht festgestellt werden, daher wurde auf weitere mikroskopische und chemische Untersuchungen verwiesen.

Diese Untersuchungen ergaben in dem Blut der zuletzt verstorbenen Patientin einen deutlich erhöhten Kaliumgehalt, während im Blut des ersten Todesfalles nur eine geringfügige Erhöhung nachzuweisen war. Auch in der Infusionslösung, die bei dem zweiten Todesfall benutzt worden war, wurde Kaliumchlorid nachgewiesen. In diesem Fall bestand deshalb kein Zweifel daran, dass der Tod durch die Verabreichung von Kaliumchlorid verursacht worden war.

Im ersten Fall waren zwar alle leeren Ampullen und Flaschen sichergestellt worden. Die Reste der Infusionslösung wurden aber nicht untersucht, da man keinerlei Verdacht hegte, dass hier etwas nicht in Ordnung sein könnte.

Wie aber war das Kaliumchlorid überhaupt in den Operationssaal gekommen? Und wer hatte es in das Infusionsgerät gefüllt? Natürlich spielten diese Vorgänge für die Beurteilung der Schuldfrage eine ausschlaggebender Rolle, und die Ermittlungen wurden nun schwerpunktmäßig in dieser Richtung geführt.

Nach übereinstimmender Aussage sowohl der Ärzte als auch der Schwestern war Kaliumchlorid noch nie auf der chirurgischen Abteilung und erst recht nicht im Operationssaal benutzt worden. Der Weg dieser Flaschen musste nun zurückverfolgt werden. Es handelte sich um 250-ml-Flaschen, in denen für die chirurgische Abteilung immer nur Jenacain-Traubenzucker geliefert wurde. Die eingehenden Ermittlungen und Befragungen aller in Betracht kommenden Personen ergaben nun folgendes Geschehen:

Etwa 14 Tage vor dem ersten Zwischenfall wurde auf der inneren Abteilung des Krankenhauses eine Patientin eingeliefert, die einen Selbstmordversuch mit Schlafmitteln gemacht hatte. Es handelte sich um einen akuten Vergiftungsfall, der sofortige Gegenmaßnahmen erforderte. Zur Behandlung dieser Vergiftung sollte unter anderem ein Leberschutz-Cocktail zusammengestellt und verabreicht werden. Dazu wurde unter anderem auch eine kleine Menge 10 %iges Kaliumchlorid benötigt. Da auf der Station dieses Medikament nicht vorhanden war, wurde eine Menge von 50 ml über die Krankenhausapotheke bei der Kreisapotheke bestellt, die das Krankenhaus mit Medikamenten versorgte.

Die sogenannte Krankenhausapotheke war keine Apothekeneinrichtung im eigentlichen Sinn, sondern eine einfache Medikamentenausgabestelle, sie wurde aber im Krankenhaus als Apotheke bezeichnet. Dort arbeiteten zwei Hilfskräfte, die keinerlei medizinische oder pharmazeutische Ausbildung besaßen, sondern angelernt waren. Sie nahmen lediglich die Medikamentenbestellungen von den Stationen entgegen und gaben sie an den Kreisapotheker weiter. Etwa wöchentlich wurden die bestellten Medikamente von der Apotheke angeliefert, von den Hilfskräften entgegengenommen und an die Stationen verteilt, die sie bestellt hatten. Bei besonders eiligen Fällen erfolgte eine Belieferung auch außer der Reihe. Bei der Bestellung der 50 ml Kaliumchlorid handelte es sich um solch einen Notfall, bei dem die Belieferung sofort erfolgte. Wegen der großen Eile war die Bestellung von der Apothekenhilfskraft telefonisch an die Kreisapotheke weitergegeben worden. Ein Bote brachte noch am gleichen Tag nachmittags die bestellten Medikamente in das Krankenhaus. Da die Apothekenhelferinnen aber nur halbtags arbeiteten und sich niemand mehr in der sogenannten »Krankenhausapotheke« befand, stellte der Bote den Korb mit Medikamenten – die Kreisapotheke hatte gleich noch die vor zwei Tagen erfolgte routinemäßige Bestellung mitgeschickt – mitsamt dem Lieferschein auf den Tisch, wie er das immer machte, wenn niemand im Ausgaberaum war.

Am nächsten Morgen kam die Apothekenhelferin und sah den Korb dort stehen. Sie nahm an, das es sich um die wöchentliche Lieferung von Arzneimitteln handelte. An die Sonderbestellung des Vortages dachte sie nicht mehr. Wie immer räumte sie den Korb aus und stellte die Medikamente ordnungsgemäß in die Regale. Dabei verglich sie die gelieferten Medikamente mit dem Lieferschein. Alles stimmte, nur statt der bestellten zehn Flaschen Jenacain-Traubenzucker waren offenbar zwölf Flaschen geliefert worden. Alle diese 250-ml-Flaschen waren wie immer ordentlich in Seidenpapier eingewickelt. Sie packte eine Flasche aus und überzeugte sich von der Richtigkeit der Etikettierung. Die Helferin wunderte sich zwar über die Differenz zwischen der Anzahl der Flaschen und der Zahl auf dem Lieferschein, ließ es aber auf sich beruhen. Da bei nahezu allen Operationen hier im Krankenhaus Jenacain-Traubenzucker zur Tropfinfusion gebraucht wurde, stellte sie alle zwölf Flaschen in das Regal an die dafür vorgesehene Stelle und korrigierte die Zahlen auf dem Lieferschein, d. h., sie machte aus der zehn eine zwölf. Damit war für sie der Fall erledigt.

Der Patientin auf der inneren Abteilung ging es inzwischen auch ohne den Leberschutz-Cocktail wieder wesentlich besser. An die bestellten Medikamente für den Cocktail dachte niemand mehr, und keiner mahnte deshalb die noch nicht ausgeführte Belieferung an. Sie geriet in Vergessenheit.

Einige Tage vor dem ersten Operationszwischenfall bereitete eine Schwester den Operationssaal für den nächsten Tag vor. Bei der Bereitstellung der für die Operationen benötigten Medikamente bemerkte sie, dass keine Jenacain-Traubenzuckerlösung mehr im Kühlschrank war. Sie ging daraufhin in die Krankenhausapotheke und verlangte fünf Flaschen Jenacain-Traubenzucker, die ihr die Apothekenhelferin auch anstandslos gab. Sie holte die noch in Seidenpapier eingewickelten Flaschen aus dem Regal und überreichte sie der Schwester. Diese stellte die Flaschen in ihren Korb und brachte sie in den Kühlschrank des OP-Raums. Die voraussichtlich benötigte Menge an Infusionslösung wurde bei den einzelnen Operationen jeweils von der sogenannten unsterilen Schwester, die für die Infusion verantwortlich war, vor der Operation aus dem Kühlschrank geholt und auf der Fensterbank bereitgestellt.

Am Tag nach dem ersten tödlichen Operationszwischenfall waren die Flaschen mit der Infusionslösung wieder zu Ende gegangen, und eine andere Schwester holte Nachschub aus der Apotheke. Der Vorgang war der gleiche wie einige Tage zuvor. Die Helferin holte die benötigten, noch nicht ausgepackten Flaschen aus dem Regal und übergab sie der Schwester, die sie ohne Prüfung mitnahm und in den Kühlschrank stellte. Am nächsten Morgen bereitete die eingeteilte Schwester die Operation vor und stellte alles bereit, so auch die beiden Flaschen mit der Infusionslösung. Das Operationsteam begann pünktlich mit der Operation. Im Nachhinein war nicht mehr zu klären, wann die falsche Flasche mit dem Kaliumchlorid in das Infusionssystem eingefüllt worden war. Vieles deutete darauf hin, dass sie als Erste benutzt und dann leer auf den Gang vor den OP-Saal gestellt wurde. Damit war der zum Tode führende Ablauf im zweiten Fall klar. Beim ersten Todesfall war es wahrscheinlich ähnlich abgelaufen, doch war die Beibringung der Kaliumchlorid-Lösung nicht absolut sicher nachzuweisen und damit auch nicht die Todesursache. Die Pathologen hatten Herzveränderungen gefunden, die zusammen mit den Kreislaufbelastungen der Operation ebenfalls zum Tode hätten führen können, wenngleich der Verbleib der zweiten Flasche Kaliumchlorid nicht eindeutig geklärt werden konnte. Beide Flaschen tauchten zwar zusammen mit anderem Leergut wieder in der Apotheke auf, wo und wann aber die andere Flasche geleert wurde, blieb unklar. Es spricht sehr vieles dafür, dass sie bei der ersten Operation bei der Infusion benutzt wurde. Wäre sie in einem anderen Fall eingesetzt worden, hätte sie in jedem Fall zu schweren Beeinträchtigungen führen müssen.

Nach der Ermittlung des Ablaufes blieb die Frage zu klären, wer die Schuld an der folgenschweren Verwechslung trug. Waren genügend

Sicherungssysteme eingebaut gewesen, um einen solchen Irrtum zu vermeiden? Fehler hatten ja mehrere Personen gemacht.

Die erste für sich allein noch unwesentliche Fehlhandlung bestand darin, dass die Apothekenhelferin bei der Bestellung des Kaliumchlorids nicht die geforderten zweimal 50 ml bestellte, sondern noch eine Null dranhing und so zweimal 500 ml erhielt. Durch diesen Fehler in der Bestellung wurde vom Apotheker die Kaliumchlorid-Lösung in den gleichen Flaschen abgefüllt wie sonst die Jenacain-Traubenzuckerlösung. Dieser Umstand an sich war noch nicht gefährlich, ermöglichte aber erst die Verwechslung.

Der zweite Fehler lag darin, dass die Apothekenhelferin die Flaschen entgegennahm, ohne sie auszupacken und die Etikettierung auf jeder Flasche zu prüfen, obwohl sie durch die Differenz zwischen der Anzahl der gelieferten Flaschen und der Zahl auf dem Lieferschein eine besondere Veranlassung zur Überprüfung gehabt hätte.

Der dritte Fehler war die routinemäßige Übergabe der Flaschen ohne eine weitere Prüfung des Etiketts durch die Apothekenhelferin und die ungeprüfte Entgegennahme durch die Schwester.

Der vierte Fehler bestand darin, dass die Schwester, die die Vorbereitungen für die Operation getroffen hatte, die Flaschen aus dem Kühlschrank nahm, diese zwar auspackte, sich aber ebenfalls nicht von der Aufschrift auf dem Etikett überzeugte.

Und der fünfte Fehler war schließlich darin zu sehen, dass die für die Infusion verantwortliche Schwester sich vor dem Einfüllen der Lösung nicht von der Richtigkeit des Inhalts überzeugte.

Zur Prüfung der Verantwortlichkeit wurde ein gerichtsmedizinisches Gutachten herangezogen, dass auch die Frage beantworten sollte, ob die operierenden Ärzte eine Schuld bezüglich der Wahrnehmung ihrer Aufsichtspflicht traf. Wegen der Kompliziertheit des Sachverhaltes wurde nach dem ersten Gutachten noch ein Zweitgutachten beigezogen, mit dem ich beauftragt wurde und zu dem ich noch ein chirurgisches Zusatzgutachten anforderte.

Alle Gutachter waren sich einig, dass die Ärzte keine Schuld traf. Es handelte sich, bis auf die Apothekenhelferin, um gut ausgebildetes und qualifiziertes Personal, dass durch seine Tätigkeit in der Vergangenheit gezeigt hatte, dass es zuverlässig und gewissenhaft arbeitete.

In beiden Gutachten wurde die Meinung vertreten, dass die fehlerhafte Handlung der Apothekenhelferin die ganze unglückliche Verkettung von Fehlhandlungen erst ermöglicht hatte. Sie war nach Meinung der Gutachter fahrlässig begangen worden.

Nicht einig waren sich die Gutachter in der Beurteilung der weiteren Fehler, insbesondere der Fehlhandlung der Schwester, die das Infusionssystem aufgefüllt bzw. nachgefüllt hatte. Hier vertraten sowohl der chirurgische Gutachter als auch ich im Gegensatz zu dem Erstgutachter die Meinung, dass vor allem derjenige, der ein Medikament unmittelbar verabreicht, die Pflicht hat, sich auf jeden Fall noch einmal von der Richtigkeit des Medikaments zu überzeugen und die Etikettierung zu überprüfen. Nur er ist in der Lage, vorher begangene Fehler und Verwechslungen zu korrigieren. Im vorliegenden Fall wäre eine solche Kontrolle durch die Schwester, die das Infusionssystem gefüllt bzw. nachgefüllt hatte, auch ohne jegliche Zeitverzögerung möglich und zumutbar gewesen.

Das Gericht folgte dieser Auffassung und verurteilte die Krankenschwester wegen fahrlässiger Tötung zu einer Freiheitsstrafe, die zur Bewährung ausgesetzt wurde. Das Verfahren gegen die Apothekenhelferin wurde deshalb eingestellt, weil sie als unqualifizierte Hilfskraft die Folgen ihrer Fehlhandlungen nicht hatte übersehen können.

Eine unglückliche Verkettung von Fehlhandlungen, die jede für sich nicht als übermäßig schwer einzustufen ist, hat hier zum Tod zweier Menschen geführt. Ebenso wie etwa bei der Überprüfung von Bauchtüchern durch die Abzählkontrolle am Ende einer Operation muss auch verlangt werden, dass jede Verabreichung von Medikamenten von demjenigen noch einmal auf ihre Richtigkeit überprüft wird, der sie dem Patienten unmittelbar gibt – unabhängig davon, wie viele Personen sie vorher schon überprüft haben. Die Erfahrung lehrt, dass auch in letzter Minute noch Verwechslungen möglich sind. Und eine ständige und in Abständen wiederholte Belehrung des medizinischen Personals ist ebenso nötig wie etwa Arbeitsschutzbelehrungen, um solche schwerwiegenden Folgen zu vermeiden.

Der nächste Fall ist ähnlich gelagert.

Vertrauen ist gut, Kontrolle ist besser

Es war ein Samstag im Oktober. Die Arbeitswoche ging ihrem Ende zu. Das ruhige und schöne Herbstwetter verlockte dazu, sich für das Wochenende etwas vorzunehmen, obgleich die Tage jetzt schon etwas kürzer wurden. Der Operationspfleger Paul W. hatte für dieses Wochenende geplant, eine größere Radtour in die schöne Umgebung zu machen. Zwar musste er am Samstagvormittag noch arbeiten, aber der halbe Tag würde schnell vorbeigehen, und dann lagen anderthalb freie Tage vor ihm.

Als er seinen Dienst wie üblich um 6 Uhr begann und in den Operationssaal schaute, um zu sehen, was für den Vormittag noch anlag, fand er eine schriftliche Mitteilung der Inneren Abteilung vor, in der diese mitteilte, dass der Arzt dieser Abteilung eine sogenannte »praesakrale Infiltration» bei einer Patientin vornehmen und dazu den Operationssaal nutzen wollte. Dieser relativ kleine Eingriff wurde zwar von den Ärzten der Inneren Abteilung selbst ausgeführt, sie bedienten sich aber der Mithilfe des Operationspersonals. Der Sonnabendvormittag wurde gern für derartige Eingriffe genutzt, da an diesem Tag meist keine Operationen der Chirurgischen Abteilung vorgesehen waren. Solche Infiltrationen waren schon des Öfteren vorgenommen worden, und sie waren dem Operationspersonal in ihrem Ablauf vertraut. Deshalb war auch bekannt, welche Instrumente und Medikamente dazu benötigt wurden.

Da der Pfleger gerade Zeit hatte, kam er auf den Gedanken, schon alles für den Eingriff bereitzulegen. Er hatte zwar keinen direkten Auftrag dafür, und es war auch noch nicht festgelegt, wer bei dem Eingriff helfen sollte, aber unabhängig davon musste ja irgendjemand die Vorbereitungen übernehmen. Und man wusste ja nicht, was noch alles kommen würde. Deswegen war es besser, die Vorbereitungen jetzt in aller Ruhe zu treffen.

Er legte also die benötigten Spritzen und Kanülen sowie die sonstigen Gegenstände wie Glasschale, Tupfer und dergleichen zurecht. Dann wollte er die zur Infiltration benötigte Jenacain-Lösung aus dem Vorratsschrank holen, musste aber feststellen, dass in dem Glasschrank nichts mehr vorhanden war. Da sah er im gleichen Zimmer einen Apothekenkorb stehen, in dem sich auch mehrere 100-ml-Flaschen befanden. Er nahm eine Flasche heraus, um zu sehen, ob es sich auch um

Jenacain handelte. Das Etikett wies aus, dass es sich um eine 1/4 %ige Jenacain-Lösung handelte, also die Lösung, die für die geplante Infiltration verwendet wurde. Da er wusste, wie viel in etwa benötigt wurde, stellte er drei Flaschen zu je 100 ml bereit, die restlichen Flaschen aus dem Korb räumte er in den Vorratsschrank, dorthin, wo immer die Jenacain-Lösung stand. Nachdem er Instrumente und Medikamente übersichtlich auf einem kleinen Tischchen angeordnet hatte, prüfte er alles noch einmal auf Vollzähligkeit, dann verließ er den Operationssaal.

Kurz vor 10 Uhr wurde die Patientin der Inneren Abteilung in den Operationssaal gebracht. Der Arzt kam kurze Zeit später, um die Infiltration durchzuführen. Da sich der Pfleger Josef K. gerade im Operationssaal aufhielt – der Pfleger Paul W. war bei der Visite auf der Station –, bat ihn der Arzt, ihm bei der praesacralen Infiltration zu assistieren. Die wesentliche Aufgabe des Pflegers bestand darin, die Spritzen aufzuziehen und dem Arzt zu reichen.

Josef K. sah, dass für den Einriff schon alles vorbereitet war und sowohl Spritzen als auch Injektionslösung bereitstanden. Es konnte also sofort losgehen. Er nahm die erste Flasche mit Lösung in die Hand, um den Inhalt in 20 ml-Spritzen aufzuziehen. Dabei sah er, dass auf dem Etikett »Jenacain, 1/4 %« stand. Es war also die richtige Lösung. Als er fünf Spritzen aufgezogen hatte und die Flasche leer war, meinte der Arzt, dass in diesem Fall noch etwas mehr gebraucht würde. Der Pfleger nahm daraufhin die nächste Flasche in die Hand und zog weitere Spritzen auf. Insgesamt wurden 280 ml Lösung verbraucht. Nach Beendigung des Eingriffs waren zwei der Flaschen leer, in der dritten befand sich noch ein kleiner Rest von etwa 10 ml. Ohne noch einmal auf die Etiketten zu sehen, stellte der Pfleger die drei Flaschen in den Apothekenkorb zurück, wie es üblich war. Die Patientin hatte den Eingriff, der etwa 20 Minuten gedauert hatte, problemlos überstanden und wurde auf Station gebracht. Sie lag wieder in ihrem Bett, und alles schien gut und erfolgreich verlaufen zu sein.

Die Schwester, die die Patientin in den Operationssaal gebracht hatte, wartete dort, um sie auch wieder zurück auf die Station zu fahren. Während sie im Operationssaal saß, schaute sie auch auf den Tisch, auf dem die Flaschen standen, und las auf dem Etikett der einen Flasche: »Pantocain«. Sie wunderte sich, dass in diesem Fall Pantocain gespritzt werden sollte, denn bisher waren derartige Eingriffe immer mit

Jenacain gemacht worden. Da sie aber über Einzelheiten der Behandlung und deren Bedeutung nicht Bescheid wusste, sagte sie nichts. Erst als sie wieder auf Station war und die Patientin in ihr Bett gebracht hatte, fragte sie die Stationsschwester beiläufig, ob die Patientin denn nicht eigentlich Jenacain hätte kriegen sollen wie bei früheren Fällen auch. Als ihr die Stationsschwester das bestätigte, sagte sie: »Ich glaube aber, sie hat Pantocain bekommen.«

In diesem Moment klingelte es sehr heftig. Es war das Zimmer der gerade behandelten Patientin. Beide Schwestern liefen sofort dorthin, um zu sehen, was los war. Die Mitpatientin hatte geklingelt, weil die gerade aus dem Operationssaal gebrachte Patientin heftig krampfte und bewusstlos geworden war.

Die Schwestern verständigten den Arzt, der auch sofort zur Stelle war. Er tat alles, um den Kreislaufkollaps zu beheben. Nachdem die Patientin noch in ein Einzelzimmer gebracht worden war, trat trotz allen ärztlichen Bemühens innerhalb kürzester Zeit der Tod ein.

Inzwischen war auch der andere Pfleger wieder in den OP-Saal gekommen und half beim Wegräumen der nicht mehr benötigten Geräte. Während die Pfleger sich noch über das bevorstehende Wochenende unterhielten, kam plötzlich der Arzt, der die Infiltration gemacht hatte, in den Operationssaal gestürmt und fragte ziemlich aufgeregt, ob denn auch tatsächlich eine Jenacain-Lösung aufgezogen worden war. Die Patientin sei gerade verstorben.

»Ich kann mir den Tod nicht erklären. Es ging ihr doch noch gut, als sie auf Station gebracht wurde. Da muss doch etwas falsch gewesen sein«, sagte der Arzt.

»Nein, es war alles in Ordnung«, antwortete der Pfleger Josef K. »Es ist Jenacain gespritzt worden. Ich habe mir doch das Etikett angesehen. Es war eindeutig Jenacain, und zwar eine 1/4 %ige Lösung.« Zum Beweis holte er eine leere Flasche aus dem Apothekenkorb und wies dem Arzt die Etikettierung vor.

»Ja, tatsächlich, das ist die richtige Lösung. Das kann es also nicht sein«, rief der Arzt und eilte wieder auf Station.

»Du wirst doch nicht etwa versehentlich Pantocain aufgezogen haben?«, sagte Paul W.

Daraufhin nahm Josef K. noch einmal alle leeren Flaschen aus dem Korb und schaute auf die Etikettierung.

Der Schreck fuhr ihm in die Glieder. Auf der einen Flasche stand tatsächlich »Pantocain 2 %« und auf der anderen »Pantocain 1/4 %«. Pantocain ist ein wesentlich stärkeres Mittel als Jenacain, und vor allem ist es wesentlich giftiger. Nach seiner schockierenden Entdeckung lief der Pfleger sofort mit einer der leeren Pantocain-Flaschen auf die Station der Inneren und zeigte dem Arzt die Flasche. Der war inzwischen durch die Stationsschwester von der Beobachtung der Transportschwester bezüglich der Beschriftung der einen Flasche mit Pantocain informiert worden. Der Grund für den plötzlichen Tod schien nun klar zu sein. Der Stationsarzt verständigte sofort den Chefarzt, der umgehend eine Sektion durch das zuständige pathologische Institut anordnete. Als die Pathologen aber den näheren Sachverhalt erfuhren, lehnten sie die Sektion zunächst ab und schlugen die Benachrichtigung der Kriminalpolizei vor. Als das geschehen war, ordnete die Staatsanwaltschaft eine gerichtliche Leichenöffnung an.

Diese wurde am Montag von uns vorgenommen. Sie zeigte zunächst Organveränderungen, die auf eine Vergiftung hinwiesen. Wie bei der Vorgeschichte schon zu erwarten war, wurde im Zusammenhang mit der unmittelbar im Anschluss vorgenommenen toxikologisch-chemischen Untersuchung eine erhebliche Überdosierung von Pantocain festgestellt und als Todesursache eine Pantocainvergiftung bestätigt. Die Ursache des Todeseintritts war somit eindeutig geklärt. Wesentlich schwieriger war es aber, die Schuldfrage im Einzelnen zu klären und den Anteil der beteiligten Personen festzustellen.

Begonnen hatte die Unglücksserie damit, dass das Abholen und Übergeben der ordnungsgemäß in der Apotheke bestellten Medikamente nicht korrekt erfolgte. Es bestand in dem Krankenhaus die Vorschrift, dass Medikamentenbestellungen grundsätzlich nur schriftlich und mit der Unterschrift der Stationsschwester versehen erfolgen durften. Diese bestätigte auch die ordnungsgemäße Übernahme dieser Medikamente. Für den Operationssaal wurden die benötigten Medikamente in einem gesonderten Buch bestellt. Jede Bestellung wurde von der OP-Schwester unterschrieben und die Auslieferung ebenfalls bestätigt. Diese an sich eindeutige Vorschrift wurde aber nicht immer korrekt eingehalten. Wer gerade in der Hausapotheke zu tun hatte, nahm einen dort bereitgestellten Medikamentenkorb mit und stellte ihn im Untersuchungszimmer ab. Wenn die Operationsschwester oder ein anderer Mitarbeiter des Operationsteams Zeit hatten, räumten sie die Medikamente in die entsprechenden Schränke ein, und zwar immer nach dem gleichen Muster. Die leitende OP-Schwester unterschrieb dann auch irgendwann die Auslieferung im Bestellbuch, sodass nach außen hin alles korrekt aussah.

So war es auch im vorliegenden Fall gewesen. Die Vorräte des OP-Saals sollten ergänzt werden. Irgendjemand – es war hinterher nicht mehr feststellbar, wer – hatte die bestellten Medikamente für den Operationssaal aus der Hausapotheke mitgenommen und den Korb zunächst im Untersuchungszimmer abgestellt. Sicher wollte er die Medikamente später einräumen.

Zwischenzeitlich begann aber der Operationspfleger Paul W. mit der Vorbereitung des geplanten Eingriffs, und da im Schrank keine Injektionslösung mehr vorhanden war, nahm er die benötigten Flaschen aus dem Korb. Er überzeugte sich nur bei der ersten der drei bereitgestellten Flaschen von der Richtigkeit des Medikaments und nahm an, dass die anderen beiden das Gleiche enthalten würden. Es fiel ihm auch nicht auf, dass die anderen beiden Flaschen nur halb gefüllt waren, also nur 50 ml der Lösung enthielten, im Gegensatz zu der ersten überprüften Flasche. Wie er später aussagte, war er fest davon überzeugt gewesen, dass alle Flaschen Jenacain enthielten. Außerdem sei er davon ausgegangen, dass derjenige, der später die Spritzen aufzog, sich unmittelbar vor dem Aufziehen noch einmal von der Richtigkeit des Inhaltes der einzelnen Flaschen überzeugte. So habe er es gelernt, und so würde er es auch immer selbst handhaben.

Der Zufall wollte es, dass nicht er, sondern sein Kollege Josef K. zu dem Eingriff hinzugezogen wurde. Der wiederum verließ sich auf die ordnungsgemäße Vorbereitung durch seinen Kollegen und kontrollierte ebenfalls nur die Flasche, die als Erstes in seinem Gesichtsfeld stand. Er verließ sich darauf, dass auch die anderen Flaschen Jenacain enthielten.

Auch der den Eingriff vornehmende Arzt sah nur die Etikettierung der ersten Flasche und leitete davon ab, dass die anderen beiden Flaschen das Gleiche enthielten. Beiden fiel nicht auf, dass zwei Flaschen nur halb gefüllt waren. Die Einzige, die den Irrtum bemerkt hatte und noch rechtzeitig hätte aufklären können, war die zum Transport eingesetzte Krankenschwester. Sie hatte nichts gesagt, weil sie sich ihrer Sache nicht sicher war und vor allem auch deshalb, weil sie nicht wusste, wie Pantocain wirkt und wie gefährlich es werden kann, wenn es falsch eingesetzt wird. So kam es zu dem schrecklichen Ausgang.

Gegen die beiden Pfleger wurde ein Ermittlungsverfahren eingeleitet. Wegen fahrlässiger Tötung erhielten beide eine Freiheitsstrafe, die zur Bewährung ausgesetzt worden ist.

Besonders die Handlungsweise des Pflegers Josef K. wurde verurteilt, weil er als derjenige, der die Spritzen aufgezogen hat, die unbedingte Verpflichtung hatte, die Richtigkeit des Medikaments in jedem Fall zu überprüfen. Auch hier vertrat das Gericht die Meinung, dass immer derjenige die Pflicht zur Prüfung hat, der ein Medikament verabreicht bzw. in diesem Fall eine Spritze aufzieht und dem Arzt zureicht.

Zu diesem Zeitpunkt wäre eine Korrektur aller zuvor begangenen Verwechslungen noch möglich gewesen. Und wie auch dieser Fall wiederum zeigt, kann es bis unmittelbar vor der Medikamentengabe zu einer Verwechslung kommen.

Ein Narkosezwischenfall

»Es ist gut, dass Sie sich zur Operation entschlossen haben, Schwester Christel. Ihre Mandeln müssen unbedingt raus, sonst werden Sie ihre Infekte nie los. Sie haben riesengroße und stark zerklüftete Mandeln, die immer zur Vereiterung neigen. Sie werden sehen, dass es Ihnen nach der OP wesentlich besser geht«, sagte der Chefarzt der Hals-Nasen-Ohrenabteilung des Krankenhauses zu der jungen, bildhübschen Krankenschwester, die im Besuchersessel vor seinem Schreibtisch saß. Sie arbeitete im gleichen Krankenhaus auf der Inneren Abteilung und war schon seit einiger Zeit bei ihm in Behandlung, weil sie an häufigen Infekten litt und alle Ärzte, die sie aufgesucht hatte, ihr sagten, dass hinge mit ihren großen Mandeln zusammen. Deshalb hatte sie den Chef der HNO-Abteilung gebeten, sich ihre Mandeln einmal anzusehen, und er hatte die Meinung der anderen Ärzte bestätigt. Die Schwester konnte sich aber zunächst nicht zur Operation entschließen, weil sie Angst davor hatte. Der Chefarzt hatte es zunächst konservativ versucht, aber ohne großen Erfolg. Die Infekte traten weiter auf. Jetzt endlich hatte sich die Krankenschwester zu dem Eingriff durchgerungen.

»Sie werden sehen, dass es gar nicht so schlimm ist. Wir machen alles in örtlicher Betäubung, da werden Sie kaum etwas spüren. Nur die Einstiche beim Umspritzen der Mandeln sind unangenehm. Ein paar Tage bleiben Sie sicherheitshalber auf Station und ruhen sich einmal gut aus, dann ist alles wieder in Ordnung. Morgen Mittag haben Sie alles überstanden«, sagte der Chefarzt beruhigend.

Die Schwester nickte ihm zu. »Wenn ich es doch erst alles hinter mir hätte, Herr Chefarzt. Aber so wie bisher geht es ja auch nicht mehr weiter. Es muss eben sein.«

Sie erhob sich, gab dem Arzt zum Abschied die Hand und verließ den Raum. Der Chefarzt rief seine Operationsschwester an und sagte, dass morgen nach den beiden Kinderoperationen noch eine Tonsillektomie angesetzt worden sei. »Es ist Schwester Christel von der Inneren, sie hat sich endlich zur Operation durchgerungen.«

Die Operationsschwester, eine ältere und sehr erfahrene Kollegin, war gerade dabei, alles für den nächsten Morgen vorzubereiten. Sie kannte die junge Schwester ganz gut und hatte ihr auch schon einige Male zu dieser Operation geraten. Sie wusste, dass der Eingriff nötig war und kein großes Risiko darstellte, schließlich war der Chefarzt ein erfahrener und gewissenhafter Operateur.

Sie stellte also die Instrumente und Medikamente für diese dritte Operation bereit. Für die örtliche Betäubung verwandte der Chefarzt stets eine 1 %ige Jenacainlösung, mit der er die Mandeln umspritzte. Sie ging zum Schrank, um diese Lösung zu holen. In der bisher benutzten Flasche war eigentlich noch ausreichend Jenacain vorhanden, aber sie sah auf der danebenstehenden Flasche, dass es sich laut Herstellungsdatum auf dem Etikett um eine ganz frische Lösung handelte, die gerade erst aus der Krankenhausapotheke geliefert worden war. Und da es sich ja um eine Kollegin handelte, nahm sie die noch nicht angebrochene Flasche mit der frischen Lösung und stellte sie auf dem Instrumententisch bereit.

Am nächsten Morgen begann das Operationsprogramm planmäßig um 8 Uhr mit den beiden Operationen bei den Kindern, ebenfalls Tonsillektomien (Mandelentfernungen). Es verlief alles ohne Probleme, das zweite Kind konnte gegen 10 Uhr den Operationssaal verlassen. Nun kam die Krankenschwester in den Raum und setzte sich auf den Operationsstuhl. Sie war medikamentös schon in der üblichen Art und Weise vorbereitet worden und hatte etwas zur Beruhigung bekommen. Trotzdem hatte sie doch noch etwas Angst, die aber weitgehend schwand, als der Operateur noch einmal beruhigend auf sie einredete.

In seiner ruhigen Art begann er mit der Operation. Die Operationsschwester hatte wie immer etwas von der Jenacain-Lösung in eine sterile Schale geschüttet und eine 10-ml-Spritze aufgezogen, die sie dem Operateur reichte. Der umspritzte die rechte Mandel, wartete etwas, bis die Betäubung wirkte, und begann sie auszuschälen. Alles verlief glatt, eine kleinere Blutung konnte problemlos durch Unterbindung gestillt werden, und der Arzt konzentrierte sich jetzt auf die linke Mandel. Auch hier wurde zunächst die örtliche Betäubung mit Jenacain vorgenommen. Hierzu zog der Operateur selbst die Spritze aus der sterilen Porzellanschale auf, die ihm die Operationsschwester hinhielt. Wie auf der rechten Seite wurde auch hier die Mandel ausgiebig umspritzt, damit die Betäubung gut wirkte. Nach kurzem Warten begann der Arzt in der üblichen Art und Weise die Mandel auszuschälen. Ebenso wie auf der rechten Seite musste eine kleinere Blutung gestillt werden. Noch während des Unterbindens des Gefäßes sah der Arzt plötzlich, dass das Blut dunkler wurde. Er dachte sofort an eine zentrale Atemlähmung und beendete schnell das Herausschälen der linken Mandel.

»Was ist denn mit dem Kreislauf los? Das Blut wird dunkel. Hallo, Schwester Christel, wie geht es Ihnen?«, fragte er die Patientin und klopfte ihr auf die Wangen. Doch die Patientin antwortete nicht. Ihr Kopf fiel zur Seite, ganz offensichtlich war sie nicht ansprechbar. Sofort brach der Arzt die Operation ab, die Schwester wurde auf eine Trage gelegt und umgehend mit Wiederbelebungsmaßnahmen begonnen. Unter anderem wurde Sauerstoff verabreicht und eine Mund-zu-Mund-Beatmung durchgeführt. Der Puls war noch schwach zu fühlen, wie die Operationsschwester dem Arzt mitteilte. Sie hatte sich sofort die Handschuhe abgestreift und den Puls getastet. Die Bemühungen wurden fortgesetzt. Vorübergehend kam auch die Atmung wieder, aber nur für kurze Zeit. Dann waren weder Atmung noch Herztätigkeit nachweisbar. Alle Maßnahmen halfen nichts. Nach einer halben Stunde intensiver Bemühungen konnte nur noch der Tod festgestellt werden.

Der Operateur war ratlos. Er fand keinen Grund für diesen tödlichen Ausgang. Es war doch alles gut und komplikationslos verlaufen. Warum dann nur dieses plötzliche Kreislaufversagen? Ob es sich um einen Reflextod handeln könnte?, überlegte er.

»Sind noch Reste von der Jenacain-Lösung da?«, fragte er. »Wenn ja, dann alles aufheben und sicherstellen.«

Völlig durcheinander ging er in sein Arbeitszimmer, um sich alles noch einmal in Ruhe vor Augen zu halten und einen Grund für diesen unerwarteten Tod der jungen Frau zu finden.

Auch die Operationsschwester war schockiert. Der Zwischenfall war so plötzlich und unerwartet gekommen. Tränen traten ihr in die Augen, als sie an den Tod der jungen Kollegin dachte. Auch sie konnte sich in keiner Weise erklären, warum bei dieser doch verhältnismäßig harmlosen Operation ein solcher Ausgang eingetreten war. Ebenso erging es den übrigen im Raum anwesenden Personen, einer Ärztin und einer weiteren Schwester – sie waren ratlos.

Als die Operationsschwester gleich zu Beginn der Wiederbelebungsmaßnahmen in aller Eile das Sauerstoffgerät holte, war sie gegen den Instrumententisch gestoßen, wie sie später aussagte. Dieser war in die Ecke gerollt, und dabei sei das zum Aufziehen der Spritzen benutzte sterile Porzellanschälchen umgefallen und der restliche Inhalt daraus verschüttet worden. Nur ein kleiner Rest der Lösung blieb noch in der einen Spritze und in der Flasche. Das sagte sie auch dem Chefarzt auf seine Frage. Routinemäßig hätte sie dann sowohl die Spritze als auch die Flasche in ihre Kitteltasche gesteckt.

Nachdem die Leiche zum Transport in die Leichenhalle fertig gemacht worden war, habe sie sowohl die Spritze als auch die Flasche in den Medikamentenschrank einschließen wollen und beide aus ihrer Tasche genommen. Erst jetzt habe sie sich das Etikett auf der Flasche genauer angesehen und mit Entsetzen festgestellt, dass es sich laut Aufschrift nicht um eine Jenacain-Lösung, sondern um eine Falicain-Lösung handelte. Auf dem Etikett stand: »Falicain-Lösung 1 %ig – nicht injizieren«. Vor Schreck sei ihr die Spritze aus der Hand gefallen.

Völlig aufgelöst sei sie zum Chefarzt gelaufen und habe ihm die Flasche gezeigt. »In der Flasche war Falicain. Das habe ich nicht gesehen. Bisher war doch das Falicain immer in sechseckigen Flaschen und das Jenacain in runden. Jetzt war das Falicain auch in einer runden Flasche. Und das Falicain hatte doch immer eine blaue Farbe. Dieses ist aber farblos. Ich verstehe das nicht.«

Den Operateur traf diese Mitteilung wie ein Hammer. Damit war die Todesursache klar. Das Mittel zur örtliche Betäubung war verwechselt worden. Und er hatte die Spritzen gegeben und zumindest teilweise die Lösung aufgezogen. Aber das konnte doch gar nicht sein. Erst vor ein paar Tagen hatte er doch noch mit der Apothekerin gesprochen. Er wusste, dass schon vor seiner Zeit hier im Krankenhaus die Anweisung bestand, das nur zur äußeren Anwendung verwandte Falicain durch einen blauen Farbstoff zu kennzeichnen. Deshalb wurden auf 100 ml Lösung drei Tropfen Methylenblau zugesetzt. Ihm war die Farbe zu intensiv, deshalb hatte er mit der Apothekenleiterin vereinbart, dass in Zukunft nur ein Tropfen Methylenblau zugesetzt werden sollte. Die dann erzielte Blaufärbung erschien ihm völlig ausreichend, um eine Verwechslung zu vermeiden. Und so war es in den letzten Wochen auch gemacht worden. Sowohl Jenacain als auch Falicain wurden von der Abteilung relativ oft bestellt.

Er schaute sich noch einmal den Flüssigkeitsrest in der Flasche an. Die wenigen Kubikzentimeter, die sich noch darin befanden, waren tatsächlich völlig farblos, eine wasserklare Flüssigkeit. Und so sah auch die Jenacainlösung aus. Deshalb war auch ihm beim Aufziehen der Spritze aus der sterilen Porzellanschale nichts aufgefallen, und er war in dem Glauben gewesen, dass es sich um Jenacain handelte.

Natürlich wurden umgehend Polizei und Staatsanwaltschaft informiert. Die Leiche wurde beschlagnahmt und eine gerichtliche Leichenöffnung angeordnet, die dann auch am nächsten Tag durchgeführt wurde. Es ergaben sich hierbei einwandfreie Operationsverhältnisse, die Befunde an den inneren Organen wiesen keinerlei krankhafte Veränderungen auf. Die toxikologische Untersuchung erbrachte den Nachweis von Abbauprodukten des Falicains in einer solchen Konzentration, dass eine Falicainvergiftung als einzige Todesursache angenommen werden musste. Der Tod war zweifellos auf die Medikamentenverwechslung zurückzuführen. Der Kausalzusammenhang war gegeben.

Beim Falicain handelte es sich um ein 1952 entwickeltes örtliches Betäubungsmittel, das etwa zehnmal giftiger ist als Jenacain (Novocain). Wegen seiner guten Oberflächenwirksamkeit wurde es als Oberflächenanästheticum gern verwendet, d. h., als wässrige Lösung auf die Haut oder Schleimhaut oberflächlich aufgebracht, und zwar im Allgemeinen als 1/4 %ige oder 1% ige Lösung.

Zur Infiltrationsanästhesie (Einspritzung in das Gewebe) wurde es wegen der nicht selten zu beobachtenden Gewebereaktion nicht gern gebraucht. Wenn es doch einmal dazu benutzt wurde, kam eigentlich nur eine 0,1 %ige bis 0,25 %ige Lösung in Betracht.

Nun musste geklärt werden, wie es zu dieser Verwechslung gekommen war und wer Schuld daran hatte. Eigentlich waren die Anordnungen des Arztes klar und unmissverständlich gewesen. Die Färbung der nur äußerlich anzuwendenden Lösung war eine zusätzliche Sicherungsmaßnahme gegen eine Verwechslung. Sie war im Arzneimittelgesetz nicht ausdrücklich vorgeschrieben, aber sicher sehr sinnvoll. Warum war in diesem Fall die Anweisung nicht befolgt worden?

Die Ermittlungen ergaben, dass die betreffende Lösung von einer examinierten Apothekenhelferin hergestellt worden war. Auf Grund ihrer Ausbildung war sie dazu auch berechtigt gewesen. In der Apotheke bestand die Anweisung, dass solche Lösungen stets nur anhand des Rezepturbuches angefertigt werden durften. Auch wenn es sich um eine oft geübte Routineanfertigung handelte, musste das Rezepturbuch danebenliegen. Und in diesem Buch stand eindeutig die Angabe über das Hinzufügen von Methylenblau. Die ursprüngliche Menge von drei Tropfen war abgeändert worden in einen Tropfen.

Die Apothekenassistentin gab nun an, dass sie in diesem Fall auf das Rezepturbuch verzichtet hatte, weil sie schon sehr oft diese Lösungen hergestellt hatte und deshalb genau wusste, was dazugehörte. Warum sie in diesem Fall das Methylenblau vergessen habe, wisse sie nicht. Vielleicht habe sie die Lösung zunächst erst beiseite gestellt, weil sie abgerufen worden sei, und wollte das Methylenblau dann später noch hinzufügen. Sie wisse auch nicht, ob sie oder ihre Chefin die Flasche etikettiert hatte. Nach Aussagen der Apothekenleiterin war sie es gewesen. Dabei sei ihr allerdings auch nicht aufgefallen, dass die Lösung nicht ordnungsgemäß blau gefärbt war. Sie habe aber auch nicht extra kontrolliert, denn sie arbeite mit der Apothekenhelferin schon lange zusammen und wisse, dass sie außerordentlich gewissenhaft und zuverlässig ist.

Die Operationsschwester gab bei ihrer Vernehmung an, dass sie die Falicainlösung erst hier im Krankenhaus kennen gelernt hatte. Durch Befragen hatte sie aber erfahren, dass es sich um ein Mittel zur Oberflächenbetäubung handelte, das in dieser Konzentration nur äußerlich angewandt werden durfte. Sie habe dieses Medikament immer nur als blaue Flüssigkeit gesehen. Auch sei es immer wie alle anderen äußerlich angewandten Mittel in sechseckigen Flaschen geliefert worden, im Gegensatz zu den zur Injektion bestimmten Lösungen, die immer in runden Flaschen kamen. Als sie die zur Injektion bestimmte Lösung bereitgestellt hatte, habe sie nur die runde Flasche mit der wasserklaren Lösung gesehen und nicht besonders auf das Etikett geachtet. Sie habe auf das Herstellungsdatum geschaut und gedacht: »Das ist ja eine ganz frische Lösung, die nimmst du für die Kollegin.« Sie sei sich ganz sicher gewesen, Jenacain bereitgestellt zu haben.

Jenacain und seine Wirkungsweise kenne sie seit vielen Jahren. Sie hatte auch in ihrer früheren Arbeitsstelle damit zu tun gehabt. Immer wieder betonte sie, dass ja das äußerlich anzuwendende Falicain in einer sechseckigen Flasche hätte abgefüllt sein müssen.

Dies war nicht ganz richtig. Zwar gab es in der 1. Durchführungsbestimmung zur Apothekenordnung der DDR im § 22 eine Festlegung, dass »Abgabenbehältnisse für alle Arzneimittel zum äußerlichen Gebrauch mit rotem Etikett und dem Aufdruck Äußerlich zu versehen und flüssige Arzneimittel in sechseckigen Gläsern zu verwenden sind«. Aber zwischenzeitlich ist dieser § 22 dahingehend abgeändert worden, dass die Abgabe aller flüssigen Arzneien in runden Arzneigläsern zu erfolgen hat. So ist im vorliegenden Fall auch eine runde farblose Flasche zur Abfüllung des Falicains genommen worden, die richtig mit einem roten Etikett *Falicainlösung 1%ig – nicht injizieren* versehen gewesen ist. Insofern konnte die Verwendung einer runden Flasche nicht beanstandet werden.

Es musste jetzt noch geprüft werden, ob die Änderung im Zusatz von Methylenblau eventuell zu der Verwechslung mit beigetragen hatte, etwa weil die Blaufärbung bei Zusatz nur eines Tropfens Methylenblau so gering war, dass sie nicht richtig erkannt werden konnte. Versuche, die wir im Labor durchführten, zeigten aber, dass schon ein Tropfen ausreichte, um 100 ml dieser Lösung deutlich hellblau zu färben. Die Apothekenassistentin gab ja auch an, dass sie die Färbung vergessen hatte.

Zwei Mitarbeiterinnen, die Operationsschwester und die Apothekenassistentin, hatten also Fehler gemacht, die ursächlich für die Medikamentenverwechslung und somit den Tod der Patientin waren, allerdings in unterschiedlicher Schwere. Was noch geprüft werden musste, war die Frage, ob den Arzt eine Schuld traf. War er berechtigt, die

Operationsschwester mit den Hilfsarbeiten zu beauftragen, und hätte er sich nicht selbst von der Richtigkeit der aufgezogenen Medikamente überzeugen müssen?

Natürlich gilt zunächst, dass der Operateur für den gesamten Ablauf der Operation die Verantwortung trägt und dass er ihn so organisieren muss, dass für den Patienten kein vermeidbarer Schaden eintreten kann. Wenn er Hilfskräfte einsetzt, muss er sich von ihren Fähigkeiten und ihrer Zuverlässigkeit überzeugen und vor allem prüfen, welche Aufgaben ihnen übertragen werden können. Je komplizierter und verantwortungsvoller diese Aufgaben sind, um so sorgfältiger muss diese Prüfung erfolgen. Im vorliegenden Fall hatte er bereits mehrere Wochen mit der Schwester zusammengearbeitet und sich von ihren Fähigkeiten überzeugen können. Es gab keinerlei Probleme, sodass er auch in diesem Fall annehmen konnte, dass sie sorgfältig und gewissenhaft arbeitete. Außerdem wusste er, dass sie über eine langjährige Berufserfahrung verfügte und ihre Tätigkeit nie beanstandet worden war. Auch war die Aufgabenstellung so, dass sie in keiner Weise überfordert wurde. Er war also durchaus berechtigt, sie mit der in Frage stehenden Tätigkeit zu beauftragen.

Eine andere Frage ist, ob er sich in jedem Fall selbst davon hätte überzeugen müssen, dass das richtige Medikament aufgezogen worden war. Genaue Vorschriften darüber gab es nicht. Bei Spritzenvisiten war es weitgehend verbreitet, dass die Schwestern zwar das Medikament aufzogen, dem Arzt aber zur Kontrolle die leere Ampulle über die Kanüle steckten. Im Ablauf einer Operation sind solche Kontrollmaßnahmen des Arztes kaum möglich. Da das Aufziehen der Spritzen nicht aus einer Ampulle erfolgt, weil die Lösung in Flaschen angeliefert wird und die Flaschen ja außen nicht steril sind, hatte die Schwester, welche die OP vorbereitete, die benötigte Menge der Lösung in eine sterile Schale geschüttet, denn wenn sie selbst erst sterile Kleidung einschließlich der Handschuhe angelegt hat, darf sie nicht mehr die außen unsterile Flasche berühren, um sie dem Operateur vorzuweisen. Eine solche Forderung an den Operateur wäre unrealistisch und würde den Ablauf einer Operation beeinträchtigen. Zum anderen sind Schwestern zur Verabreichung von Spritzen in die Muskulatur oder unter die Haut berechtigt oder auch zur Verabreichung von Tabletten, ohne dass jedes Mal die Richtigkeit überprüft wird. Mit ihrer Ausbildung und der Prüfung erhalten sie die Voraussetzungen für derartige Tätigkeiten. Im vorliegenden Fall konnte der Operateur schon darauf vertrauen, dass ihm das richtige Medikament zum Aufziehen der Spritzen von der Operationsschwester hingehalten wurde. Ein schuldhaftes Handeln des Arztes lag somit nicht vor.

Auch die Frage nach der Eigenverantwortlichkeit der Apothekenassistentin musste geprüft werden. Da es sich bei ihr um eine ausgebildete und examinierte Apothekenassistentin gehandelt hat, ist es nicht zu beanstanden, dass ihr die selbständige Herstellung der Falicainlösung übertragen worden war. In der schon erwähnten Apothekenordnung sowie der Apothekenbetriebsordnung war festgelegt, dass approbierte Mitarbeiter sowie Apothekenassistenten mit staatlicher Anerkennung im Rahmen ihres Aufgabengebietes für ihre Arbeit selbst verantwortlich sind. Hiernach trifft die Apothekenassistentin in diesem Fall für die richtige Ausführung der Rezeptur die volle Verantwortung.

Natürlich ist der Fehler der Apothekenassistentin nicht so schwerwiegend wie der Fehler der Operationsschwester. Sie hatte die Vergiftung durch das Vergessen von Methylenblau nicht herbeigeführt, sondern nur die Verwechslung begünstigt. Der eigentlich entscheidende Fehler war von der Operationsschwester gemacht worden, als sie die Flasche aus dem Schrank nahm, ohne sich durch einen Blick auf das Etikett zu überzeugen, ob es sich tatsächlich um das benötigte Medikament Jenacain handelt. Diese Unterlassung ist um so unverständlicher, weil sie selbst dann, wenn sie wegen des Aussehens der Flasche und der Farbe der Lösung davon überzeugt gewesen ist, dass es sich um Jenacain handelt, einen Blick auf das Etikett hätte werfen müssen, um sich von der Konzentration der Lösung zu überzeugen, denn es wurden laufend Jenacainlösungen unterschiedlicher Konzentrationen in der Apotheke angefordert. So ist am gleichen Tag sowohl eine 1 %ige als auch eine 1/4 %ige Jenacainlösung bestellt worden. Die unterlassene Überprüfung ist somit ursächlich für den Tod der Patientin gewesen.

Die OP-Schwester wurde wegen fahrlässiger Tötung angeklagt und verurteilt.

Wenn auch ein großer Prozentsatz der in der Medizin vorkommenden Kunstfehler durch Verwechslung von Medikamenten und zur Diagnostik eingesetzten Chemikalien verursacht wird, so gibt es natürlich noch viele andere Möglichkei-

ten im medizinischen Handeln, durch Unachtsamkeit und Leichtsinn folgenschwere Fehler zu machen. Hierzu gehört sowohl das Unterlassen an sich notwendiger diagnostischer oder therapeutischer Maßnahmen als auch das Unterlassen von Kontrollmaßnahmen im Verlauf einer Behandlung.

Das vergessene Bauchtuch

Es ist sicher kein schönes Gefühl, wenn man seine Sachen zusammenpackt, weil man am nächsten Tag ins Krankenhaus zu einer Operation gehen soll. Aber es muss eben sein. Frau M. hatte es sich lange überlegt und mit ihrem Mann besprochen, aber mit den Beschwerden, die sie in den letzten Monaten hatte, konnte es so auch nicht mehr weitergehen. Der Frauenarzt hatte ihr dringend zu einer Operation geraten und ihr vorgeschlagen, am besten gleich die Gebärmutter entfernen zu lassen. Und da ihre Schwester, die im Krankenhaus arbeitete, ihr ebenfalls zuredete, hatte sie zugestimmt, und der Operationstermin war nach einer nochmaligen gründlichen Untersuchung für diese Woche festgelegt worden.

Am nächsten Tag brachte ihr Mann sie ins Krankenhaus. Da sie dort schon bekannt war, ging die Aufnahme ohne Probleme über die Bühne. Sie bekam ihr Bett zugewiesen, und der übliche Krankenhausbetrieb, den sie von früheren Operationen schon kannte, begann. Am nächsten Morgen wurde die Blutentnahme für die noch notwendigen Laboruntersuchungen durchgeführt und dann der Operationstermin auf den folgenden Tag festgelegt. Nun war es also so weit. Die Patientin war froh, dass ihre Schwester, die in einer anderen Abteilung des Krankenhauses als Operationsschwester arbeitete, sie immer mal wieder besuchte. Es beruhigte doch etwas, wenn man seine Probleme mit jemandem besprechen konnte, der etwas davon verstand.

Und so kam der Operationstag heran. Am Abend zuvor bekam sie schon beruhigende Medikamente, am nächsten Morgen wurde sie gleich in der Frühe in den Operationssaal gebracht, der Arzt redete ihr noch kurz beruhigend zu, und dann begann man mit der Narkose. Die Operation verlief glatt, wenngleich es wegen der vorangegangenen Operationen doch eine ganze Menge an Verwachsungen gab, die gelöst werden mussten, was den Eingriff etwas verzögerte. Aber endlich war auch das geschafft, und der Bauch konnte wieder verschlossen werden. Bei der Operation hatten zwei junge Ärzte assistiert, und neben der Operationsschwester der gynäkologischen Abteilung, die bei dieser Operation als Instrumentenschwester mitwirkte, war zeitweilig auch die Schwester der Patientin dabei, die ja ebenfalls Operationsschwester auf der chirurgischen Abteilung war. Der Operateur hatte es ihr erlaubt. Es ging alles glatt, größere Probleme gab es nicht, die Verzögerung durch die Verwachsungen war erträglich. Alles in allem eine glatte Operation. Die Patientin konnte wieder auf Station gebracht werden. Die Narkose klang nach der üblichen Zeit ab. Eine leichte Temperatursteigerung, die nach derartigen Operationen nicht ungewöhnlich war, ging gegen Abend ebenfalls etwas zurück. Alles nahm den üblichen Gang, und die Patientin schlief in dieser ersten Nacht nach der Operation einigermaßen ruhig.

Am nächsten Morgen sollte sie etwas zu essen bekommen, aber sie lehnte ab. Sie fühlte sich nicht wohl und hatte keinen Appetit. Die Operationswunde schmerzte etwas, und sie hatte ein Druckgefühl im Bauch.

»Das gibt sich in den nächsten Tagen. So etwas ist nach einer solchen Operation nichts Ungewöhnliches. Sie müssen nur etwas Geduld haben, das wird schon wieder«, tröstete die Stationsschwester. Gegen Mittag kam der Operateur und schaute sich die Patientin an. Auch er meinte: »Ist ja alles in Ordnung, Frau M., bald sind Sie wieder auf den Beinen.«

Doch in den nächsten Tagen verbesserte sich das Befinden der Patientin nicht, im Gegenteil, sie klagte über stärkere Beschwerden, fühlte sich gar nicht wohl und meinte, dass irgendetwas mit ihr nicht in Ordnung sei. In der Nacht quälte sie heftiges Erbrechen, deshalb erhielt sie am nächsten Morgen eine Infusion, die im Laufe des Tages noch einmal wiederholt wurde. Auch kreislaufmäßig verschlechterte sich ihr Zustand. Die Schwester der Patientin, die sie tagsüber mehrfach besuchte, bemerkte die zunehmende Verschlechterung des Allgemeinzustandes und bat den Oberarzt ihrer chirurgischen Abteilung, sich die Patientin doch einmal anzusehen.

Natürlich musste dieser sich bei einer Untersuchung auf einer fremden Abteilung absichern und die Genehmigung des ärztlichen Direktors einholen. Deshalb rief er seinen Chef, den Chefarzt der chirurgischen Abteilung, der gleichzeitig ärztlicher Direktor des Krankenhauses war, an und schilderte ihm die Situation. Er erhielt nicht nur die Genehmigung, sondern sogar den Auftrag, sich die Patientin anzusehen, zumal es die Angehörige einer langjährigen Mitarbeiterin war. Als er nun die Patientin untersuchte, wobei ihre leibliche Schwester anwesend war, kam auch der Leiter der gynäkologischen Abteilung, der sie ja operiert hatte, hinzu und machte der Schwester in ziemlich scharfer Form Vorwürfe, sie würde die Kranke zu sehr beunruhigen und ihr etwas einreden, was gar nicht wahr sei. Sie solle sie doch lieber in Ruhe lassen, dann würde sich alles schon von selbst geben. Nach einer solchen Operation habe man eben doch noch einige Zeit Beschwerden. Das sei ganz normal. Sie als langjährige Krankenschwester müsste das doch am besten wissen. Die Untersuchung ergab zwar, dass der Kreislauf nicht in Ordnung war, aber der Bauch war weich, nicht auffällig verändert.

Da sich am nächsten Tag der Zustand deutlich verschlechtert hatte und der Ehemann eine Verlegung forderte, wurde der ärztliche Direktor geholt. Als der die Patientin angesehen hatte, ordnete er die sofortige Verlegung auf die chirurgische Station an. Doch trotz aller unternommenen medizinischen Maßnahmen verschlechterte sich der Zustand weiter, und am nächsten Abend trat der Tod ein. Da auch jetzt die eigentliche Todesursache noch völlig unklar war, ordnete der ärztliche Direktor eine Verwaltungssektion an, die von dem zuständigen pathologischen Institut durchgeführt wurde.

Hierbei fanden sich normale Operationsverhältnisse, die Nähte und Unterbindungen waren in Ordnung. Aber im ganzen Bauchraum, vor allem im kleinen Becken, waren deutliche Anzeichen einer fortgeschrittenen Bauchfellentzündung zu erkennen. Und die weitere Untersuchung brachte einen überraschenden Befund. An der Hinterwand der Bauchhöhle fand sich ein völlig von Eiter durchsetztes großes Bauchtuch, wie es bei derartigen Operationen üblicherweise benutzt wird. Es war ganz offensichtlich bei der Operation vergessen worden und hatte die Entzündung ausgelöst. Ferner fanden sich unter den verschiedenen Organüberzügen kleine knisternde Gasbläschen, sodass der Verdacht auf eine Gasbrandentzündung bestand. Die späteren bakteriologischen Untersuchungen bestätigten diesen Verdacht. Nach Meinung der Pathologen war eine Gasbrandperitonitis (Bauchfellentzündung) die Todesursache.

Zur Klärung des Kausalzusammenhanges und zur Feststellung der Schuldfrage wurden wir um ein Gutachten gebeten. Die nochmalige mikroskopische und bakteriologische Untersuchung bestätigte den Befund der pathologischen Sektion. Da sich außer dieser Entzündung und den daraus resultierenden Organveränderungen keinerlei Hinweise für eine andere Todesursache fanden, musste der Kausalzusammenhang zwischen Bauchfellentzündung und Todeseintritt bestätigt werden. Und es war auch als sicher anzusehen, dass die Entzündung durch das vergessene Bauchtuch verursacht worden war.

Geklärt werden musste nun, wie es dazu gekommen war, dass bei der abschließenden Revision des Bauchraumes das doch relativ große Tuch (75 x 20 cm) übersehen worden war. Normalerweise ist es üblich, dass solche Tücher, wenn sie bei der Operation verwendet werden, irgendwie gekennzeichnet werden, sodass sie auch dann erkannt werden, wenn sie sich voller Blut gesogen haben und sich nicht oder kaum von der Umgebung abheben. Und zum anderen werden die bei einer Operation benutzten Tücher gezählt. Vor Abschluss der Operation, bevor die Bauchhöhle wieder verschlossen wird, werden die Tücher noch einmal gezählt, und nur wenn die Zahl der während der OP herausgegebenen Tücher mit der Zahl der eingesammelten übereinstimmt, darf die Bauchhöhle verschlossen werden.

Zwar wurde sowohl vom Operateur als auch der Instrumentenschwester bestätigt, dass das bisher immer so gemacht worden war; meistens sagte die Operationsschwester von sich aus, dass alle ausgegebenen Tücher wieder vorhanden waren, oder der Operateur fragte danach, wenn diese Mitteilung nicht erfolgte. Aber in diesem Fall war beides nicht geschehen, wie die Befragung aller bei der Operation anwesenden Personen ergab.

Auch ergab die Untersuchung, dass die Tücher nicht besonders gekennzeichnet bzw. gesichert waren. Zwar gibt es hierüber keine verbindlichen Festlegungen, jedes Krankenhaus regelt diese Absicherung individuell. Aber die Ermittlung ergab, dass von den früheren Chefs der gynäkologischen Abteilung solche Sicherungen angeordnet worden waren und auch beachtet wurden. So waren alle diese Tücher mit einer Schnur versehen, an der eine Bleikugel befestigt war, eine durchaus übliche Kennzeichnung. In anderen Einrichtungen werden sie beispielsweise mit Klemmen gesichert. Der vorletzte Leiter der Abteilung hatte aber angeordnet, dass eine solche Sicherung nicht mehr nötig sei. Die Tücher seien so groß, dass man sie gar nicht übersehen könnte.

Deshalb waren sie entfernt worden. Davon war zwar der neue Chef informiert, aber auch er hielt eine Kennzeichnung bei der Größe der Tücher für überflüssig, sodass sie auch weiterhin unterblieben war.

Die Operationsschwester konnte keinen Grund angeben, warum sie die Abzählkontrolle in diesem Fall unterlassen hatte. Als Entschuldigung führte sie an, dass sie sich durch die Anwesenheit der Schwester der Patientin, die ja eine Kollegin von ihr war, gestört gefühlt hatte. Sie habe sich gefühlt wie bei einem Examen und sei dadurch verunsichert gewesen.

Die Schuldfrage musste sowohl für den Arzt als auch für die Schwester bejaht werden. Durch das Unterlassen der notwendigen Kontrolle am Ende der Operation hatten sie durch das vergessene Bauchtuch den Grund für die Entzündung gelegt und den Tod der Patientin verursacht. Sowohl gegen den Arzt als auch gegen die Operationsschwester wurde ein Strafverfahren wegen fahrlässiger Tötung durchgeführt.

Falsch verstandene Rücksichtnahme

Der Samstagnachmittag verlief ruhig in dem kleinen Krankenhaus. Die beiden Stationen waren zwar voll belegt, aber akute Fälle waren nicht darunter. Und so konnten Aufgaben, die sonst immer gern liegen blieben, weil die Zeit fehlte, jetzt endlich einmal in Angriff genommen werden. Die Operationsschwester Maria kam endlich dazu, Tupfer zu schneiden. Sie saß im Untersuchungszimmer neben dem Operationssaal und hatte sich alles bereitgelegt. Gegen 18 Uhr sah der Chefarzt, der heute selbst Bereitschaftsdienst hatte, zu ihr rein. Sie arbeiteten schon seit mehreren Jahren zusammen und hatten bereits viele Dienste gemeinsam absolviert.

»Na, bisher haben wir ja Glück gehabt mit dem Dienst. Alles ruhig. Hoffentlich bleibt es so. Ich gehe jetzt zum Abendessen. Wenn etwas sein sollte, können Sie mich ja anrufen.«

Der Chefarzt hatte es nicht weit bis zu seinem Haus, das auf dem Krankenhausgelände stand. Nur ein paar Schritte durch den Park waren es bis zu seiner Wohnung. Deshalb ließ er sich nach dem Abendbrot auch Zeit und blieb nach dem Essen noch zu Hause. Im Ernstfall war er ja schnell zur Stelle.

Nicht weit vom Krankenhaus entfernt probierte der 16-jährige Werner Sch. in einer ruhigen Nebenstraße sein neues Moped aus. Mit 16 Jahren durfte er es fahren. Lange hatte er darauf gespart, und wenn die Eltern ihm nicht dabei geholfen hätten, wäre es wohl nicht so bald geworden. Aber als die HO (Handelsorganisation) vor einem halben Jahr wieder Bestellungen annahm, sagten ihm die Eltern, dass sie den fehlenden Rest noch drauflegen wollten, wenn das Moped käme. Und vor zwei Tagen hatte er die Benachrichtigung bekommen, dass er heute die Maschine abholen könne. Er war ganz aufgeregt, als er am Vormittag in das Geschäft ging, um die Formalitäten zu erledigen und den Kaufvertrag abzuschließen. Die Eltern hatten ihm gestern das fehlende Geld gegeben. Es waren doch noch ein paar hundert Mark gewesen, die an der Endsumme fehlten. Aber nun hatte alles geklappt, er hatte seine lang ersehnte Maschine. Äußerst vorsichtig fuhr er das Moped nach Hause. Und am Nachmittag, nachdem er sich mit den Besonderheiten des Rades vertraut gemacht hatte, unternahm er einige Probefahrten um den Häuserblock. Zwei gleichaltrige Freunde, die zur Besichtigung gekommen waren, nahm er dann noch zu einer kurzen Fahrt auf dem Sozius mit. Es ging alles gut, und die beiden waren begeistert und beneideten ihn. Als sie aber selbst einmal mit dem Moped fahren wollten, lehnte er diesen Wunsch ab. Das Risiko war ihm doch zu groß. Und außerdem hatte er ja seinen Eltern versprochen, keine Fremden mit dem Krad fahren zu lassen.

Auch sein um ein Jahr jüngerer Bruder bewunderte das neue Moped und war eine Runde mitgefahren. Nun wollte er gern auch einmal ausprobieren, wie man damit fahren kann. Obwohl er erst 15 Jahre alt war, hatte er bei Freunden schon einige Male mit einem Moped fahren dürfen. Aber die Eltern hatten streng untersagt, den jüngeren Bruder allein fahren zu lassen, da ihm ihrer Meinung nach die nötige Ausbildung fehlte. Deshalb durfte er zunächst auch nur auf dem Sozius sitzen.

Am Abend waren die Eltern eingeladen; sie verließen gegen 19 Uhr das Haus, nachdem die Mutter den beiden Jungen noch das Abendbrot zurechtgestellt hatte. Nach dem Abendbrot zog es Werner Sch. noch einmal zu seinem Moped. Nur eine Runde wollte er noch drehen, bevor er das Gefährt dann in den Keller schaffte.

Sein Bruder Heinz kam mit auf die Straße und sah zu, wie sein Bruder mit der Maschine losfuhr. Aus der einen Runde wurden natürlich drei, bis sich Werner entschloss, das Moped in den Keller zu bringen. Es musste hierzu die Kellertreppe hinabgetragen werden. Sein Bruder Heinz erbot sich, ihm beim Tragen zu helfen, wenn er ihn wenigstens eine ganz kleine Strecke fahren lassen würde. »Nur ein kleines Stück und auch nur geradeaus«, bettelte der Junge. Werner lehnte zunächst ab, ließ sich aber dann doch durch das inständige Bitten seines Bruders erweichen und gestatte ihm, ein kurzes Stück die Straße hinabzufahren. »Bleib aber immer in Sichtweite!«, rief er ihm bei der Abfahrt noch zu.

Heinz legte den ersten Gang ein und fuhr vorsichtig los. Alles klappte gut. Nach wenigen Metern schaltete er hoch in den zweiten Gang und wurde etwas schneller. Stolz drehte er sich um und sah nach hinten zu seinem Bruder. Dadurch übersah er einen ordnungsgemäß am rechten Straßenrand parkenden Lkw. Als er wieder nach vor sah und nun plötzlich das Hindernis vor sich bemerkte, bremste er reflektorisch so scharf wie möglich, sodass das Hinterrad seitlich wegrutschte und er mit der Maschine auf die Straße stürzte, dadurch aber einen Zusammenstoß mit dem Lkw vermied. Heinz schlug mit dem Hinterkopf auf die Bordkante und blieb zunächst etwas benommen liegen.

Sein Bruder sah mit Entsetzen, was da passiert war. Er lief sofort zur Unfallstelle und kümmerte sich um seinen Bruder. Der versuchte schon selbst wieder, auf die Beine zu kommen. Seine erste Sorge galt der Maschine, aber der war bis auf ein paar Abschürfungen am Lenkergriff nichts passiert.

»Jetzt habe ich aber richtig Sterne gesehen, als ich aufschlug«, meinte Heinz: »Der Kopf brummt ganz schön. Aber es geht schon. Ich geh schon allein nach Hause. Dann kannst du die Maschine nach Hause fahren.«

»Das kommt gar nicht in Frage, du gehst erst ins Krankenhaus. Du blutest ja im Nacken. Das muss untersucht werden«, sagte Werner. Heinz lehnte zwar ab, aber inzwischen war auch der Fahrer des Lkw, der in seiner Fahrerkabine den Sturz gehört hatte, zur Unfallstelle gekommen. Auch er war der Meinung, dass Heinz unbedingt zum Arzt müsste. Er hielt einen vorbeifahrenden Lkw an und bat den Fahrer, den Verletzten ins Krankenhaus zu bringen. Nun gab Heinz nach und ließ sich von seinem Bruder begleiten.

Etwa 300 Meter vor dem Krankenhaus hielt der Lkw, weil er am Krankenhaus keine Wendemöglichkeit hatte. Werner meinte: »Ich bringe meinen Bruder die restlichen paar Meter auch allein hin.« Und Heinz sagte: »Ich kann doch allein laufen. Es genügt, wenn mein Bruder mitkommt.«

Auf dem Weg zum Krankenhaus redete Heinz etwas durcheinander, schwankte leicht und meinte: »Mir ist ganz schön schwindelig. Aber es geht schon.«

Im Krankenhaus wurden die beiden Jungen in das Untersuchungszimmer gebracht und die diensthabende Operationsschwester Maria verständigt. Sie kam auch sofort und sah sich den Verletzten an. »Das müssen wir wohl nähen. Es ist eine kleine Platzwunde. Das werden wir gleich haben.« Sie erkundigte sich noch, ob er bewusstlos gewesen sei und ob er erbrochen habe. Beides wurde verneint, aber Werner sagte: »Etwas benommen war er schon. Und Sterne hat er gesehen.«

»Ja, schon, aber das ging ja bald vorbei. Jetzt geht es mir schon wieder ganz gut. Nur noch etwas Kopfschmerzen«, wiegelte Heinz ab.

»Du wirst eine leichte Gehirnerschütterung haben«, meinte die Schwester, während sie mit dem Jungen in den Operationssaal ging, die Vorbereitungen für die Naht traf und die örtliche Betäubung des Wundgebietes vornahm. »Du musst in der nächsten Zeit liegen und beobachtet werden. Am besten, du bleibst ein paar Tage im Krankenhaus. Schwester Else, kümmern Sie sich doch schon mal um ein Bett.«

»Nein, das kommt gar nicht in Frage«, sagte Heinz. »Ich will nach Hause. Mir fehlt ja nicht viel. Die Eltern sollen doch nichts merken.«

Während die Operationsschwester zwei Nähte legte, kam Schwester Else zurück und teilte mit, dass kein Bett mehr frei sei, auch kein Notbett. »Dann müssen wir ihn eben in ein anderes Krankenhaus verlegen«, schlug die Operationsschwester vor. Sie war mit der Naht fertig und legte einen kleinen Verband an.

»Nein, ich fühle mich ganz wohl und will nach Hause«, sagte Heinz. »Dann musst du aber einen Revers unterschreiben, dass du gegen ärztlichen Rat auf eigenen Wunsch nach Hause gehst«, entgegnete Schwester Maria.

Eigentlich hätte sie spätestens jetzt den Chefarzt, der ja Bereitschaftsdienst hatte, von der Aufnahme verständigen müssen. Aber sie war der Meinung, dass es sich um einen klaren Fall handelte. Den Chefarzt, der ja den ganzen Tag schon im Krankenhaus gewesen war, wollte sie am Abend wegen einer solchen Kleinigkeit nicht stören. Er hatte ja auch seine Ruhe nötig. Als er zum Abendessen in seine Wohnung ging, machte er doch einen sehr abgespannten Eindruck.

Heinz verließ den Operationsraum und ging in das Untersuchungszimmer, wo sein Bruder Werner auf ihn wartete.

»Na, hast du alles gut überstanden?«, fragte Werner. »Ja, es ist alles in Ordnung. Wir können nach Hause gehen«, meinte Heinz.

»Von Gehen kann keine Rede sein«, sagte Schwester Maria zu Werner. »Ihr Bruder hat eine leichte bis mittelschwere Gehirnerschütterung und muss in den nächsten Tagen strenge Bettruhe einhalten. Eigentlich müsste er im Krankenhaus bleiben. Aber er will ja nach Hause. Ich werde einen Krankenwagen bestellen, damit er liegend nach Hause transportiert werden kann. Und ich werde auch dem Arzt der Poliklinik, der Bereitschaftsdienst hat, Bescheid sagen, dass er heute noch einen Hausbesuch macht.«

Und so wurde es dann auch gemacht. Schwester Maria bestellte einen Krankenwagen und beauftragte Schwester Else, den ärztlichen Bereitschaftsdienst anzurufen und über den Unfall zu informieren. Wenn möglich sollte der diensthabende Arzt heute noch einen Hausbesuch machen und sich den Patienten ansehen, da er bisher noch nicht von einem Arzt begutachtet worden war. Letzteres allerdings wurde dem Bereitschaftsdienst nicht mitgeteilt. Die Schwester sagte ihm, dass der Junge eine Platzwunde am Hals und eine mittlere Gehirnerschütterung davongetragen hätte. Die Wunde sei von Schwester Maria genäht worden. Der Verletzte sei ansprechbar gewesen und habe auch nicht gebrochen. Er sei zu Fuß ins Krankenhaus gekommen.

Der diensthabende Arzt, der für die kleine Stadt den Wochenendbereitschaftsdienst hatte, sagte zu, am Abend noch bei dem Patienten vorbeizufahren und ihn sich anzusehen.

Schwester Maria teilte das dem Bruder des Verletzten mit und gab ihm auch die Telefonnummer des Bereitschaftsdienstes mit, für den Fall, dass sich der Zustand des Verletzten verschlechtern sollte. Dann sollte er unbedingt den diensthabenden Arzt anrufen.

Die beiden Jungen fuhren mit dem Krankenwagen nach Hause und waren kurz nach 21 Uhr dort. Werner kümmerte sich darum, dass Heinz sofort ins Bett kam. Er gab ihm noch eine der Kopfschmerztabletten, die ihm die Schwester im Krankenhaus mitgegeben hatte.

Anfangs ging auch alles gut. Werner hatte sich neben das Bett des

Bruders gesetzt und sich mit ihm unterhalten. Nach einiger Zeit nahmen aber die Kopfschmerzen zu und Heinz war sehr unruhig. Trotz einer weiteren Schmerztablette verschlechterte sich sein Zustand weiter. Kurz darauf trat Bewusstlosigkeit ein, und Blut lief aus dem Mund. Um 22.30 Uhr rief Werner dann die ihm mitgegebene Nummer an und teilte dem Bereitschaftsarzt mit, dass sich der Zustand seines Bruders deutlich verschlechtert habe und er bewusstlos geworden sei. Der Arzt sagte ihm auch seinen baldigen Besuch zu. Als er dann gegen 23.45 Uhr erschien, war kurz zuvor der Tod des Jungen eingetreten.

Da der Tod mit großer Wahrscheinlichkeit eine Unfallfolge war, wurde von der zuständigen Staatsanwaltschaft eine gerichtliche Leichenöffnung angeordnet. Hierbei fand sich als Zeichen einer stumpfen Gewalteinwirkung auf den Kopf eine etwa 2 cm lange Platzwunde im Bereich des linken Hinterkopfes mit einer erheblichen Unterblutung in der Umgebung. Des Weiteren war ein Bruch im Bereich des linken Schläfenbeins mit Ausstrahlung der Bruchlinie bis in die Schädelbasis vorhanden. Über der harten Hirnhaut hatte sich eine größere Blutung ausgebreitet, die zu deutlichen Verdrängungserscheinungen im Bereich des Gehirns geführt hatte. Die beiden Großhirnhalbkugeln waren nach rechts verschoben, die an der Unterseite des Kleinhirns liegenden sogenannten Kleinhirntonsillen wiesen deutliche Druckerscheinungen auf. Es bestand ein massives extradurales Hämatom, eine Blutung zwischen der harten Hirnhaut und dem Schädeldach. Der Tod war somit durch eine Zunahme des Schädelinnendrucks infolge der Blutung in das Schädelinnere herbeigeführt worden und zweifellos eine unmittelbare Unfallfolge.

Es wurde jetzt ein Ermittlungsverfahren eingeleitet, um zu prüfen, ob Fehler bei der Behandlung des Verunglückten gemacht worden waren und ob der Tod bei richtiger Behandlung vermeidbar gewesen wäre. Es sollte vor allem geprüft werden, ob die Operationsschwester richtig gehandelt hatte und warum der Bereitschaftsarzt erst so spät – zu spät – gekommen war.

Zunächst musste einmal geklärt werden, ob eine Operationsschwester überhaupt selbstständig eine Wundbehandlung mit Naht außer in Notsituationen vornehmen darf. Das ist natürlich nicht der Fall, obwohl der Chefarzt ihr die Fähigkeiten dazu bescheinigte und auch der Meinung war, dass eine kompetente Schwester solche Handlungen durchführen dürfte. »Ich habe ihr erlaubt, einfache Wundversorgungen mit kleineren Nähten selbstständig vorzunehmen.«

Eine Notsituation, bei der von den üblichen Regeln abgewichen werden darf, lag hier nicht vor. Die Versorgung einer Hautplatzwunde im Kopfbereich, bei der eine Naht erforderlich ist, ist eine rein ärztliche Angelegenheit und kann nicht in den Aufgabenbereich einer Operationsschwester fallen.

Erst recht darf eine Schwester nicht selbständig so schwerwiegende Diagnosen stellen wie die einer Gehirnerschütterung und dann auch noch selbständig die weitere Behandlung festlegen. Auf jeden Fall hätte der Verletzte einem Arzt vorgestellt werden müssen. Und es wäre für sie ja auch eine Leichtigkeit gewesen, den Chefarzt telefonisch zu informieren. Dass ihre Diagnostik ungenau war, geht aus der Tatsache hervor, dass sie in ihrer Vernehmung immer von eine Wunde am Hals sprach und so auch den Bereitschaftsarzt der Stadt informieren ließ, obwohl die Platzwunde am Hinterkopf war und somit eindeutig auf eine Gewalteinwirkung auf den Kopf schließen ließ.

Dass sie den Jungen nicht aufgenommen hatte, begründete sie damit, dass er selbst eine Aufnahme energisch abgelehnt hatte. Von dieser Ablehnung hatte aber der ihn begleitende Bruder nichts gehört. Die ursprüngliche Absicht, ihn einen Revers unterschreiben zu lassen, hatte sie dann wieder fallen gelassen, weil sie einmal ja sowieso kein Bett freihatte und zum anderen auch nicht wusste, wie die Unterschrift eines 15-Jährigen überhaupt rechtlich zu bewerten ist. Außerdem hätte die übliche Formulierung: »Ich verlasse das Krankenhaus gegen ärztlichen Rat« auch nicht gestimmt, da ein Arzt ihn ja gar nicht gesehen hatte.

Dem Bereitschaftsarzt wurde zur Last gelegt, dass er ohne schwerwiegenden Grund erst so spät seinen Hausbesuch gemacht hatte. Sein Warten begründete er einmal damit, dass er nach der telefonischen Information die ganze Situation als nicht bedrohlich angesehen hatte. Er wollte abwarten, bis noch weitere Hausbesuche gemeldet worden waren, und sie dann alle gemeinsam abfahren. Eine versorgte Platzwunde am Hals und eine leichte Gehirnerschütterung ohne Erbrechen und Bewusstlosigkeit seien ihm nicht so dringlich erschienen. Auch nach dem Anruf des Bruders habe er die Situation als nicht so ernst angesehen, denn der Bruder habe ihm nur gesagt, dass es dem Verletzten schlechter gehe. Er sei aber trotzdem gleich losgefahren. Hier gehen allerdings die Aussagen über den Zeitpunkt des Telefonanrufes auseinander. Während der Bruder sagte, dass er um 22.30 Uhr angerufen hatte, behauptete der Bereitschaftsarzt, dass der Anruf erst um 23.15 Uhr erfolgt sei. Wenn auch der genaue Zeitpunkt hinterher nicht mehr mit Sicherheit geklärt werden konnte, so hat die Aussage des Bruders die größere Wahrscheinlichkeit. Da der Tod des Verletzten etwa fünf Minuten vor dem Eintreffen des Arztes erfolgte und auf Grund des Sektionsbefundes die Verschlechterung des Zustandes und der Eintritt der Bewusstlosigkeit schon einige Zeit vor dem Tod eingetreten sein mussten, ist es wahrscheinlicher, dass der Bruder zu der von ihm angegeben Zeit angerufen hat. Ob der Tod aber zu diesem Zeitpunkt durch das Eingreifen des Arztes noch hätte abgewendet werden können, ist mehr als fraglich.

Nach ärztlichem Ermessen hätte der Junge gerettet werden können, wenn von Anfang an richtig gehandelt worden wäre. Die Operationsschwester hatte zweifellos ihre Kompetenzen überschritten. Ihr wesentlicher Fehler war es, den diensthabenden Chefarzt nicht verständigt zu haben, obwohl sie die Situation doch als ernst eingeschätzt hatte, sonst hätte sie den Jungen nicht mit dem Krankenwagen liegend nach Hause bringen lassen wollen und außerdem erwogen, ihn einen Revers unterschreiben zu lassen.

Der Stadtbereitschaftsarzt ist für den unglücklichen Ausgang aber mit verantwortlich, weil er seinen Hausbesuch ohne Not erst so spät durchgeführt hat. Mit der telefonischen Zusicherung, sich um den Patienten in seiner Wohnung zu kümmern und ihn sich anzusehen, hatte er praktisch die Behandlung des Falles übernommen.

In erster Instanz wurden sowohl die Schwester als auch der Arzt wegen fahrlässiger Tötung zu einer Freiheitsstrafe verurteilt, die in beiden Fällen zur Bewährung ausgesetzt worden ist. Der Arzt ist in Berufung gegangen. Das Berufungsgericht sah es als nicht sicher erwiesen an, dass auch bei einem früheren Hausbesuch unmittelbar nach dem Anruf des Bruders der Tod hätte verhindert werden können – vor allem unter Berücksichtigung des Weg-Zeitverhältnisses und der örtlichen Gegebenheiten –, und sprach ihn deshalb mangels Beweises frei.

Die Grenzen der eigenen Leistungsfähigkeit

Der Patient X. war vom Hausarzt in die Innere Klinik eingewiesen worden, weil er seit längerer Zeit über mitunter sehr heftige Leibschmerzen klagte und der Hausarzt zu keiner klaren Diagnose kommen konnte. Aber auch in der Klinik kam man zu keiner eindeutigen Diagnose, obwohl das ganze diagnostische Spektrum ausgeschöpft worden war. Einige Befunde deuteten zwar auf eine Erkrankung der Bauchspeicheldrüse hin, aber bevor eine zielgerichtete Behandlung erfolgen konnte, musste noch Klarheit geschaffen werden. So schlugen die Internisten vor, eine Klärung durch den Chirurgen zu versuchen und eine sogenannte Probelaparotomie, eine Eröffnung der Bauchhöhle zu diagnostischen Zwecken, durchzuführen.

Nach Rücksprache mit dem Chef der Chirurgie wurde der Patient dann auch zu diesem Zweck in die chirurgische Abteilung verlegt und nach den entsprechenden Voruntersuchungen und Vorbereitungen eine Woche später auf den Operationsplan gesetzt. Er sollte am nächsten Tag als Letzter des Vormittagsprogramms operiert werden. Da ja nur eine diagnostische Eröffnung der Bauchhöhle geplant war, rechnete man mit einer kurzen Operationsdauer. Als die vorletzte Operation begann, wurde der Patient in das Vorbereitungszimmer gefahren, wo er auf den Beginn der Narkose wartete. Da er schon ein Beruhigungsmittel erhalten hatte, döste er vor sich hin.

Aber die noch laufende vorletzte Operation gestaltete sich doch schwieriger als erwartet. Es kam zu einer heftigen Blutung, deren Stillung einige Zeit in Anspruch nahm. Dann mussten umfangreiche Verwachsungen gelöst und das eigentliche Operationsgebiet erst freipräpariert werden. Die Mittagszeit rückte heran und damit auch das planmäßige Ende des Operationsprogramms. Aber die laufende Operation musste ja auf jeden Fall noch beendet werden. Da die eigentlich geplante Operationszeit schon überschritten war und die Ärzte am Nachmittag noch andere Termine hatten, entschloss man sich nach kurzem Überlegen, die Probelaparotomie auf den nächsten Tag zu verschieben. Sie war ja nicht besonders eilig und konnte also getrost noch einen Tag warten.

Dem Patienten wurde dieser Entschluss mitgeteilt. In seinem etwas benommenen Zustand war er auch damit einverstanden. Er wurde also wieder auf Station gebracht und für den nächsten Tag erneut auf den Operationsplan gesetzt, wieder an letzter Stelle.

Der gleiche Ablauf wie am Vortag begann. Der Patient wurde in den Vorbereitungsraum gebracht, erhielt seine Beruhigungsspritze und wartete auf den Beginn der Operation. Diesmal schien alles zu klappen. Die beiden vorangehenden Operationen verliefen planmäßig, das Operationsteam lag gut in der Zeit und begann bei der laufenden Operation mit dem Wundverschluss. Der Anästhesist ging schon zu dem wartenden Patienten und teilte ihm mit, dass er gleich operiert würde.

Doch bevor die Operation begonnen werden konnte, kam plötzlich ein Verkehrsunfall mit zwei Schwerverletzten herein. Das Operationsprogramm musste wieder kurzfristig umgeworfen und die eben nicht so dringliche diagnostische Operation erneut um einen Tag verschoben werden. Den Ärzten war es äußerst peinlich, den Patienten davon zu informieren. Nur mit großer Überredung war er zu bewegen, seine Einwilligung zu einer nochmaligen Verschiebung zu geben, aber er sah ja die schwierige Situation ein und verstand auch, dass die Versorgung der schwer verletzten Unfallpatienten Vorrang hatte. Wenn auch sehr ungern, so ließ er sich doch wieder auf Station bringen und erhielt das Versprechen, dass er am nächsten Tag auf jeden Fall drankäme. Aller guten Dinge seien eben drei.

So startete nun am nächsten Tag der dritte Versuch. Das Pech des Patienten war es, dass er immer an letzter Stelle des Operationsprogramms stand. Auch an diesem Tag gab es mehrere Verzögerungen im Operationsablauf, und die Mittagszeit kam heran. Aber noch einmal konnte man ihn nicht zurückschicken. Trotz der fortgeschrittenen Zeit musste die Operation durchgeführt werden. Der eingeteilte Operateur machte sich also fertig und verzichtete auf das Mittagessen. Er musste sich sowieso schon beeilen, denn um 14 Uhr hatte er Unterricht in der Schwesternschule. Aber da es ja nur eine einfache Eröffnung der Bauchhöhle war, hoffte er rechtzeitig fertig zu werden.

Aber dem war nicht so. Als die Bauchhöhle eröffnet war, sah man, dass es sich um eine bösartige Veränderung der Bauchspeicheldrüse handelte, die sofort operiert werden musste. Es wäre unsinnig gewesen, die Bauchhöhle wieder zu verschließen und die notwendige Entfernung eines Teils der Bauchspeicheldrüse zu einem späteren Zeitpunkt vorzunehmen. Das wäre eine unnötige Belastung für den Patienten gewesen.

Da man etwas Ähnliches schon vermutet bzw. für möglich gehalten hatte, war der Patient auch vor der Operation um seine Einwilligung gebeten worden, einer Operationserweiterung zuzustimmen, falls sie nötig wurde. Das hatte er auch getan. Doch das Problem bestand nun darin, dass der Operateur zum einen den Unterricht an der Schwesternschule durchführen musste und zum anderen für diese relativ komplizierte Operation nicht die nötige Erfahrung besaß.

Also wurde der Oberarzt befragt. Der war gerade mit seiner letzten Operation an diesem Vormittag fertig geworden und wollte sich waschen, um dann zum Mittagessen zu gehen. Als er um Rat gefragt wurde, sagte er: »Wartet einen Augenblick, ich komme mal rüber und schaue es mir an.«

Er wusch sich noch zu Ende, ging in den Nachbarsaal und schaute sich dort das Operationsgebiet an. Als er den Befund sah, meinte er sofort: »Klar, das muss heute noch operiert werden. Ich werde das machen. Schwester Ursula, holen sie mir doch schnell ein Brötchen und eine Tasse Kaffee aus der Kantine, ich habe seit heute früh nichts mehr gegessen. Danach werde ich operieren.«

Und so wurde es gemacht. Die Schwester holte schnell einen kleinen Imbiss und etwas zu trinken, dann wusch sich der Oberarzt erneut und machte sich für die Operation bereit. Als erfahrener Operateur war es für ihn keine Schwierigkeit, die angefangene Operation fortzusetzen.

Alles verlief zunächst auch ganz planmäßig. Zwar war die Präparation der Bauchspeicheldrüse, insbesondere des zu entfernenden Teils, etwas schwierig und zeitaufwendig, doch mit der nötigen Geduld klappte auch das. Durch diese Erschwernisse war die Zeit schon ziemlich weit fortgeschritten, und das Operationspersonal hatte eigentlich seinen Dienst schon beendet, doch die meisten Hilfskräfte machten weiter mit. Nur die Instrumentenschwester und eine weitere Schwester wurden ausgewechselt durch Mitarbeiter der Nachmittagsschicht, weil sie dringende Termine wahrnehmen mussten und deshalb nicht länger in der Klinik bleiben konnten.

Die Entfernung des erkrankten Teils der Bauchspeicheldrüse war fast beendet, da kam es plötzlich zu einer stärkeren Blutung. Wie sich zeigte, war die Milz verletzt worden und musste entfernt werden. Das war bei dieser Art Eingriff nichts Außergewöhnliches. Manche Chirurgen beziehen wegen der Schwierigkeiten bei der Präparation des

Schwanzteils der Bauchspeicheldrüse und der relativ großen Verletzungsgefahr die Milzentfernung gleich mit in den Operationsablauf ein.

Die Operation wurde also erweitert und die Milz entfernt. Wegen der sehr starken Blutung, die den Überblick über das Operationsgebiet erschwerte, wurde laufend abgesaugt und abgetupft. Endlich konnte die Operation beendet werden. Der Operateur schaute sich noch einmal das Operationsgebiet an, ob alles in Ordnung war und keine Blutungen mehr bestünden. Es war alles zu seiner Zufriedenheit. Bevor er mit der Verschließung der Bauchhöhle begann, kam routinemäßig noch die übliche Abfragekontrolle zur Absicherung, dass keine Fremdkörper, insbesondere Bauchtücher, in der Bauchhöhle zurückgelassen wurden.

Die Instrumentenschwester zählte die verbrauchten Bauchtücher und verglich die Zahl mit den im Verlauf der Operation herausgegebenen.

»Es sind 43 Tücher«, sagte sie nach dem Zählen der verbrauchten Tücher und wollte schon sagen: »Alles in Ordnung«, da sah sie noch einmal auf die Zahl der herausgegeben Tücher. »Hier sind aber 44 angegeben«, sagte sie und zählte sicherheitshalber noch einmal nach. »Es muss noch ein Tuch fehlen, es sind nur 43 verbrauchte Tücher hier auf meinem Tisch, und verbraucht sind sicher 44 Tücher.«

Der Operateur hielt in seiner Tätigkeit inne und sah sich das gesamte Wundgebiet noch einmal genau an. Ein vergessenes Bauchtuch konnte er nicht finden. Sicherheitshalber tastete er die gesamte Bauchhöhle aus, auch zwischen und unter den Darmschlingen. Nach seiner Inspektion war er sich absolut sicher, dass kein Bauchtuch mehr in der Bauchhöhle war. Eine weitere Suche im Operationsgebiet brachte nichts. Außerdem war die Zeit schon weit fortgeschritten. Man näherte sich dem Abend, und alle waren durch die überaus lange und komplizierte Operation körperlich stark mitgenommen. Der Operateur entschloss sich daher, die Bauchhöhle zu schließen und die Operation zu beenden.

»Morgen früh werden wir uns noch mal in aller Ruhe mit der Differenz auseinander setzen«, sagte er zur Instrumentenschwester. »Vielleicht hat sich Ihre Vorgängerin auch verzählt, und es sind gar nicht 44 Tücher herausgegeben worden. In der Bauchhöhle ist das Tuch auf jeden Fall nicht, da bin ich sicher.« Die Instrumentenschwester war ja im

Verlauf der langen Operation abgelöst worden. Mit dieser Entscheidung gaben sich alle zufrieden und waren froh, dass die Operation nun endlich zu Ende war.

Am nächsten Morgen ging der übliche Klinikbetrieb weiter. Um 8 Uhr begann das Operationsprogramm wie jeden Tag. Der Oberarzt war jedoch nicht für eine Operation eingeteilt. Er wollte am nächsten Tag seinen Jahresurlaub antreten und benötigte den heutigen Tag zum aufarbeiten. Es waren Krankengeschichten abzuschließen und noch einige Operationsberichte zu schreiben, so auch der vom gestrigen Tag. Auch zwei Arztbriefe mussten noch fertig gemacht werden, denn der Arzt würde drei Wochen nicht da sein. Eine Auslandsreise war gebucht. Die ganze Familie freute sich schon darauf. Übermorgen sollte es losgehen. Trotz der vielen Schreiberei schweiften seine Gedanken immer wieder zu der Reise, und er musste sich regelrecht dazu zwingen, bei seinen Fällen zu bleiben. Gegen Mittag war er bei dem Operationsbericht über die gestrige Operation der Bauchspeicheldrüse. Er beschrieb recht genau den Ablauf einschließlich der aufgetretenen Komplikationen und der notwendigen Milzentfernung. Woran er jedoch nicht mehr dachte, war die Diskrepanz bei der Zählkontrolle der Bauchtücher. Er hatte diesen Umstand schon am Vorabend wieder vergessen, weil er fest davon überzeugt war, dass es ein Zählfehler der Schwester gewesen war. Somit tauchte kein Vermerk im OP-Bericht auf. Da die Schreibarbeiten ihn doch länger aufhielten, als er gedacht hatte, musste er am Abend zwei Stunden an seine Dienstzeit dranhängen. Aber dann war alles geschafft, und er konnte mit gutem Gewissen in den Urlaub fahren.

Dem Patienten ging es nach der Operation gut. Er blieb wie allgemein üblich die ersten vier Tage auf der Intensivstation. Da der postoperative Verlauf aber völlig normal war, konnte er nach dieser Zeit wieder auf die normale Station verlegt werden. Nach einigen weiteren Tagen konnte er aufstehen und auch einige Schritte im Klinikgarten versuchen. Seine Bauchbeschwerden, wegen denen er in die Klinik eingewiesen worden war, waren verschwunden. Es ging ihm von Tag zu Tag besser, und er rechnete sich schon aus, wann er voraussichtlich aus der Klinik entlassen werden konnte. Nach 14 Tagen war er schon in der Lage, beim Besuch der Familie einen kleinen Spaziergang außerhalb des Klinikgeländes zu machen. Alles sah gut aus. Die Fäden waren schon gezogen worden, die Operationsnarbe heilte gut ab. Er war heilfroh, dass er der Operation zugestimmt hatte, wenn alles auch recht lange gedauert hatte. Der Stationsarzt wollte ihn morgen noch einmal gründlich untersuchen und bei der Chefvisite dann mit dem Chefarzt den Zeitpunkt der Entlassung besprechen.

Doch bevor es dazu kam, traten am nächsten Morgen heftige Schmerzen im Bauch auf. Sie waren so stark, dass der Patient gegen Morgen davon wach wurde. Er rief die Schwester, die auch sofort den diensthabenden Arzt verständigte. Da der Tagesdienst noch nicht begonnen hatte, kam der Arzt des Nachtdienstes. Er sah sich den ihm unbekannten Patienten an und ließ sich die Krankengeschichte geben, um sich über den Krankheitsverlauf zu informieren. Dabei stellte er fest, dass es sich um eine zwar etwas lange dauernde, aber ansonsten glatt verlaufende Operation an der Bauchspeicheldrüse gehandelt hatte. Bei der Untersuchung des Patienten fiel ihm als einziger krankhafter Befund eine gewisse Spannung der Bauchdecken auf. Die Körpertemperatur war geringfügig erhöht. Da in kurzer Zeit der Tagesdienst begann und die Befunde nicht so alarmierend waren, dass sofort eingegriffen werden musste, ordnete er an, dass der Patient sofort nach Ankunft des Stationsarztes diesem vorzustellen sei.

Der Stationsarzt konnte sich die immer noch bestehenden heftigen Schmerzen auch nicht so recht erklären und wartete zunächst einmal ab. Gegen Mittag sah er sich den Patienten noch einmal an. Die Schmerzen hatten zwar etwas nachgelassen, aber die Bauchdeckenspannung hatte deutlich zugenommen. Jetzt sah es doch recht bedenklich aus, es deutete sich eine Bauchfellentzündung an. Der für die Station zuständige Oberarzt wurde verständigt und sah sich den Patienten umgehend an. Neben der sich verstärkenden Bauchdeckenspannung kam es zu einem Kreislaufkollaps. Der Blutdruck fiel ab, der Patient wurde ganz blass, und der Puls war kaum noch zu tasten. Es musste unbedingt etwas geschehen. Aber was? Was war die Ursache für diese rapide Verschlechterung?

Die klinische Untersuchung und schnell durchgeführte Laboruntersuchungen führten zu der Auffassung, dass eine massive Blutung in die Bauchhöhle eingetreten war. Warum es allerdings so lange nach der Operation noch zu einer derart massiven Blutung kam, war den Ärzten absolut unklar.

»Wir müssen sofort aufmachen. Und ein Gefäßchirurg muss geholt werden«, sagte der Oberarzt, »sonst stirbt der Patient vor unseren Augen.«

In aller Eile wurde der Operationssaal vorbereitet und der Patient hinuntergebracht, die Narkose wurde eingeleitet und die Bauchhöhle eröffnet. Mit Entsetzen sahen die Ärzte, dass sie voller Blut war. Doch wo kam das viele Blut nur her? Das war keine Sickerblutung, da musste ein größeres Gefäß verletzt sein. Schnell wurde eine Bluttransfusion angelegt und das Blut aus der Bauchhöhle abgesaugt. Dann wurde nach der Blutungsquelle gesucht. Es war ein größeres Gefäß in der Nähe der Hauptschlagader, und zwar in der Gegend des Milzlagers, aus dem es sehr stark blutete. Des Weiteren fand sich dort eine ziemlich große, vom Bauchfell bedeckte Geschwulst. Die Milz konnte es nicht sein, denn die war laut Operationsbericht ja total entfernt worden. Während der Operateur sich bemühte, zunächst erst einmal die starke Blutung zu stillen, kam vom Anästhesisten die Mitteilung eines Herzstillstandes.

Sofort wurden alle Möglichkeiten, den Patienten wieder zu beleben, ausgeschöpft, aber es half nichts, der Mann war tot. Der sofort benachrichtigte Chefarzt ordnete an, dass der Kreisarzt informiert und eine Sektion beantragt werden sollte. Die am nächsten Tag von einem Pathologen durchgeführte Obduktion ergab nun, dass es sich bei der Geschwulst im Bereich des Milzlagers um einen großen, mit Eiter gefüllten Abszess handelte, in dessen Mitte sich ein relativ großes Bauchtuch befand. Durch den Abszess war es zu Entzündungen im umgebenden Gewebe und zur Läsion eines großen arteriellen Gefäßes gekommen, aus dem es massiv blutete. Todesursache war letztlich ein Verbluten aus diesem Gefäß.

Da es sich um einen Todesfall im Zusammenhang mit einer ärztlichen Fehlhandlung handelte, wurde die Staatsanwaltschaft verständigt, die ein Ermittlungsverfahren einleitete. Da der Zusammenhang zwischen dem zurückgelassenen Bauchtuch und dem Tod klar war, musste die Frage geklärt werden, ob der Fehler schuldhaft verursacht worden war. Ordnungsgemäß war ja am Ende der Operation die Abfragekontrolle erfolgt, und es konnte auch auf Grund der Aussagen aller an der Operation Beteiligten nicht daran gezweifelt werden, dass der Operateur wegen der Differenz bei der Abzählkontrolle die ganze Bauchhöhle sehr sorgfältig nach dem fehlenden Bauchtuch abgesucht hatte.

Warum er es nicht gefunden hatte, wurde nun auch geklärt. Es war zur Blutstillung nach dem Entfernen der Milz in das Milzlager gedrückt worden und dort liegen geblieben. Dann war das Bauchfell über dem stark blutgetränkten Tuch, das sich kaum von seiner Umgebung abhob, zugenäht worden, sodass es bei der Suche nicht gefunden wurde.

Wenn dieser Fehler nach der lange dauernden Operation und der Abgespanntheit des Operateurs und seines Teams noch verzeihbar war, so muss die Tatsache, dass nicht am nächsten Tag nach dem Verbleib des fehlenden Tuches geforscht wurde und dass vor allem von diesem Zwischenfall kein Wort in dem Operationsbericht auftauchte, als schwerwiegende Fahrlässigkeit angesehen werden. Denn hätte etwas darüber im Operationsbericht gestanden, wäre beim ersten Auftreten der postoperativen Beschwerden sicherlich in dieser Richtung gefahndet worden und wahrscheinlich eher eine Nachoperation erfolgt, die mit größter Wahrscheinlichkeit das Leben des Patienten gerettet hätte. Sicherlich ist dieser Fehler auf die Hektik am Operationstag, auf die weit über die geplante Zeit hinausgehende Operation und den unmittelbar danach beginnenden Urlaub des Operateurs zurückzuführen. Jedoch muss auch in solchen Situationen vom Arzt und dem Pflegepersonal die notwendige Sorgfalt verlangt werden, denn immer stehen bei Fehlern im ärztlichen Bereich Leben und Gesundheit von Menschen auf dem Spiel.

Es ist in diesem Fall zu einer Anklage wegen fahrlässiger Tötung gegen den Operateur gekommen. Das Verfahren endete mit einer Verurteilung zu einer Freiheitsstrafe, die zur Bewährung ausgesetzt worden ist.

Natürlich kann der Arzt nicht nur durch falsches Handeln Fehler machen und Schaden verursachen, sondern auch dadurch, dass er notwendige Maßnahmen diagnostischer oder therapeutischer Art unterlässt und dadurch Gesundheitsschäden oder gar den Tod verursacht. Es ist oberste Pflicht des Arztes, alles zu tun, um die Gesundheit seines Patienten zu schützen und sein Leben zu erhalten.

Ein vermeidbarer Todesfall

Der Winter hatte Einzug gehalten. Seit mehreren Tagen lag eine geschlossene Schneedecke über dem Land, und es schneite immer noch weiter. Der Räumdienst kam kaum noch nach, die Straßen auch nur einigermaßen freizuhalten. Als Kraftfahrer musste man schon sehr aufpassen, um nicht im Schnee stecken zu bleiben. Man merkte es auch auf den Straßen, dass nur die notwendigsten Fahrten gemacht wurden. Vor allem in den ländlichen Gegenden war der Verkehr erheblich behindert.

Der Traktorist L. machte nur die nötigsten Fahrten mit seinem Traktor, obwohl er mit den großen Rädern noch relativ gut durchkam. Außerdem hatte er Schneeketten angelegt. Heute musste er Milch fahren. Er begab sich kurz nach 7 Uhr in der Frühe in die Scheune, um den Traktor herauszufahren. Da er am Abend vorwärts in die Scheune gefahren war, musste er nun rückwärts wieder herausfahren. Das war aber nicht so einfach, wie er es sich gedacht hatte. Da es in der Nacht reichlich geschneit hatte, war die gestrige Fahrspur weitgehend zugeschneit und nicht richtig zu erkennen. Nach einigen Metern kam er samt seinem Hänger aus der Spur, und die Hinterräder drehten durch.

»Drück doch mal dagegen, Paul«, rief er seinem Beifahrer zu, der neben dem rechten Hinterrad stand. Dieser versuchte mit aller Kraft, den Traktor rüberzudrücken, doch der Erfolg war gering.

Natürlich ging dieser Vorgang nicht ohne Lärm ab. Die Hinterräder wühlten sich in den Schnee ein und drehten durch, der Motor heulte auf, Fahrer und Beifahrer riefen sich laut zu. Dadurch wurde die Ehefrau des Fahrers auf die Schwierigkeiten aufmerksam und kam mit ihrer Mutter hinaus, um zu helfen.

Sie drückten beide gegen die Seite des Hängers, um diesen wieder in die Spur zu bringen, doch auch das brachte nicht viel. Als die Ehefrau nun mit aller Kraft drückte, rutschte sie auf dem glatten Boden weg und fiel hin. Sie stürzte so unglücklich, dass das rechte Bein unter das Hinterrad des Traktors geriet und ein Haken der Schneekette die Haut des Oberschenkels oberhalb der Kniekehle aufriss. Es kam sofort zu einer heftigen Blutung, das Blut spritzte in der Gegend herum, und der Schnee färbte sich im großen Umkreis sehr schnell rot.

»Halt an, Richard, deine Frau ist verletzt«, rief der Beifahrer. Der Fahrer hielt sofort an, und beide Männer eilten der am Boden liegenden und vor Schmerzen stöhnenden Frau zu Hilfe. Sie trugen die stark blutende Frau ins Haus und begannen als Erstes, die starke Blutung zu stillen. Der Ehemann versuchte, mit einer Kinderwindel den Oberschenkel abzubinden, aber die Blutung bestand weiter. Da er keinen geeigneten Gegenstand zum Abbinden der Arterie hatte, zog er einen Schürsenkel aus seinem Schuh und band damit zusätzlich den Oberschenkel ab. Die Blutung kam auch leidlich zum Stehen. Der inzwischen durch die Hilferufe und die Schreie der Frau herbeigerufene Nachbar eilte zum Telefon und verständigte den Bereitschaftsarzt. Er bat um einen sofortigen Arztbesuch, da ein Unfall passiert sei. Der Arzt sagte auch sein sofortiges Kommen zu. Kurze Zeit später rief der Nachbar noch einmal an und sagte, dass der Arzt so schnell wie möglich kommen sollte, da es sich um einen schweren Unfall handelte.

Inzwischen war auch ein Sanitätshelfer aus dem Ort geholt worden, um erste Hilfe zu leisten. Er sah, dass hier umgehend etwas geschehen musste. Die Verletzte musste nach seiner Einschätzung sofort in ein Krankenhaus. Deshalb rief er selbst den Krankentransport an und verlangte dringend einen Krankenwagen. Auf die Frage, ob denn schon ein Arzt die Verletzte gesehen und einen Krankentransport angeordnet habe, antwortete er, dass der Arzt zwar verständigt, aber noch nicht eingetroffen sei. Die Entscheidung zum sofortigen Transport würde er schon selber verantworten, er sei Sanitäter, und bei der Verunglückten handele es sich um eine Schlagaderverletzung.

»Die Frau hat eine stark blutende Verletzung. Sie muss umgehend versorgt werden, sonst stirbt sie.« Es wurde ihm zugesagt, dass sofort ein Fahrzeug losgeschickt würde. Es könne jedoch bei den Schneeverhältnissen etwas dauern.

Der gerufene Bereitschaftsarzt machte sich fertig, zog sich an und suchte seine Sachen zusammen. Eigentlich wollte er für alle Fälle noch seine Bereitschaftstasche mitnehmen, fand sie aber in der Eile nicht. Telefonisch informierte er noch den Fahrer von der Poliklinik, dass er mit ihm zu dem Einsatz fahren sollte, da er wegen der schlechten Straßenverhältnisse nicht allein fahren wollte. Er wollte mit seinem Wagen an der Poliklinik vorbeifahren und ihn dort abholen. So geschah es dann auch, die beiden fuhren zusammen los.

Gegen 8.15 Uhr trafen sie an der Unfallstelle ein, also etwa eine Stunde nach dem Unfall. Der Arzt fand eine auf dem Sofa liegende und vor Schmerzen stöhnende Frau vor, die etwas benommen war und sehr blass aussah. Vor dem Sofa waren mehrere Blutlachen, und der rechte Oberschenkel war etwa in der Mitte mit einer Kinderwindel und einem Schnürsenkel abgebunden. Die stark zerfetzte Risswunde in der Kniekehle blutete kaum noch. Er legte einen Notverband an und spritzte ihr etwas gegen die Schmerzen. Die Abbindung erschien ihm ausreichend, er veränderte sie nicht. Da sowohl der Nachbar als auch der Sanitäter sagten, dass sie den Krankenwagen schon bestellt hätten und er nun bald kommen müsste, unternahm er nichts weiter und wartete auf das Erscheinen des Krankenfahrzeugs.

Doch das kam nicht. Da es für den Krankenwagen sehr schwierig, wenn nicht gar unmöglich war, zu dem Unfallort zu fahren, wurde die Verletzte in ein besser zu erreichendes Gebäude gebracht und dort auf ein Sofa gebettet. Man wartete weiter. Die verletzte Frau war nun etwas ruhiger geworden, die Wunde blutete kaum noch. Der Nachbar rief nochmals in der Leitstelle des Krankentransportes an und erkundigte sich, wo denn der Krankenwagen bliebe.

»Der ist schon vor einer Stunde losgefahren. Einen zweiten Wagen haben wir leider nicht. Aber er wird sicher bald kommen. Bei dem Schnee dauert es eben länger.«

Doch es geschah auch weiterhin nichts. Ein nochmaliger Anruf war nicht möglich, da die Leitung gestört war. Da es mittlerweile schon kurz vor 10 Uhr geworden und der Krankenwagen immer noch nicht angekommen war, machte sich der Ehemann mit dem Moped seines Sohnes auf den Weg, um irgendwie Hilfe zu holen. Er traf im Nachbarort einen Lieferwagen und bat dessen Fahrer, seine Frau doch umgehend ins Krankenhaus zu fahren, da sie schon über zwei Stunden auf den Krankenwagen warteten. Der Fahrer war auch sofort zur Hilfeleistung bereit, fuhr hinter dem Moped her und brachte die nun bewusstlose Frau in das zuständige Kreiskrankenhaus. Auch der Arzt fuhr mit seinem Wagen hinterher. Unterwegs hielt man noch an einer Poliklinik, und der Arzt legte eine Infusion an.

Die Frau wurde in einem sehr schweren Schockzustand in das Krankenhaus eingeliefert. Sie war nicht ansprechbar, der Puls kaum fühlbar, und es bestand eine Schnappatmung. Sie fühlte sich kalt an und hatte auffallend blasse Lippen. Am rechten Oberschenkel befand sich etwa in der Mitte die schon mehrfach erwähnte Abschnürung mit der Kinderwindel und dem Schnürsenkel, die aber nach Meinung des Krankenhausarztes nicht vollständig war, sondern eher eine Blutstauung bewirkt hatte. Die Verletzung selbst war steril abgedeckt, der Verband stark blutdurchtränkt gewesen. Die Wunde in der rechten Kniekehle war doppelt handtellergroß. Das Kniegelenk war eröffnet und lag frei. Aus der Verletzung blutete es nicht mehr, auch nicht, als die Abschnürung gelöst wurde. Trotz aller ärztlichen Bemühungen trat kurz nach der Einlieferung der Tod ein.

Der angeforderte Krankenwagen war kurz nach der Abfahrt der Verletzten ebenfalls am Unfallort eingetroffen. Der Fahrer des Wagens gab als Grund für die Verspätung an, dass die eigentliche Straße durch ein Schild gesperrt gewesen und er deshalb einen Umweg gefahren sei. Auch sei er unterwegs im Schnee stecken geblieben und erst mit fremder Hilfe wieder freigekommen.

Die Sektion der verstorbenen Frau ergab ziemlich eindeutig Verbluten als Todesursache. Andere Ursachen, die eventuell mit beteiligt gewesen sein konnten, fanden sich nicht.

Gegen den Bereitschaftsarzt wurden nun von mehreren Beteiligten schwere Vorwürfe erhoben, weil er nicht sofort eingegriffen hatte. Es wurde die Meinung vertreten, dass die Frau noch leben könnte, wenn sie früher in das Krankenhaus gekommen wäre und wenn sie gleich nach dem Eintreffen des Arztes eine Infusion erhalten hätte.

Als schwerer Fehler wurde angesehen, dass der Arzt ohne die nötigen Hilfsmittel zum Unfallort gekommen war und somit eine Infusion, die er selbst auch für nötig hielt, nicht anlegen konnte, weil er seine Bereitschaftstasche nicht dabeihatte. Auch das Aufrechterhalten der nicht ordnungsgemäßen, von einem Laien angelegten Unterbindung wurde ihm zur Last gelegt, vor allem aber das übermäßig lange, mit Untätigkeit verbundene Warten auf den Krankenwagen. Von der Staatsanwaltschaft wurde ein Ermittlungsverfahren eingeleitet und wir mit der Erstellung eines Gutachtens beauftragt.

Natürlich konnte eine solche gutachterliche Stellungnahme nicht ohne eine ausführliche chirurgische Zusatzbegutachtung erfolgen. Zuvor mussten aber durch zusätzliche Ermittlungen die genauen Umstände, die zu dem unglücklichen Ablauf des Geschehens geführt hatten, genauestens ermittelt werden. Es war ja klar, dass an jenem Tag außergewöhnliche Witterungsverhältnisse geherrscht hatten. Die Straßen waren verschneit und zum Teil durch eine Baustelle gesperrt, sodass auf jeden Fall der Abtransport der Verletzten äußerst erschwert war. Es musste somit geprüft werden, welche Möglichkeiten für den Arzt überhaupt bestanden hatten, sich anders zu verhalten. Vor allem musste die Frage geklärt werden, ob er nicht notfalls die Frau mit seinem eigenen Wagen hätte ins Krankenhaus fahren können oder sogar müssen, denn die Hinfahrt von seiner Wohnung zum Unfallort hatte ja offensichtlich relativ gut geklappt. Im Nachhinein machte der Arzt sich selbst die größten Vorwürfe, dass er nicht alle Möglichkeiten zur Rettung der Frau ausgeschöpft hatte.

Die Prüfung der Witterungsverhältnisse ergab, dass die Straße zu dem Ort, in dem sich der Unfall ereignet hatte, tatsächlich sehr stark verschneit war, sie war aber mit einiger Vorsicht doch befahrbar gewesen. Die Baustelle mit dem Sperrschild existierte tatsächlich, der Arzt hatte sie ja auf der Hinfahrt schon gesehen und passiert. Er war also durchgekommen und musste annehmen, dass die Rückfahrt genauso verlaufen würde. Er selbst gab an, dass er befürchtet hatte, auf der Rückfahrt dem Krankenwagen zu begegnen und dann möglicherweise nicht ausweichen zu können. Deshalb habe er den Gedanken an eine solche Lösung verworfen. Außerdem habe er ja immer noch angenommen, dass der Krankenwagen jeden Augenblick eintreffen würde.

Nicht verständlich war, dass er trotz der Information von einem schweren Unfall ohne sein Handwerkszeug, den Bereitschaftskoffer, ausrückte. Wie er angab, hatte er ihn nicht gefunden, weil die Reinigungskraft der Poliklinik diesen Koffer beim Saubermachen unter eine Liege geschoben hatte. Da ein Laken von der Liege herabhing, hätte er den Koffer nicht gesehen. Die Reinigungskraft bestätigte das auch, sagte aber, dass sie den Koffer schon vor etwa drei Monaten unter die Liege geschoben hatte und er seit dieser Zeit unberührt dort stand. Davon wollte der Arzt nichts gewusst haben.

Nach Meinung der chirurgischen Gutachter hätte er aber auf jeden Fall sehen müssen, dass die Abbindung am Oberschenkel sehr laienhaft und unvollständig gewesen war. Er hätte sie unbedingt korrigieren müssen. Er selbst bedauerte im Nachhinein, dass er nicht den eigentlichen Unfallort aufgesucht hatte, weil er dann die große Blutlache im Schnee gesehen hätte und die Größe des Blutverlustes besser hätte einschätzen können.

Die Untersuchung ergab, dass eine Reihe von Fehlern begangen wurde, deren Vermeidung möglicherweise das Leben der Verunglückten hätte retten können. So war der Arzt mit völlig unzureichender Ausrüstung zum Unfallort gefahren. Dort hatte er trotz der auch von ihm als lebensbedrohlich erkannten Situation weitgehend untätig verharrt und auf das Erscheinen des Krankenwagens gewartet. Doch eines konnte durch die Gutachter nicht nachgewiesen werden, was aber für ein Strafverfahren von ausschlaggebender Bedeutung war: nämlich dass der Verblutungstod bei Vermeidung der angeführten Fehler nicht eingetreten wäre. Wenn auch die Wahrscheinlichkeit einer Lebensrettung vorhanden war, so war andererseits die Gefäßzerreißung so massiv, dass ein Verblutungstod schon in relativ kurzer Zeit möglich gewesen war. Aus diesem Grund wurde das gegen den Arzt eingeleitete Ermittlungsverfahren wegen fahrlässiger Tötung eingestellt.

Zu den vornehmsten ärztlichen Aufgaben gehört auch die Pflicht, Schmerzen nach Möglichkeit zu lindern. Vor allem bei unheilbar Kranken kann es dabei zur Pflichtenkollision kommen, wenn so starke Mittel eingesetzt werden müssen, dass die schmerzlindernden Maßnahmen zu einer Lebensverkürzung führen können. Hierzu gehört auch die Hilfe beim Sterben, bei der die ärztliche Hilfe in Form bloßer Schmerzlinderung zulässig ist. Dies gilt selbst dann, wenn diese Sterbehilfe zu einer Bewusstseinsstörung führt, sodass es anstelle des Todeskampfes zu einem sanften Hinüberschlummern kommt. Unter Umständen kann der Verzicht auf geeignete schmerzlindernde Maßnahmen zur Strafbarkeit wegen Körperverletzung durch Unterlassung führen.

Besondere Probleme können auch bei der Behandlung eines Selbstmörders auftreten, der ja gerade durch seine Handlung den Willen zum Sterben bekundet und dies häufig auch noch in einem Abschiedsbrief schriftlich niederlegt. Soll der Arzt noch Hilfe leisten und versuchen, das Leben zu erhalten, obwohl das gar nicht dem Willen des Selbstmörders entspricht? Wie soll er sich entscheiden, wenn der Selbstmörder beim Auffinden bewusstlos ist?

Bei der Beurteilung der Pflicht zur Hilfeleistung bei einem Selbstmordversuch ist zunächst einmal davon auszugehen, dass der Selbstmord an sich keine strafbare Handlung darstellt und deshalb auch Beihilfe und Anstiftung nicht bestraft werden. Nach der Rechtsprechung des BGH soll eine Pflicht zur

Verhinderung erst dann bestehen, wenn der Selbstmörder handlungs- und entscheidungsunfähig ist. Sehr leicht kann hier der Arzt in eine Konfliktsituation kommen.

Es soll hier nicht die ganze Problematik der aktiven und passiven Sterbehilfe erörtert werden, sondern nur an einem Beispiel gezeigt werden, wie leicht der Arzt in derartigen Situationen mit dem Strafrecht in Berührung kommen kann.

Die Pflicht zum Handeln

Es war ein schöner Sonntag im Sommer. Seit dem frühen Morgen schien die Sonne von einem wolkenlosen, blauen Himmel. Die ersten Ausflügler waren schon am frühen Morgen losgezogen, denn es versprach heute warm zu werden. Ein guter Tag für die Freibäder. Bei diesem Wetter war das Wasser der angenehmste Ort. Kurz nach dem Öffnen waren schon relativ viele Besucher da, wenngleich die wenigsten jetzt schon ins Wasser gingen. Die meisten warteten noch, bis die Wassertemperatur noch etwas angestiegen war. Das Läuten der Kirchenglocken unterstrich den sonntäglichen Frieden. Ein Tag, so richtig zum Ausspannen. Nur diejenigen, die heute Dienst hatten, bedauerten es, an diesem Tag im Haus bleiben zu müssen.

So ging es auch den Dienst habenden Polizisten des Polizeireviers Mitte. Ausgerechnet an so einem schönen Sonntag mussten sie nach den vielen Regentagen dieses Sommers im Haus sitzen. Aber wenigstens war es bisher ruhig gewesen, und die Mitarbeiter der Sonntagsschicht hofften, dass es auch so blieb. Die meisten machten gerade Frühstück, als gegen 9.30 Uhr das Telefon klingelte. Als der Diensthabende den Hörer abhob, meldete sich eine etwas aufgeregte weibliche Stimme und teilte mit, dass sie gerade in die Wohnung ihrer Schwiegereltern gekommen sei und die beiden alten Leute nach einem Selbstmord hier vorgefunden habe. Die Kriminalpolizei müsse sofort kommen. Den Bereitschaftsarzt habe sie schon verständigt.

Aus war es mit der sonntäglichen Ruhe. Die beiden für den Außendienst zuständigen Polizisten packten ihre Frühstücksbrote wieder ein und machten sich auf den Weg. Ein Selbstmord brachte im Allgemeinen zwar keine größeren Probleme mit sich, aber eine ganze Menge Papierkrieg. Und wer macht den schon am Sonntag gern?

Gegen 10.15 Uhr trafen die beiden Polizisten in der Wohnung ein. Sie wurden von der Schwiegertochter und einigen Nachbarn erwartet und gleich in das Schlafzimmer des Rentnerehepaares geführt. Es sei alles noch unverändert, versicherte die Schwiegertochter. Die Ärztin habe die alte Frau bei der Untersuchung etwas bewegt, sonst habe keiner etwas angefasst.

Die beiden Polizisten sahen, dass der alte Mann an einem am Fensterriegel befestigten Strick hing und offensichtlich tot war. Als sich der eine Polizist der alten Frau zuwandte, die in ihrem stark blutbesudelten Bett lag, sah er, dass sie eine tiefe Schnittwunde am linken Handgelenk hatte. Der Arm hing aus dem Bett heraus, darunter hatte sich eine große Blutlache gebildet. Als er sich die Wunde etwas näher ansehen wollte, rief er plötzlich ganz aufgeregt aus: »Die lebt ja noch. Sie atmet ja.«

Sein Kollege kam herbei und stellte ebenfalls fest, dass die alte Frau deutlich erkennbar atmete.

»Was hat denn die Ärztin gesagt? Hat sie nicht gemerkt, dass die Frau noch lebt? Warum ist sie nicht ins Krankenhaus gebracht worden?«, fragte er die Schwiegertochter.

»Die Ärztin hat sie schon untersucht«, antwortete diese, »aber sie war der Meinung, dass da nichts mehr zu machen sei. Sie ist so stark ausgeblutet, dass sie auf jeden Fall stirbt. Und da ist es besser, wenn sie zu Hause stirbt. Als ich ihr dann noch sagte, dass die beiden alten Leute schon seit längerem immer wieder gesagt haben, dass sie gemeinsam aus dem Leben gehen wollten und dass meine Schwiegermutter schon zweimal einen Selbstmordversuch gemacht hat, meinte die Ärztin: ›Na, dann lassen wir ihr doch ihren Willen.‹ Ich habe dann noch gesagt, dass sie möglicherweise auch Schlaftabletten genommen haben könnte. Das hat sie schon einmal gemacht. Als ich in ihrer Kommode nachgesehen habe, fehlten fünf Schlaftabletten.«

Da waren aber die Polizisten ganz anderer Meinung.

»Die Frau muss schnellsten in ein Krankenhaus. Vielleicht ist sie noch zu retten. Ein Selbstmord ist wie ein Unfall zu behandeln, und man muss alles tun, um das Leben zu erhalten, auch wenn der Betreffende sterben wollte«, meinte der eine Polizist. »Ich rufe gleich mal das Krankenhaus an.«

Er lief zu dem vor dem Haus stehenden Streifenwagen und rief das Krankenhaus an. Dort meldete sich der Pförtner, der gleichzeitig die

Telefonzentrale bediente. »Ich verbinde Sie gleich mal mit dem Fahrer«, antwortete dieser ihm auf seine Anforderung eines Krankenwagens.

Als der Polizist dem Krankenwagenfahrer nun die Situation schilderte, schien der Fahrer schon darüber informiert zu sein.

»Unsere Bereitschaftsärztin war ja schon dort. Die beiden alten Leute sind doch tot. Und Tote fahren wir nicht«, war die Antwort des Fahrers.

Der Polizist wurde wütend. »Wenn die Frau nicht sofort ins Krankenhaus gebracht wird, mache ich ein Fass auf. Dann werdet ihr euch wundern. Solange die Frau noch lebt, wird sie auch ärztlich versorgt, egal wie alt sie ist.«

Der Fahrer zögerte. »Aber erst muss ein Arzt die Fahrt anordnen. Der muss entscheiden, ob die Frau überhaupt transportfähig ist. Ich will nichts falsch machen.«

In dem Augenblick kam die Bereitschaftsärztin zurück. Sie hatte sich schon Gedanken gemacht, ob sie mit dem Entschluss, die alte Frau nicht einzuweisen, richtig gehandelt hatte. Als der Krankenfahrer sie jetzt von dem Anruf der Polizei unterrichtete, schrieb sie sofort den Transportschein aus. Fahrer und Beifahrer fuhren anschließend los und brachten die Patientin ins Krankenhaus. Gegen 11 Uhr wurde sie in den Vorraum des Operationssaals gebracht und die diensthabende Ärztin verständigt. Sie kam auch sofort und sah sich die Patientin an. Ebenso wie die Ärztin, die den Hausbesuch gemacht hatte, kam sie zu der Auffassung, dass es sich um eine Sterbende handelte. Der Puls war kaum noch fühlbar, der Blutdruck praktisch nicht mehr messbar, die Atmung war flach und unregelmäßig, die Pupillenreaktionen träge. Die tief gehende Schnittverletzung am linken Handgelenk blutete nicht mehr. Trotzdem ließ die Ärztin einen Druckverband anlegen. Da sie wusste, dass auch am Sonntag der Chefarzt zur Visite kam, ließ sie die Patientin auf Station bringen, um sie dem Chefarzt bei der Visite vorzustellen.

Gegen 11.30 Uhr kam er und sah sich im Anschluss an die Visite die Patientin an. Sie war tief bewusstlos, Haut und Schleimhäute waren auffällig blass. Die Pupillen waren weit und reagierten kaum noch. Die Atmung war kurz und flach, sie erfolgte stoßweise und röchelnd. Vor dem Mund hatte sich Schaum gebildet. Wie er später aussagte, war es die ausgeblutetste Patientin, die er in seiner bisherigen Tätigkeit gesehen hatte. Auch er hielt jegliche Behandlungsmaßnahmen für völlig sinnlos und ordnete deshalb nichts weiter an. Die Patientin wurde in das Stationszimmer gebracht, wo sie gegen 14 Uhr verstarb.

Von diesem Vorfall wurden außer dem Staatsanwalt sowohl der Kreisarzt als auch der Bezirksarzt informiert. Für den nächsten Tag wurde eine gerichtliche Leichenöffnung angeordnet. Es fand sich eine tiefe, bis auf den Knochen gehende Schnittwunde an der Unterseite des linken Handgelenkes mit völliger Durchtrennung der Gefäße und der Sehnen. Die Organe waren nahezu blutleer. Die anschließend durchgeführte toxikologisch-chemische Untersuchung von Mageninhalt und Organen brachte den Nachweis eines Schlafmittels in einer weit über dem therapeutischen Wert liegenden Konzentration, die aber nicht so hoch war, dass allein hierdurch der Tod eingetreten war. Der war eindeutig durch das Verbluten hervorgerufen worden.

Von der Staatsanwaltschaft wurde ein Ermittlungsverfahren gegen den Chefarzt der chirurgischen Abteilung eingeleitet, wegen des Verdachts der fahrlässigen Tötung, weil er bei der Patientin keinerlei medizinische Maßnahmen zur Lebensrettung eingeleitet hatte. Zusammen mit einem Chirurgen wurde ich um ein Gutachten zu der Frage gebeten, ob überhaupt bei rechtzeitigem Eingreifen eine Aussicht auf Erhaltung des Lebens bestanden hätte und ob die Entscheidung des Chirurgen, nichts zu tun und die Frau sterben zu lassen, richtig gewesen war. Er selbst hatte in seiner Aussage noch gesagt, dass für ihn neben dem desolaten Zustand der Frau auch ihr Alter – sie war weit über 80 Jahre – und der erkennbare Wille, sterben zu wollen, von Bedeutung gewesen waren. Bei einem jüngeren Menschen hätte er sich sicher anders entschieden.

Immerhin musste bei der Beurteilung berücksichtigt werden, dass drei Ärzte zu unterschiedlichen Zeiten und an unterschiedlichen Orten die alte Frau untersucht und alle drei in etwa die gleichen Befunde erhoben hatten, durch die sie zu der Meinung kamen, dass es sich hier um eine sterbende Patientin handelte, bei der jegliche ärztlichen Maßnahmen aussichtslos waren. Schon bei der ersten Untersuchung in der Wohnung war der Ärztin aufgefallen, dass die Patientin Schaum vor dem Mund gehabt hat. Sie hatte das als Folge eines Lungenödems gedeutet, als Zeichen des zusammengebrochenen Kreislaufs. Durch die Sektion konnte dieser Befund bestätigt werden. Zweifellos war die Patientin bereits beim Auffinden in der Wohnung hochgradig ausgeblutet gewesen und als Folge davon ein Kreislaufversagen eingetreten. Unterstrichen wurde diese Annahme noch durch die tiefe Bewusstlosigkeit, die röchelnde Atmung und die Reaktionslosigkeit auf mechanische Reize, das Fehlen der Reflexe und die Trägheit der Pupillenreaktionen. Aus all diesen Gründen musste abgeleitet werden, dass die Feststellung der drei Ärzte, es handele sich um eine sterbende Frau, richtig war. Es muss weiterhin geschlossen werden, dass ärztliche Hilfsmaßnahmen kaum Erfolgsaussichten haben konnten. Es erscheint zwar etwas auffällig, dass die alte Frau trotz dieser Untersuchungsbefunde noch bis 14 Uhr, also über vier Stunden, gelebt hat, jedoch wissen wir, dass die Herz-Kreislauftätigkeit in vielen Fällen nur langsam zum Erlöschen kommt und der Sterbevorgang sich über einen längeren Zeitraum hinziehen kann. Auch sofort eingeleitete ärztliche Maßnahmen hätten nach menschlichem Ermessen an diesem Ablauf nichts ändern können. Deshalb konnte man in diesem Fall das Unterlassen weiterer ärztlicher Maßnahmen zumindest nicht eindeutig als ursächlich für den Tod ansehen und den Ärzten als Fehlverhalten zur Last legen.

Es entspricht der ärztlichen Ethik, sich um jeden Patienten so lange zu bemühen, wie noch die geringste Hoffnung auf Rettung vorhanden ist. Das trifft trotz des erkennbaren Willens zum Sterben auch für den Selbstmörder zu. Erst wenn eindeutig erkennbar ist, dass keine Rettung mehr möglich ist, darf der Arzt auf weitere Maßnahmen verzichten. Das war hier sicherlich der Fall.

Das Ermittlungsverfahren ist dann auch eingestellt worden.

Ein eigenartiges Medizinverständnis

Als ich an einem Mittwochnachmittag eine auswärtige Sektion für den nächsten Tag zusagte, ahnte ich noch nicht, dass dadurch einer der zur damaligen Zeit größten Kunstfehlerprozesse in Gang gesetzt wurde und dass sich äußerst umfangreiche und langwierige Untersuchungen daraus ergeben sollten. Ein Kreisstaatsanwalt hatte angerufen und die Sektion eines 22-jährigen Patienten angeordnet, der in einer psychiatrischen Einrichtung verstorben war. Er teilte mir noch mit, dass es sich um einen Studenten handelte, der wegen einer akuten Geisteskrankheit eingewiesen worden war. Jetzt war er an einer Lungenentzündung gestorben, wie die bereits durchgeführte Sektion durch den Pathologen des Krankenhauses ergeben hatte. Da aber der Vater, ein angesehener Wissenschaftler, diese Diagnose anzweifelte und keine Ruhe gab, sollte eine gerichtsmedizinische Nachsektion letzte Klarheit schaffen und die Diagnose bestätigen.

Wir fuhren also am nächsten Morgen rechtzeitig los, da der Sektionsort ziemlich entfernt lag, und waren am späten Vormittag an Ort und Stelle. Ich meldete mich bei der Staatsanwaltschaft und wollte gleich mit der Sektion beginnen. Doch mit viel Bedauern wurde mir mitgeteilt, dass da etwas schief gelaufen sei. Die Leiche sei nach der Sektion nicht ordnungsgemäß beschlagnahmt und deshalb zur Kremation auf den Friedhof gebracht worden. Dort sei inzwischen die Einäscherung erfolgt, wie eine telefonische Rückfrage ergab. Als die Staatsanwaltschaft bei der Vorbereitung der Sektion diese Panne feststellte, hatte sie zwar gleich im Institut angerufen, um uns die unnötige Fahrt zu ersparen, aber wir waren bereits abgefahren und unterwegs nicht mehr erreichbar gewesen.

Na ja, da war nun nichts mehr zu machen. Wir mussten unverrichteter Dinge wieder nach Hause fahren. Da wir aber sehr früh losgefahren waren und auch noch eine längere Rückfahrt vor uns hatten, entschied ich, dass wir zunächst einmal eine anständige Mittagsmahlzeit in dem einzigen größeren Restaurant des Ortes zu uns nehmen sollten. Der Kreisstaatsanwalt entschuldigte sich vielmals und meinte dann etwas scherzhaft, dass wir das Mittagessen ja mit auf die Fahrtrechnung setzen könnten.

Wir fuhren also in die Gaststätte und sahen die für den relativ kleinen Ort doch recht beachtliche Speisekarte durch. Da nur eine Karte vorhanden war, dauerte es einige Zeit, bis jeder sein Essen ausgewählt und bestellt hatte. Nun dauerte es auch noch eine Weile, bis das Bestellte kam, und wir widmeten uns zunächst einmal unseren Getränken. Als die Vorsuppe gebracht wurde, kam ein Polizist in den Gastraum, sah sich kurz um und, als er uns entdeckt hatte, kam er auf mich zu und meinte: »Herr Doktor, Sie können doch noch sezieren. Der Staatsanwalt hat mich beauftragt, sie wieder zurückzuholen. Die Leiche ist noch nicht verbrannt worden, weil der Krematoriumswärter wegen plötzlicher heftiger Zahnschmerzen unbedingt zum Zahnarzt musste. Die telefonische

Auskunft vom Krematorium war falsch. Sie sollen aber erst noch mal zum Kreisstaatsanwalt kommen.«

Wir beendeten zunächst in aller Ruhe unser Essen, dann fuhr ich noch einmal zur Staatsanwaltschaft. Hier wurden mir nun ausführlich die näheren Umstände des Falles mitgeteilt.

Vor etwa zehn Tagen war der 22-jährige Student aufgenommen worden, weil ganz akut eine Psychose (Geisteskrankheit) aufgetreten war. In seinem Wahngebilde bedrohte er seine Kommilitonen und stellte eine echte Gefahr sowohl für sich als auch für seine Umgebung dar. Deshalb war er vom zuständigen Kreisarzt eingewiesen worden. Die sofort benachrichtigten Eltern hatten sich auch umgehend mit dem Krankenhaus in Verbindung gesetzt. Der Vater hatte seinen Sohn in den folgenden Tagen laufend besucht und sich für eine bestmögliche Behandlung eingesetzt. Als nun plötzlich und für alle unerwartet der Tod eingetreten war, verlangte der Vater, dass die Todesursache eindeutig geklärt wurde. Die Klinik hatte eine Lungenentzündung angenommen, obwohl die Symptome nicht ganz eindeutig waren. Deshalb wurde vom ärztlichen Direktor eine Verwaltungssektion angeordnet, die der Hauspathologe der Einrichtung durchführte. Es handelte sich um einen Pathologen, der früher die kleine Prosektur der Einrichtung betreut hatte. Seit einigen Jahren war er jedoch im Ruhestand. Die Prosektur war noch nicht wieder besetzt worden, im Bedarfsfall führte der Pathologe daher noch einzelne Sektionen durch, so auch in dem vorliegenden Fall. Durch die Sektion wurde von ihm die von den behandelnden Ärzten vermutete Lungenentzündung als Todesursache bestätigt.

Soweit wäre nun alles klar gewesen, wenn auch der Vater sich mit dieser Diagnose zufrieden gegeben und sie nicht angezweifelt hätte. Als Grund für diese Zweifel führte er in erster Linie die nicht ganz eindeutigen klinischen Symptome an. Insbesondere war ihm das Fehlen von Fieber bei einer Lungenentzündung verdächtig. Er war beim Staatsanwalt vorstellig geworden und hatte erreicht, dass zur Sicherheit eine gerichtsmedizinische Nachsektion erfolgen sollte, die aber um ein Haar an der Kremation der Leiche gescheitert wäre. Nur die Tatsache, dass der für die Verbrennung verantwortliche Angestellte an diesem Morgen sehr heftige Zahnschmerzen bekommen hatte und erst einen Zahnarzt aufsuchte, bevor er seine Tätigkeit aufnahm, hatte die Sektion dann doch noch möglich gemacht.

Wir fuhren also zum Sektionsraum auf dem Friedhof und begannen die Sektion. Die Leiche war offensichtlich bei der ersten Obduktion in der typischen Art und Weise seziert und untersucht worden. Äußerlich war ein größeres Hämatom (Unterblutung) im Kinnbereich zu erkennen. Die beiden oberen Schneidezähne waren herausgebrochen. Außerdem war der neben den deutlich unterbluteten Zahnlücken liegende Zahn abgebrochen, die Wurzel steckte noch im Kiefer. Verwunderlich war, dass diese Verletzungen in dem ersten, relativ kurzen Sektionsprotokoll gar nicht beschrieben worden waren, der Obduzent hatte sie wohl für nicht besonders erwähnenswert gehalten. Die inneren Organe befanden sich, wie bei einer Nachsektion üblich, lose in der Bauchhöhle. Da die erste Sektion erst zwei Tage zurücklag, waren sie kaum verändert und konnten auch jetzt noch recht gut beurteilt werden.

Ich sah mir als Erstes die Lungen an. Makroskopisch konnte ich keinen Hinweis auf eine Lungenentzündung finden, dafür aber in beiden Lungenflügeln zahlreiche unterschiedlich große Bluteinatmungsbezirke. Die anderen Organe wiesen keinerlei krankhafte Veränderungen auf und entsprachen in ihrem Aussehen dem Alter des jungen Mannes. Natürlich entnahmen wir von allen Organen Material für die mikroskopische Untersuchung und für eine toxikologische Analyse. Ernsthafte Zweifel an der Richtigkeit der Diagnose »Lungenentzündung« hatte ich zu diesem Zeitpunkt noch nicht. Die kamen mir erst, als ich zu Hause im Institut auch bei der mikroskopischen Untersuchung der Lungen keinerlei Hinweise auf eine Entzündung finden konnte. Stattdessen bestätigten sich die Bluteinatmungsherde. Sie waren so massiv, dass sie für den Todeseintritt schon eine gewisse Bedeutung haben konnten.

Jetzt bekamen auch die Verletzungen am Kinn und im Mund, insbesondere die herausgebrochenen Zähne, eine größere Bedeutung. Die hierdurch hervorgerufene Blutung konnte sehr wohl zu der Einatmung von Blut geführt haben, insbesondere, wenn der Betreffende bewusstlos war. Doch wodurch waren diese Verletzungen entstanden? War der Patient möglicherweise gestürzt und auf das Gesicht gefallen? Das musste durch Nachermittlungen noch geklärt werden.

Während ich mir noch überlegte, wie es zu diesen Gesichtsverletzungen gekommen sein könnte, kam der Chemiker in mein Zimmer und berichtete mir, dass in den Organen des Toten ganz eindeutig Schlafmittel nachgewiesen werden konnten, und zwar in nicht unerheblichen Mengen, die durchaus für eine tödliche Vergiftung ausreichten. Hatten wir nach dem Ausschluss einer Lungenentzündung zunächst gar keine Todesursache feststellen können, waren es nun gleich zwei: die Schlafmittelvergiftung und die Bluteinatmung.

Nachdem wir alle Befunde noch einmal sehr sorgfältig und intensiv überprüft hatten, rief ich die zuständige Staatsanwaltschaft an und bat um Nachermittlungen, um zu klären, wie die Verletzungen entstanden waren und wie es zu der deutlichen Überdosierung des Schlafmittels hatte kommen können. Der Staatsanwalt war über diese Befunde ebenso erstaunt wie ich und ordnete sofort die erforderlichen Ermittlungen an. Sie sollten noch am selben Wochenende durchgeführt werden.

Am Montag wurde ich wieder von der Staatsanwaltschaft angerufen und informiert, dass hier eine »ganz große Sauerei« passiert sei, es wäre gut, wenn ich sofort kommen könnte, denn am Telefon sei das nicht zu besprechen.

Als ich dann am nächsten Tag bei der Staatsanwaltschaft erschien, waren außer dem Kreisstaatsanwalt noch ein Vertreter der Bezirksstaatsanwaltschaft sowie der Kreisarzt und ein Vertreter des Bezirksarztes anwesend. Der Kreisstaatsanwalt trug das bisherige Ermittlungsergebnis vor. Danach stand ziemlich sicher fest, dass der junge Patient gar keine Lungenentzündung gehabt hatte, sondern mit größter Wahrscheinlichkeit an einer Überdosis Schlafmittel verstorben war. Und die war ihm von den Pflegern gegeben worden, weil er unruhig war und sie beim Kartenspielen störte. Bei den Ermittlungen war weiter herausgekommen, dass auch andere Patienten von ähnlichen Fällen berichteten. Was in den Augen der Staatsanwaltschaft besonders gravierend war und einer genauen Untersuchung bedurfte, war die Tatsache, dass die beschuldigten Pfleger ehemalige SA-Leute waren. Das NS-Regime lag erst ein paar Jahre zurück, und es war ja bekannt, dass damals in psychiatrischen Anstalten geistig behinderte Patienten als sogenannte »Ballastexistenzen« getötet worden waren.

Die Staatsanwaltschaft leitete ein Ermittlungsverfahren gegen die Pfleger ein. Da aber die bisherigen Untersuchungen die Vermutung nahe legten, dass offensichtlich auch noch weitere ähnliche Fälle existierten und die beiden Pfleger nicht die Einzigen waren, die an solchen Handlungen beteiligt gewesen waren, wurde beschlossen, dem Gesundheitsministerium die Bildung einer Untersuchungskommission vorzuschlagen, der mehrere Fachärzte angehören sollten, welche die Krankengeschichten der letzten Jahre auf derartige Vorkommnisse durchsehen sollten.

Das Ministerium ordnete dann auch die Bildung einer solchen Kommission an, die aus vier Ärzten – unter anderem auch mir – bestand, und wir sahen dann im Verlauf von mehreren Wochen die Krankengeschichten durch. Dabei kamen einige doch sehr merkwürdige Umstände zu Tage, die den Verdacht auf kriminelle Handlungen aufkommen ließen. So fanden sich auch in anderen Fällen mit tödlichem Ausgang Angaben auf der Fieberkurve, die eine Überdosierung von Schlafmitteln über einen relativ langen Zeitraum erkennen ließen, sodass der Verdacht auf eine Schlafmittelvergiftung als Todesursache nicht nur berechtigt, sondern in hohem Maße wahrscheinlich war. Als Todesursache war bei diesen Fällen dann meistens ebenfalls eine Lungenentzündung angegeben worden. Überhaupt fanden sich in den Krankengeschichten relativ häufig lang anhaltende und relativ hohe Dosierungen von Schlaf- und Beruhigungsmitteln, die man in dieser Menge sonst nur in Ausnahmefällen verordnete. Es war nicht immer möglich, den Ablauf nach zum Teil länger zurückliegenden Behandlungen und unvollkommen geführten Krankengeschichten eindeutig zu rekonstruieren. Deshalb wurden in die Aufstellung auch alle Verdachtsfälle aufgenommen, bei denen sich eine Nachermittlung noch erforderlich machte. Diese Liste wurde der Staatsanwaltschaft übergeben, die dann ein förmliches Ermittlungsverfahren einleitete. Nach Abschluss dieses Verfahrens wurde gegen zwei Oberärzte und eine Ärztin sowie mehrere Pfleger Anklage erhoben. Ihnen wurden verschiedene Tötungsdelikte vorgeworfen. Bei einem Oberarzt lautete die Anklage auf Mord, bei dem zweiten auf Totschlag. Die Ärztin wurde wegen fahrlässiger Körperverletzung und die Pfleger wegen vorsätzlicher und fahrlässiger Tötung sowie wegen vorsätzlicher Körperverletzung angeklagt.

Die Beweisaufnahme im Rahmen der Hauptverhandlung ergab, dass es zu den Gepflogenheiten der Klinik gehörte, unruhige Patienten durch sehr hohe Gaben von Beruhigungsmitteln ruhig zu stellen. Die Dosierung dieser Medikamente wurde bei der Visite angeordnet und blieb dann so über einen längeren Zeitraum bestehen. Man hatte den Eindruck, dass bei den folgenden Visiten gar nicht mehr auf diese abnorm hohe Medikation geachtet und eine Änderung einfach vergessen wurde. Bei der Befragung in der Hauptverhandlung bestätigten beide Oberärzte, dass sie bewusst so hoch dosiert hätten, weil die Patienten sehr unruhig gewesen waren. Die Gefahr einer kumulierenden Wirkung, das heißt eines mehr oder weniger langsamen Anstiegs der Konzentration dieses Mittels in der Blutbahn, weil nicht so viel ausgeschieden wie zugeführt wurde, sei ihnen zwar bekannt gewesen. Der eine Oberarzt sagte aber aus, dass er diese Möglichkeit einschließlich der sich daraus ergebenden Todesfolge bewusst in Kauf genommen habe. Zwar habe er den tödlichen Ausgang natürlich nicht gewollt, sondern gehofft, dass der Patient die Überdosierung verkraften würde, aber das Risiko des Todeseintritts hatte er mit einkalkuliert. Das brachte ihm wegen des bedingten Vorsatzes eine Mordanklage und schließlich eine mehrjährige Zuchthausstrafe ein. Der andere Oberarzt gab an, er habe zwar die Gefahr der Kumulation durchaus erkannt, aber gehofft, dass der Patient mit der Vergiftung fertig werde und kein Schaden eintreten würde. Er wurde zu einer mehrjährigen Gefängnisstrafe verurteilt. Die Ärztin wurde wegen fahrlässiger Tötung ebenfalls zu einer Gefängnisstrafe verurteilt. Sie gab an, die einmal angeordnete hohe Dosierung dann in der Folgezeit nicht mehr beachtet zu haben, obwohl die verabreichten Mengen ordnungsgemäß auf der Fieberkurve vermerkt worden waren.

Die Pfleger erhielten mehrjährige Zuchthausstrafen. Die Beweisaufnahme hatte ergeben, dass sie ihre Patienten ganz bewusst geschlagen hatten, um sie einzuschüchtern. Sie gaben zu, erregte Geisteskranke gleich nach der Aufnahme verprügelt zu haben mit der Bemerkung: »So geht es euch immer, wenn ihr Krach macht«, und bestätigten damit die Aussagen mehrerer Patienten. Auch gaben sie zu, mehrfach ohne ärztliche Anordnung Beruhigungsmittel in hoher Dosierung gespritzt oder auch in Tablettenform gegeben zu haben, um erregte Patienten ruhig zu stellen und von ihnen nicht beim Kartenspiel gestört zu werden. In einem anderen Fall hatten sie einen Patienten mehrere Wochen zur Strafe in eine Isolierzelle gesperrt, natürlich ohne ärztliche Anordnung. Den Ärzten war das Fehlen dieses Patienten bei der Visite jedoch gar nicht aufgefallen.

Da sich bei dieser Überprüfung erhebliche Mängel in der Leitungstätigkeit herausstellten, wurde die gesamte Krankenhausleitung abgelöst.

Ein folgenschwerer Irrtum

Es war ein hektischer Tag im Krankenhaus. Begonnen hatte es am frühen Morgen mit der Einlieferung eines schweren Verkehrsunfalls, der als Erstes versorgt werden musste. Dadurch wurde das ganze Operationsprogramm durcheinander gebracht. Dann erwies sich eine Operation doch wesentlich schwieriger als erwartet und dauerte dementsprechend lange. Alles andere verschob sich. Die Visite konnte erst gegen Mittag erfolgen. Aber nicht nur in der Chirurgie herrschte an diesem Tag Hektik, auch die anderen Abteilungen waren irgendwie davon betroffen, ohne dass man einen direkten Zusammenhang erkennen konnte. Warum das so war, konnte hinterher keiner so recht begründen. Es gab eben solche Tage, wo nichts klappte. Aber man musste ja trotzdem seine Arbeit erledigen und seine Aufgaben erfüllen.

Als der Stationsarzt der Inneren Abteilung über seine Station lief, weil er zum Chefarzt kommen sollte, hörte er ein eigenartiges Stöhnen, als er an der Tür der Damentoilette vorbeikam. Er achtete aber nicht sonderlich darauf, weil er es eilig hatte. Der Chef hatte sein Erscheinen schon angemahnt, und so lief er weiter, ohne sich um der Grund des Stöhnens zu kümmern.

Als er nach einigen Minuten wieder zurückkam – die Anweisungen des Chefarztes hatten nicht lange gedauert –, war das Stöhnen immer noch da, ja, er hatte den Eindruck, dass es lauter und heftiger oder besser: qualvoller geworden war. Jetzt blieb er doch stehen und horchte. Es fiel ihm nun auch auf, dass das Stöhnen immer wieder von Schmerzenslauten unterbrochen wurde. Und dann hörte er einen regelrechten Schrei. Er riss die Tür auf und sah eine Patientin auf der Toilette sitzen, die sich den Bauch mit beiden Händen hielt und sich offensichtlich vor Schmerzen krümmte.

»Was ist denn mit Ihnen los? Was haben Sie denn?«, fragte er sie.

»Herr Doktor, ich habe einen Einlauf gekriegt, weil ja gleich eine Darmspiegelung gemacht werden soll. Aber solche Schmerzen habe ich noch nie gehabt. Ich kann es kaum noch aushalten.«

»Na, das wird schon wieder vorbeigehen«, tröstete der Arzt. »Haben Sie denn schon Stuhlgang gehabt?«

»Nein, bisher ist nur die Spülflüssigkeit herausgekommen, und die brennt heute so schrecklich.«

»Ich sage der Schwester Bescheid, die soll sich mal um Sie kümmern«, sagte der Arzt und ging in das Stationszimmer, wo er die Gesuchte antraf.

»Kümmern Sie sich doch mal um die Patientin X., sie hat erhebliche Beschwerden nach dem Einlauf. Wer hat denn den Einlauf gemacht?«, fragte der Arzt.

»Den hat heute die Stationshilfe A. gemacht. Das hat sie schon öfter getan. Sie ist immer sehr sorgfältig und gewissenhaft«, antwortete die Schwester.

»Na, schauen Sie mal nach der Patientin. Hoffentlich hat die Stationshilfe keine Verletzungen beim Einführen des Schlauches gesetzt«, meinte der Arzt und ging in sein Zimmer.

Die Stationsschwester zog noch die bereitgelegten Spritzen für die anschließende Spritzenvisite auf und ging dann zu der Toilette, um sich um die Patientin zu kümmern. Als sie vor der Tür stand, hörte sie nichts. Der Arzt hatte doch gesagt, dass die Patientin auffällig laut stöhnte. Jetzt war es aber völlig ruhig.

Vielleicht war die Patientin schon fertig und war in ihr Zimmer gegangen. Sicherheitshalber schaute die Schwester jedoch in die Toilette, und da sah sie, dass die Patientin zu Seite gefallen und vom Toilettenbecken gerutscht war. Sie war offenbar bewusstlos.

Nun schlug die Schwester Alarm und rief den Stationsarzt. Der kam auch sofort und ließ die Patientin ins Untersuchungszimmer bringen und auf den Untersuchungstisch legen. Als er sich als Erstes den After und dessen Umgebung ansah, fiel ihm eine starke Rötung der Haut auf, stellenweise löste sie sich von ihrer Unterlage. Das ganze sah nach einer schweren Verätzung aus.

»Was hat die Patientin für ein Einlaufmittel erhalten? Das kann doch nicht das Übliche gewesen sein. Holen Sie mir umgehend die Stationshilfe.«

Die Stationshilfe kam sofort. Sie hatte schon von dem Zwischenfall gehört und war zum Untersuchungszimmer gelaufen, weil sie wissen wollte, was denn passiert war.

»Was haben Sie denn der Patientin für einen Einlauf gemacht, was haben Sie ihr gegeben?«, fragte der Arzt, während er sich bei der bewusstlosen Frau um eine Stabilisierung des Kreislaufs bemühte. »Ich habe den Einlauf wie immer gemacht. Sie hat das übliche Einlaufmittel erhalten. Ich habe extra eine neue Flasche genommen, weil in der alten nur noch ein kleiner Rest war. Der Einlauf verlief ganz normal. Ich habe doch bestimmt nichts falsch gemacht, Herr Doktor. So ist es mir doch gezeigt worden, und so mache ich es immer.« Die Stationshilfe war sehr aufgeregt und zitterte am ganzen Körper.

Der Kreislauf der Patientin stabilisierte sich langsam, sie kam wieder zu sich. Doch sie jammerte stark und klagte über unerträgliche Schmerzen im After und im Unterbauch. Der Arzt ließ sich nun das Einlaufbesteck sowie die Flasche mit der Einlaufflüssigkeit zeigen.

Als er das Etikett auf der Flasche sah, stellte er fest, dass es sich um 10 %ige Kalilauge handelte. Die späteren Ermittlungen ergaben, dass sowohl das Einlaufmittel als auch die für Reinigungszwecke benutzte Kalilauge in einem Schrank aufbewahrt wurden, der in einem Nebenraum der Toilette stand. Zwar standen die beiden Substanzen im Allgemeinen in verschiedenen Fächern des Schrankes, die übereinander lagen, aber die Flaschen sahen ähnlich aus und konnten somit leicht verwechselt werden. Das war im vorliegenden Fall offenbar auch geschehen.

Die Verwechslungsmöglichkeit wurde noch dadurch begünstigt, dass es sich um eine 1000-ml-Flasche der gleichen Art wie die Flaschen mit Kalilauge handelte. Das Etikett war richtig mit der Angabe »Sol. kal. hydrox. 10 %« versehen. Allerdings stand handschriftlich darüber »Schnelleinlauf«, was aber zur Unkenntlichmachung mehrfach durchgestrichen war. In der Flasche befanden sich noch 650 ml einer 10 %igen Kalilauge, wie später durch die chemische Analyse nachgewiesen wurde.

Wie viel und in welcher Verdünnung die Patientin bei dem Einlauf von dieser Kalilauge erhalten hatte, war später nicht mehr genau nachzuweisen, aber eines war klar, dass sowohl der Schock als auch die starken Schmerzen durch diesen Einlauf verursacht worden waren und dass höchste Lebensgefahr bestand. Die Ärzte bemühten sich zunächst um eine Stabilisierung des Kreislaufes und versuchten, durch Spülungen möglichst viel von der Kalilauge aus dem Darm zu entfernen bzw. durch entsprechende saure Lösungen zu neutralisieren. Der Chirurg wurde zu Rate gezogen, um die Frage einer eventuellen Operation zu klären. Er entschied, dass die konservative Therapie zunächst weitergeführt und die Patientin beobachtet werden sollte. Eine sofortige Operation hielt er nicht für zweckmäßig.

Da sich am nächsten Tag aber Zeichen einer Bauchfellentzündung einstellten, entschloss er sich dann doch zu einem operativen Eingriff. Es fanden sich ausgedehnte laugenbedingte Gewebszerstörungen im Bereich mehrerer Dickdarmabschnitte mit Austritt von kotigem Inhalt in die freie Bauchhöhle. Zeichen einer Bauchfellentzündung bestanden im gesamten Bereich des kleinen Beckens.

Damit kein weiterer Darminhalt in den schwer geschädigten Dickdarm und über diesen in die freie Bauchhöhle gelangen konnte, wurde ein künstlicher Darmausgang im Bereich des Dünndarms angelegt. Eine Entfernung der geschädigten Dickdarmanteile hielt der Operateur wegen des schlechten Befindens der Patientin nicht für zweckmäßig. Er schätzte den Allgemeinzustand der Patientin zu diesem Zeitpunkt so ein, dass sie eine derart schwere Operation wie die Entfernung des Dickdarms nicht überstehen würde. Deshalb beließ er es bei der Eröffnung der Bauchhöhle und der einfachen Anlage einer Dünndarmfistel. Die Bauchfellentzündung wurde mit Antibiotika bekämpft. Da der Chirurg die beiden nächsten Tage nicht in der Klinik war, ordnete er an, dass die Patientin bis zu seiner Rückkehr weiter konservativ zu behandeln sei. Dann wollte er sie sich noch einmal ansehen und weiter entscheiden.

Da sich der Allgemeinzustand am nächsten Tag nicht stabilisierte und bei den Internisten die berechtigte Furcht vorherrschte, dass die Patientin sterben würde, wenn das zerstörte Gewebe des Dickdarms nicht entfernt würde, setzten sie sich sicherheitshalber mit dem Chirurgen eines anderen Krankenhauses in Verbindung und baten ihn um seine Meinung. Er sah sich die Patientin an, fand deren Allgemeinzustand noch relativ gut und schlug eine sofortige Operation vor. Auch er war der Meinung, dass ein weiteres Abwarten zu gefährlich sei. Nachdem das Einverständnis der Patientin und ihres Ehemannes eingeholt worden war, wurde sie in das andere Krankenhaus verlegt und dort operiert. Die Operation verlief gut, der Dickdarm wurde in weiten Bereichen entfernt und ein künstlicher Bauchwandafter angelegt. Der weitere Krankheitsverlauf brachte eine Reihe von Komplikationen, die noch weitere Operationen erforderlich machten und mit einem langen Krankenlager verbunden waren. Aber die Patientin überlebte den schweren Fehler letztlich doch, allerdings nicht ohne bleibende Schäden.

Die nachfolgende rechtliche Bewertung dieses Vorfalls war hinsichtlich der Haftpflichtleistung des Krankenhauses klar, nicht so eindeutig war die Bewertung der strafrechtlichen Schuld. Bei der Beurteilung dieser Frage wurden auch wir um ein Gutachten gebeten. Zwar war der Fehler der Stationshilfe klar, aber es musste geprüft werden, ob und inwieweit sie ihn allein zu verantworten hatte. Durfte ihr ein solcher Eingriff übertragen werden, und wenn ja, inwiefern war sie angeleitet und aufgeklärt worden? Vor allem aber war die Frage zu beantworten, ob der zuerst hinzugezogene Chirurg sich mit seiner abwartenden Haltung richtig verhalten hatte oder ob der Verlauf bei einer früheren Entfernung der geschädigten Dickdarmanteile günstiger und der verbleibende Schaden geringer ausgefallen wäre.

Da es sich in erster Linie um eine chirurgische Fragestellung handelte, war die Hinzuziehung eines chirurgischen Zusatzgutachters unerlässlich.

In dem chirurgischen Gutachten wurde klar herausgestellt, dass eine möglichst frühzeitige Entfernung des zerstörten Dickdarmgewebes sicherlich die richtige Entscheidung gewesen wäre. Die Vernehmung mehrerer Ärzte, welche die Patientin unmittelbar nach dem Zwischenfall bzw. am gleichen Tag gesehen hatten, ergab, dass von ihnen der Allgemeinzustand als nicht so schlecht eingeschätzt wurde, dass eine Operation nicht möglich gewesen wäre. Als eindeutiger Fehler wurde jedoch angesehen, dass der erste chirurgische Konsiliarius bei seiner mehrtägigen Abwesenheit keine klaren Richtlinien hinterlassen bzw. einen Vertreter mit der chirurgischen Weiterbehandlung beauftragt hatte. Dieser Auffassung haben wir uns angeschlossen.

Es lag somit ein fehlerhaftes Verhalten des ersten Chirurgen vor. Eine strafrechtliche Relevanz konnte daraus aber nicht abgeleitet werden, weil keineswegs sicher nachgewiesen werden konnte, dass bei einer frühzeitigeren Operation der Ausgang ein anderer gewesen wäre. Die Schäden, insbesondere die Gewebszerstörungen, die durch die Laugeneinwirkung entstanden sind, konnten nicht exakt von den Veränderungen abgegrenzt werden, die später durch Gewebszerfall und Entzündungen entstanden sind. Deshalb wurde das Ermittlungsverfahren gegen den Arzt eingestellt. Die Pflegerin wurde wegen fahrlässiger Körperverletzung verurteilt.

Eine wichtige Aufgabe des praktizierenden Arztes ist die Vornahme der ärztlichen Leichenschau. Jeder Todesfall muss von einem approbierten Arzt unter-

sucht und in Form des Totenscheins bestätigt werden. Dadurch soll einerseits mit Sicherheit der eingetretene Tod festgestellt werden, zum anderen sollen aber auch so genau wie möglich die exakte Todeszeit, die Todesart und die genaue Todesursache ermittelt werden. Diese äußere Untersuchung einer Leiche unterscheidet sich von der sogenannten inneren Leichenschau, der Sektion, die im Bedarfsfall erst angeordnet werden muss. Die rechtlichen Grundlagen für diese allgemeine Leichenschau finden sich in den Bestattungsgesetzen der einzelnen Bundesländer.

In der DDR war diese ärztliche Aufgabe in der »Anordnung über die ärztliche Leichenschau» geregelt. Ergänzt wurde diese Anordnung noch durch die »Anweisung zur ärztlichen Leichenschau«. Es war darin festgelegt, dass nur ein approbierter Arzt die Feststellung des Todes treffen darf und wie er dabei vorzugehen hat. Auch die Meldepflicht an die Polizei bei bestimmten Todesfällen war darin enthalten. Es wurden weiterhin die Fälle aufgeführt, in denen eine Sektion unbedingt erfolgen musste, und auch jene Fälle, bei denen sie nach Möglichkeit vorgenommen werden sollte.

Die Feststellung des eingetretenen Todes ist eine wichtige ärztliche Aufgabe. Während der Tod ein Zustand ist, ist das Sterben ein Vorgang, der unterschiedlich lange dauern kann. Die Sterbephase kann sehr kurz sein, oder der Tod auch schlagartig eintreten, sie kann aber auch einen längeren Zeitraum einnehmen wie bei vielen chronischen Erkrankungen oder auch bei manchen Vergiftungen. Entsprechend der Länge der Sterbephase können die einzelnen Lebenserscheinungen langsam erlöschen oder aber beim plötzlichen Todeseintritt schlagartig aufhören. So können, bedingt durch die unterschiedliche Form des Sterbens, auch die Leichenerscheinungen unterschiedlich ausgeprägt sein. Das zu beurteilen, gehört mit zu einer exakten ärztlichen Leichenschau. Vor allem muss der Arzt die sicheren Zeichen des Todes beachten und daraus seine Rückschlüsse ziehen.

In früheren Jahren spielte die Furcht, scheintot begraben zu werden, eine gewisse Rolle. Diese Furcht rührte sicherlich zum einen daher, dass postmortale, nach dem Tode eintretende Veränderungen, wie z. B. die Sarggeburt oder das scheinbare Wachsen der Barthaare, als Lebenszeichen gedeutet wurden. Zum anderen gibt es hin und wieder Fälle, wo die Lebenserscheinungen so gering sind, dass sie bei flüchtiger Prüfung nicht wahrgenommen werden (sog. Vita minima). Um auch solche minimalen Lebensäußerungen nicht zu übersehen und notfalls noch lebensrettende Maßnahmen einleiten zu können, ist eben eine sehr genaue und gewissenhafte ärztliche Leichenschau, die so früh wie möglich durchgeführt wird, in jedem Fall erforderlich.

Aber auch die Feststellung der Todesart, ob natürlich oder nicht natürlich, sowie die genaue Todesursache und vor allem die Todeszeit spielen für mitunter noch notwendige weitere Untersuchungen eine wichtige Rolle. Der gerichtsärztliche Sachverständige ist hier ganz auf die Feststellungen des Leichenschau haltenden Arztes angewiesen, da sich die meisten Leichenerscheinungen nach Eintritt des Todes ständig verändern. Der Arzt, der die Leichenschau durchführt, sieht diese Veränderungen als Erster in einem relativ frühen Zustand und muss sie, wenn er sie nicht selbst auswerten kann, so genau wie möglich beschreiben, damit sie für eine spätere Bewertung zur Verfügung stehen.

Nur ein Versehen?

Das Ehepaar saß noch am Abendbrotstisch und unterhielt sich. Man war heute allein, die Kinder waren seit ein paar Tagen im Ferienlager, und die Eltern genossen die Ruhe nach den Aufregungen des Tages. Der Ehemann hatte am Morgen, als er zur Arbeit fuhr, einen kleinen Unfall mit seinem Pkw gehabt. Er war an einer Kreuzung mit einem Radfahrer kollidiert. Dabei hatte sich der Radfahrer ein paar oberflächliche Hautabschürfungen zugezogen, das Fahrrad war leicht beschädigt. Alles in allem kein sehr großer Schaden, aber ärgerlich war es doch, da der Autofahrer die Vorfahrt missachtet hatte und mit einer Bestrafung rechnen musste. Darüber wurde noch diskutiert. Die Frau beruhigte ihren Mann und meinte: »Sei mal ruhig, es wird nichts so heiß gegessen, wie es gekocht wird. Es ist ja nicht viel passiert, und sie werden dir nicht gleich den Kopf abreißen.«

Sie stand auf und begann den Tisch abzuräumen. Da hörten sie in dem Stockwerk über sich ein leichtes Poltern.

»Vater ist doch noch mal aufgestanden, obwohl er sich nicht wohl fühlt und deshalb auch gar nicht zum Essen kommen wollte«, sagte die Frau. »Ich werde nachher noch mal nach ihm sehen.«

»Seit der Krebs bei ihm festgestellt worden ist, hat er jeden Lebensmut verloren«, meinte der Ehemann. »Dabei hält der Arzt eine Operation durchaus für möglich. Er meint, dass die Diagnose noch rechtzeitig gestellt worden ist und die Aussichten gar nicht so schlecht sind. Wir müssen noch mal mit ihm reden und ihn beruhigen. Es kommt eben alles auf einmal.« Mit diesen Worten erhob sich auch der Ehemann vom

Tisch, ging ins Nebenzimmer und schaltete den Fernseher ein. Es fing gerade ein Film an, ein Western mit viel Geschrei und Schießerei gleich zu Beginn. Weiße und Rote trafen aufeinander und lieferten sich eine wilde Schlacht.

»Mach den Fernseher doch etwas leiser, bei dem Lärm kann Vater doch gar nicht schlafen«, rief seine Frau aus der Küche. Der Mann stellte den Fernseher etwas leiser. Die Szenen wechselten, das Schlachtgetöse machte einer ruhigeren Handlung ohne Schießerei Platz. Doch da fiel plötzlich doch noch ein Schuss, ohne dass man sah, wer der Schütze war und wo der Schuss herkam. Der Ehemann hörte ihn und stellte mit Verwunderung fest, dass er gar nicht so recht in die Szene passte und durch den Handlungsablauf nicht zu erklären war. Doch da der Film spannend weiterlief und die Handlung ihn fesselte, vergaß er diese Ungereimtheit.

Die Ehefrau hatte inzwischen den Abendbrotstisch abgeräumt und die Küche in Ordnung gebracht.

»Ich gehe schnell noch mal nach oben und sehe nach Vater«, rief sie ihrem Mann zu. »Vielleicht braucht er noch etwas.« Sie ging die Treppe hinauf, öffnete die Tür zum Schlafzimmer des Vaters und sah ihn in seinem Bett auf dem Rücken liegen. Es brannte nur die Nachttischlampe.

»Ich wollte nur mal sehen, ob du noch etwas brauchst, Vater. Willst du denn heute Abend gar nichts essen? Von etwas muss der Mensch doch leben.«

Doch sie erhielt keine Antwort, der Vater rührte sich nicht. »So fest kann er doch gar nicht schlafen, dass er mich nicht gehört hat«, dachte sie und machte das Oberlicht an. Da sah sie mit Entsetzen, dass ihr Vater mit dem Kopf in einer Blutlache lag. Aus einer Wunde an der Schläfe lief Blut auf das Kopfkissen. Die rechte Hand hing aus dem Bett, vor dem Bett lag eine Pistole. Ganz offensichtlich hatte der Vater durch einen Schuss in die Schläfe Selbstmord begangen. Er atmete nicht mehr, und sie konnte auch keinen Puls fühlen, weder am Handgelenk noch am Hals. Ihrer Meinung nach war der Tod eingetreten. Sie lief schnell die Treppe hinunter, um ihren Mann zu holen. Der stürmte sofort hinauf und untersuchte den Vater. Auch er war der Meinung, dass der Tod eingetreten war. »Das war also der merkwürdige Schuss, den ich gehört habe. Der war gar nicht im Film, da hat sich der Vater erschossen. Das ist aber schon mindestens 20 Minuten her. Da hat er das doch wahr gemacht, was er immer schon gesagt hat: ›Wenn sich herausstellt, dass ich Krebs habe, bringe ich mich um.‹

»Wir müssen sofort einen Arzt rufen«, sagte seine Frau. »Am besten ist es, wenn unser Hausarzt Dr. Müller kommt, der kennt ihn ja und auch seine Krankheit.«

»Der hat aber keinen Bereitschaftsdienst, wir müssen den Notarzt holen«, meinte ihr Mann.

»Aber Dr. Müller wohnt doch gleich hier in der Nähe, der kommt bestimmt und ist sicher auch schneller hier als ein Arzt aus der Stadt. Vielleicht kann er doch noch etwas machen«, entgegnete seine Frau.

»Da ist bestimmt nichts mehr zu machen, Vater ist tot. Der Arzt kann nur noch den Tod feststellen und den Totenschein ausfüllen. Müssen wir denn bei einer Schussverletzung nicht auch die Polizei anrufen?«, antwortete der Ehemann.

»Ist denn die Pistole überhaupt angemeldet? Vater hatte doch gar keinen Waffenschein und bestimmt auch nicht die Erlaubnis, eine Pistole zu besitzen. Die hat er bestimmt noch aus dem Krieg, illegal. Das gibt sicher große Schwierigkeiten. Du weißt doch, wie die hier bei illegalen Waffen reagieren. Und dann hat er doch vor kurzem erst eine Lebensversicherung abgeschlossen. Da ist es sicher auch schlecht, wenn sich herausstellt, dass er Selbstmord begangen hat. Die zahlen dann nicht. Außerdem ist es mir vor den Bekannten peinlich, wenn das herauskommt. Besser wäre es, wenn der Arzt eine andere Todesursache angeben würde. Vielleicht lässt der Hausarzt mit sich reden. Deshalb ist es wohl besser, wenn wir ihn rufen.« Jetzt war auch der Mann der Auffassung, dass es am besten wäre, wenn der Hausarzt die Leichenschau durchführte.

»Und wenn wir zunächst gar nichts von dem Schuss sagen, sondern ein Herzversagen annehmen? Vater war doch schon lange wegen seiner Herzbeschwerden bei Dr. Müller in Behandlung. Vielleicht untersucht er ihn gar nicht so genau. Beim plötzlichen Herzversagen sieht man doch äußerlich sowieso nichts an der Leiche«, schlug die Ehefrau vor.

Es wurde noch hin und her überlegt, wie man am besten vorgehen sollte. Da ja beide fest davon überzeugt waren, dass der Tod eingetreten war und auch ein Arzt nichts mehr machen konnte, standen sie nicht unter Zeitdruck. Sie beschlossen, zunächst noch etwas zu warten und erst in den frühen Morgenstunden den Arzt anzurufen, wenn die Sprechstunde schon begonnen hatte.

»Dann hat er sicher wenig Zeit und untersucht nur oberflächlich. Um den Kopf binden wir einen Verband und sagen, dass er sich gestoßen hat. Das Gesicht wird abgewaschen und das Bett neu bezogen. Dann kommt keiner auf den Gedanken, dass eine Schussverletzung vorliegt.«

Und so wurde es auch gemacht. Alle Blutspuren wurden beseitigt. Beim Säubern des Kopfes kam dem Mann die Idee, eine elastische Binde so um den Kopf zu wickeln, wie sie bei Toten häufig angelegt wird, um zu verhindern, dass der Unterkiefer herunterfällt. Dann brauchten sie die Geschichte mit der Kopfverletzung nicht zu erfinden. Vielleicht hätte der Arzt sie gar sehen wollen. Das Hochbinden des Unterkiefers war viel unauffälliger.

Gleich zu Beginn der Sprechstunde rief der Ehemann bei dem Hausarzt an und teilte ihm den Tod des Vaters mit. »Wir haben ja seit längerer Zeit schon damit gerechnet, dass das Herz mal versagt. Vor allem in den letzten Tagen hatte er erhebliche Beschwerden. Er konnte ja kaum noch aufstehen. Heute Nacht ist er ganz friedlich eingeschlafen. Wir haben es erst heute Morgen gemerkt, als meine Frau in das Schlafzimmer sah. Er war schon kalt. Können Sie heute Morgen noch kommen, Herr Doktor?«

Der Arzt sagte sein Kommen für die Mittagszeit zu, da er sich auf die Angaben des Mannes, dass der Tod schon seit einiger Zeit eingetreten war, verließ. Gegen Mittag erschien er dann auch, sah sich den Toten flüchtig an, fühlte noch einmal routinemäßig den Puls und stellte dann einen Totenschein aus, auf dem er einen natürlichen Tod vermerkte und akutes Herzversagen als Todesursache angab. Dann verließ er das Haus.

Das Ehepaar atmete auf, es war alles glatt gegangen, besser als sie gedacht hatten. Der ihnen peinliche Selbstmord war vom Tisch. Die Leiche wurde abgeholt und auf den Friedhof gebracht. Es sollte eine Feuerbestattung vorgenommen werden, da der Tote das so bestimmt hatte und das Ehepaar außerdem glaubte, dass bei einer Verbrennung alle Spuren sicher beseitigt würden. Sie wussten allerdings nicht, dass bei einer Feuerbestattung eine zweite Leichenschau vorgeschrieben ist und in diesem Falle von einem Gerichtsarzt durchgeführt wurde. Dabei wurde natürlich die Binde um den Kopf entfernt und die Schussverletzung entdeckt.

Da es sich um einen nichtnatürlichen Todesfall handelte, wurde die Kriminalpolizei und die Staatsanwaltschaft verständigt, die umgehend eine gerichtliche Sektion anordnete. Hierbei wurde eindeutig der Kopfschuss als einzige Todesursache festgestellt. Krankhafte Veränderungen am Herzen, durch die der Tod hätte erklärt werden können, fanden sich nicht. Die diagnostizierte Krebserkrankung wurde bestätigt, ebenso der Umstand, dass die Veränderungen sich in einem relativ frühen Stadium befanden und durchaus noch operabel waren. Von dem Ehepaar wurde jetzt auch noch ein Abschiedsbrief des Toten überreicht, den sie angeblich erst später gefunden hatten. Sie bestätigten, dass sie absichtlich den Versuch unternommen hatten, den Arzt zu täuschen, um sowohl dem nach ihrer Meinung durch den Selbstmord bewirkten Ansehensverlust des Verstorbenen als auch möglichen Schwierigkeiten mit der Versicherung aus dem Weg zu gehen.

Gegen den Arzt wurde wegen der äußerst nachlässig durchgeführten Leichenschau ein Disziplinarverfahren durchgeführt. Vom Bezirksarzt wurde angeordnet, dass er als Weiterbildungsmaßnahme einen Monat im gerichtsmedizinischen Institut hospitieren sollte, um die Bedeutung einer ordnungsgemäßen Leichenschau kennen zu lernen.

Kapitel 2

Mord ohne Leiche

Eine besondere Problematik ergibt sich für den gerichtsmedizinischen Sachverständigen dann, wenn er ein Gutachten über Todesursache und Tötungsvorgang abgeben soll, aber keine Leiche zur Untersuchung hat, weil sie nicht gefunden werden konnte. Er muss dann aus den jeweiligen Umständen seine Schlüsse ziehen und alle vorhandenen Spuren und Veränderungen sowie etwaige Zeugenaussagen zur Beurteilung heranziehen. Das kann im Einzelfall sehr kompliziert und mühselig sein, und nicht immer kann die jeweilige Aussage mit der für die forensische Beurteilung notwendigen Sicherheit abgegeben werden.

Andererseits ist es ausgesprochen schwierig, einen Toten völlig verschwinden zu lassen, sodass solche Fälle zum Glück äußerst selten vorkommen. Meistens führt eine intensive Suche doch zum Auffinden der Leiche, wenn manchmal auch erst nach sehr langer Zeit. Von einigen Fällen, in denen trotz intensiver Suche keine Leiche gefunden werden konnte und es doch zur Verurteilung des Täters gekommen ist, soll im Folgenden berichtet werden.

Späte Aufklärung

Eines Tages erschien der Mitarbeiter einer Mordkommission bei mir.

»Ich habe eine Frage, Herr Professor. Kann man eine Leiche so beseitigen, dass nichts mehr von ihr übrig ist? Ist es möglich, sie so zu zerstückeln, dass hinterher nichts mehr gefunden wird? Oder kann man sie unter häuslichen Verhältnissen völlig zu Asche verbrennen?«

Ich hielt ihm einen kleinen Vortrag über die Möglichkeiten der Leichenbeseitigung aus gerichtsmedizinischer Sicht, der darin mündete, dass es theoretisch wohl möglich ist, eine Leiche völlig verschwinden zu lassen, dass es aber im praktischen Fall äußerst schwer ist und deshalb auch extrem selten vorkommt. Die Kriminalgeschichte weist nur wenige solcher Fälle auf. Meistens wird das völlige Beseitigen der Leiche nur behauptet, um die weitere Suche danach zu verhindern. Dann erkundigte ich mich, ob er einen bestimmten Grund für seine Frage hätte.

»Ja«, sagte er. »Wir suchen eine Frau, die seit etwa einem knappen Jahr verschwunden ist und von der ihr Ehemann behauptet, sie sei in den Westen gegangen. Aber in der ganzen Zeit hat sie sich nicht gemeldet. Und da der Ehemann sich etwas eigenartig verhält, haben wir den Verdacht, dass möglicherweise ein Verbrechen dahinter steckt und der Ehemann seine Hände mit im Spiel hat. Aber bisher haben wir keinerlei Anhaltspunkte, wie und wo er sie eventuell hat verschwinden lassen. Außer dem Ehemann haben wir auch seinen Freund in Verdacht, dass er ihm geholfen hat. Die beiden stecken immer zusammen, und seit einiger Zeit verfügt der Freund über reichlich Geld. Aber auch bei ihm gibt es keine verwertbaren Anhaltspunkte.«

Nachdem er mir die Geschichte etwas ausführlicher erzählt hatte, diskutierten wir einige in Betracht kommende Möglichkeiten. Unter anderem hatte sich der Freund in der Zeit des Verschwindens der Frau eine Garage gebaut, die vielleicht bei der Leichenbeseitigung eine Rolle gespielt haben könnte. Ich fragte, ob die Garage einen Zementfußboden hat.

»Daran haben wir auch schon gedacht, dass sie dort eingemauert sein könnte. Aber es gibt dafür keine Hinweise. Bei den Arbeiten sind fast immer Arbeitskollegen dabei gewesen, die beim Bau mitgeholfen haben. Und so einfach auf Verdacht den ganzen Boden herausreißen, geht auch nicht. Wir glauben aus verschiedenen Gründen nicht, dass sie dort liegt. Doch er könnte sie dort zerstückelt haben, denn die Garage ist mit einer kleinen Werkstatt verbunden.«

Aber Spuren waren da sicher nicht mehr zu finden, nach fast einem Jahr. Doch da ein Fluss in der Nähe war, in den man die Leichenteile hätte werfen können, kamen wir immer wieder auf diese Möglichkeit zurück. Allerdings blieb es bei der Möglichkeit.

Nach ein paar Wochen erschien der Mitarbeiter der Mordkommission wieder und holte aus seiner Tasche ein Reagenzglas, in dem sich ein kleiner Gegenstand befand, den ich zunächst beim einfachen Ansehen des Glases nicht identifizieren konnte.

»Was soll das sein?«, fragte ich.

»Ja, das wissen wir auch nicht genau. Das haben wir in der Garage von X. gefunden. Es könnte ein Stück Knochen sein. Wir dachten, dass Sie es einmal untersuchen könnten.« Damit überreichte er mir das Reagenzglas und erzählte noch, dass sie wegen eines anderen Grundes eine Untersuchung der Garage vorgenommen hätten und in dem zusammengekehrten Müll in der Werkstattecke dieses kleine Stück, etwa von der Größe eines Knopfes, gefunden hätten. Ich versprach ihm, es umgehend untersuchen zu lassen und ihm dann Bescheid zu geben.

Im Spurenlabor stellte sich heraus, dass es sich tatsächlich um ein Stück Knochen handelte, und zwar um eine relativ dünne Knochenscheibe. Weitere spezielle Untersuchungen führten zu der Feststellung, dass es sich offensichtlich um ein Bruchstück eines menschlichen Wirbelkörpers handelte, der zersägt worden ist. Es sah so aus, als ob beim Zersägen des Wirbelkörpers zunächst ein Sägeschnitt erfolgte, der dann abgebrochen wurde, möglicherweise weil die Säge klemmte, um dann die Säge an etwa der gleichen Stelle neu anzusetzen. Doch da der zweite Schnitt etwas versetzt erfolgte, entstand ein keilförmiges Knochenstück, das beim völligen Durchsägen des Wirbelkörpers herausfiel. Bei stereomikroskopischer Betrachtung konnte man ein Relief erkennen, das wie eine Schartenspur, eine Spur also, die durch das benutzte Sägewerkzeug entstanden war, aussah.

Dieses Ergebnis legte natürlich den dringenden Verdacht nahe, dass dieses Knochenstückchen beim Zerlegen einer menschlichen Leiche entstanden sein könnte und dass, unter Berücksichtigung der Vorgeschichte, hier in dieser Garage die Leiche der Frau zerstückelt worden war, um sie besser beseitigen zu können. Wie sollte man sich sonst die Anwesenheit eines menschlichen Knochenstückes, noch dazu vom Wirbelkörper, erklären. Sicherheitshalber wurde noch einmal geprüft, ob es sich auch tatsächlich um einen menschlichen Knochen handelte, doch das Ergebnis war eindeutig. Unsere Befunde wurden sofort telefonisch durchgesagt, damit sie umgehend in die Ermittlungen einfließen konnten.

Nun wurde der besagte Freund sofort zur Vernehmung geholt und mit dem Fund konfrontiert. Zwar stritt er zunächst jede derartige Handlung ab, verwickelte sich aber zunehmend in Widersprüche, wurde unruhig und geriet ins Schwitzen. Dann kam der Punkt, wo er das weitere Leugnen aufgab und gestand, auf Wunsch seines Freundes, des Ehemanns der Getöteten, die Leiche in der Garage zerstückelt und dann in den Fluss geworfen zu haben.

Da er nach seinen Angaben die Leiche in sehr kleine Stücke zerlegt hatte, war natürlich die Aussicht, nach einem Jahr noch etwas zu finden, äußerst gering. Alle Suche an der Stelle, die der Täter zeigte, war vergeblich. Es wurden keine weiteren Leichenteile gefunden. Die intensiv weitergeführten Ermittlungen und Vernehmungen auch des Ehemannes ergaben nun den im Folgenden dargestellten Ablauf.

Harald K. war eigentlich ein glücklicher Mensch. Bisher hatte sich in seinem Leben alles zu seiner Zufriedenheit entwickelt. Nach dem Schulabschluss hatte er zwar nicht die gewünschte Lehrstelle als Kfz-Schlosser bekommen, aber die als Ersatz angebotene Schlosserlehre fand bei einem Kunstschlosser statt, und das machte ihm wiederum sehr viel Freude. Hinzu kam, dass er wegen seines umgänglichen und fröhlichen Wesens schon sehr bald Anschluss an die Familie des Schlossermeisters fand und fast wie ein Sohn behandelt wurde. Diesen Familienanschluss begrüßte er vor allem deshalb, weil der Schlossermeister eine sehr hübsche Tochter hatte, die es ihm seit der ersten Begegnung angetan hatte. Auch er schien ihr nicht ganz gleichgültig zu sein. Und so dauerte es gar nicht lange, bis aus den beiden ein Liebespaar wurde. Die Eltern des Mädchens sahen diese Entwicklung nicht ungern, denn als möglicher Schwiegersohn war ihnen der anstellige Junge schon recht, er könnte ja in einigen Jahren die sehr gut gehende Werkstatt übernehmen.

So verlief denn die Lehrzeit recht schnell, Harald K. beendete erfolgreich seine Ausbildung und blieb weiter in dem Betrieb. Und es kam, wie es kommen musste: Er heiratete die Tochter des Meisters. Nach einigen Jahren setzte sich der Schwiegervater zur Ruhe, und Harald K. übernahm zusammen mit seiner Frau den Betrieb. Da er handwerklich sehr geschickt war und darüber hinaus auch ein recht guter Geschäftsmann, entwickelte sich das Unternehmen sehr gut, und beide kamen zu nicht unerheblichem Wohlstand.

Nach einigen Jahren starb zunächst der Vater der jungen Frau und kurze Zeit später auch die Mutter, sodass das junge Paar jetzt allein in dem Haus wohnte. Alles schien in bester Ordnung. Der Handwerksbetrieb lief gut, die Ehe war in Ordnung, man machte jedes Jahr eine gemeinsame Auslandsreise. Und auch sonst gab es keine Probleme.

Doch es ging alles nur so lange gut, bis der Ehemann bei einer Faschingsfeier eine andere Frau kennen lernte und sich daraus ein Verhältnis entwickelte. Solange die Ehefrau nichts davon merkte, lief es noch ganz gut, doch als sie begann, Verdacht zu schöpfen, gab es immer wieder Auseinandersetzungen, die mit der Zeit an Heftigkeit zunahmen. Die Ehefrau verlangte, dass er das Verhältnis sofort beenden sollte, und drohte mit Scheidung. Da ihr der Betrieb gehörte, wäre das der

Ruin des Mannes gewesen. Das durfte auf keinen Fall passieren. Er versprach seiner Frau deshalb hoch und heilig, mit der anderen Schluss zu machen.

Doch so einfach war das nicht. Auch mit seiner Geliebten gab es heftige Auseinandersetzungen. Sie verlangte, dass er sich endlich scheiden lassen sollte, wie er ihr das schon vor einiger Zeit versprochen hatte. Sie drohte, ihn in dem kleinen Ort unmöglich zu machen, wenn er sich von ihr abwenden würde. Und obwohl alle Beteiligten zunächst versuchten, diese Zwistigkeiten vor der Öffentlichkeit geheim zu halten, waren zumindest Gerüchte über die Eheprobleme nach außen gedrungen.

Und dann schien sich das Problem gelöst zu haben. Wie der Ehemann nach dem Verschwinden seiner Frau erklärte, hatte sie nach einem Streit mit ihm voller Zorn die Wohnung verlassen und verlautbart, dass sie zu einer alten Freundin in den Westen gehen wolle. Von dort würde er von ihr dann Weiteres hören. Zunächst schien er doch recht bedrückt zu sein, weil ihn seine Frau so plötzlich verlassen hatte, aber mit der Zeit beruhigte er sich. Natürlich gab es in dem kleinen Ort nach dem Verschwinden der Frau auch Gerüchte, dass das alles nicht mit rechten Dingen zugegangen sein könnte, aber Hinweise auf eine Straftat ergaben sich nicht. Zwar wurden wegen eines gewissen Verdachtes auch Befragungen in der Nachbarschaft angestellt, aber da hierbei nicht sehr viel herauskam, wurden sie nicht sehr intensiv weitergeführt. Erst als sich nach einiger Zeit das Verhältnis mit der Geliebten auch in der Öffentlichkeit wieder stärker bemerkbar machte und von der verschwundenen Ehefrau keinerlei Nachricht gekommen war, wurde ein Ermittlungsverfahren gegen unbekannt eingeleitet. Doch etwas Greifbares wurde nicht gefunden. Erst als das Knochenstück als einziger Hinweis auf ein Verbrechen vorlag, änderte sich die Situation. Nun legten der Freund und dann auch der Ehemann ein Geständnis ab.

Die Spannungen in der Ehe wegen der Geliebten des Ehemannes bestätigten beide. Und der Ehemann gab auch zu, dass er seiner Frau versprochen hatte, das Verhältnis zu beenden. Doch das hatte er nicht ernsthaft vor, weil er sich in die Freundin verliebt hatte. Seine Frau hingegen war ihm recht gleichgültig geworden. Es musste also eine Lösung gefunden werden, die eine Trennung ermöglichte, ohne dass er den Betrieb loswurde.

In dieser Situation entschloss er sich, mit seinem besten Freund die Lage zu beraten. Beide waren der Meinung, dass die Ehefrau verschwinden musste. Aber wie? Wenn sie erkranken und sterben würde, wäre das die Lösung. Aber sie war ja kerngesund. Und wenn sie nun einen Unfall erleiden würde, bei dem der Tod eintrat, wäre das auch eine Lösung. Durch diese Überlegungen kamen beide zu der Auffassung, dass sie sterben musste, und zwar auf eine Art und Weise, die wie ein Unfall aussah. Der Ehemann kam auf die keineswegs originelle Idee, sie bei einem Urlaub im Gebirge einen Abhang hinabzustürzen.

Er buchte also einen Urlaub für sie beide in der Hohen Tatra, wo er eine Stelle kannte, die sich für sein Vorhaben eignen würde. Seiner Frau sagte er, dass sie diesen gemeinsamen Urlaub als Versöhnungsreise ansehen wollten. Erfreut willigte seine Frau in die Reise ein und traf die nötigen Vorbereitungen.

Doch als sich der Ehemann noch einmal alles genau überlegte, kamen ihm Bedenken. Wenn sie zusammen in den Urlaub fuhren und seine Frau bei einer gemeinsamen Wanderung abstürzte, hätte der Verdacht sehr leicht auf ihn fallen können. Das musste auf jeden Fall vermieden werden. Besser war es nach seiner Meinung, wenn sein Freund mit seiner Frau die Reise durchführte, dann konnte ja kein Verdacht auf ihn fallen. Doch der Freund wollte nicht. Die Fahrt reizte ihn zwar, da er sich selbst eine solche Reise nicht leisten konnte, aber dass er die Frau hinabstürzen sollte, das wollte er auf keinen Fall. Doch der Ehemann redete ihm weiter zu und versprach ihm auch eine Belohnung, wenn alles klappen würde. 10 000 Mark sollte er vor der Reise bekommen und noch einmal 10 000 Mark, wenn alles geklappt hatte. Nach einigem Hin und Her willigte der Freund schließlich ein. Nun musste diese Änderung nur noch der Frau beigebracht und begründet werden. Eine Begründung zu finden war nicht ganz einfach, denn er hatte ja diese Reise als Versöhnungsreise deklariert. Jetzt musste es schon einen gewichtigen Grund geben, um das zu ändern. Möglich wäre ein plötzlicher eiliger Auftrag, der keine Verzögerung duldete. Aber da seine Frau mit im Betrieb arbeitete, war das nicht so einfach zu arrangieren. Eine andere Möglichkeit war eine Krankheit des Mannes, die eine sofortige Behandlung nötig machte. Da er einen guten Freund hatte, der Arzt war, ließ sich das sicher leicht bewerkstelligen.

Er suchte den Arzt auf, klagte über entsprechende Beschwerden und erreichte, dass der Arzt ihn zunächst einmal krankschrieb und dann auch nach kurzer Zeit zur Abklärung der Diagnose in ein Krankenhaus einwies. Da die Gesundheit vorging, musste er nun schweren Herzens auf die schon gebuchte Reise verzichten, wie er seiner Frau erklärte. Damit der Platz aber nicht verfiel und sie nicht allein fahren musste, schlug er vor, dass sein Freund an seiner Stelle mitfahren sollte. Er wusste, das seine Frau den Freund ganz gut leiden konnte, und er nahm an, dass sie diesem Vorschlag zustimmen würde. Und so war es auch. Sie bedauerte zwar, dass sie nun nicht gemeinsam fahren konnten, aber sie war einverstanden, mit dem Freund zu fahren. Die Reise wurde planmäßig angetreten.

Der Ehemann lag nun einige Tage im Krankenhaus, ohne dass nennenswerte krankhafte Veränderungen gefunden werden konnten. Er wurde nach wenigen Tagen entlassen und wartete nun zu Hause auf die Erfolgsmeldung seines Freundes, also auf die Mitteilung, dass seine Frau tödlich verunglückt sei. Aber die kam nicht. Stattdessen erschienen nach Ende der gebuchten Reise die beiden gut erholt wieder zu Hause und berichteten von den schönen Tagen in der Hohen Tatra. Vor allem seine Frau war ganz begeistert von der schönen Reise, zumal der Wettergott mitgespielt und ihnen für die ganze Zeit herrliches Sonnenwetter beschert hatte.

Als er bei passender Gelegenheit seinen Freund zur Seite nehmen und allein sprechen konnte, sagte der ihm, dass er zwar einmal die Gelegenheit gehabt hätte, die Frau einen steilen Hang hinabzustoßen, er habe aber nicht den Mut dazu gefunden und die gute Gelegenheit verstreichen lassen. Und später habe sich eine solche Möglichkeit nicht wieder geboten. Außerdem eigne er sich nicht für eine solche Handlung. Natürlich gab er ihm das schon erhaltene Geld wieder zurück. Der Ehemann war zwar sehr unzufrieden mit diesem Ausgang, denn immerhin hatte er ja die Reisekosten investiert, aber zunächst blieb alles beim Alten.

Die Situation in der Ehe verbesserte sich aber nicht, im Gegenteil, es traten zunehmend immer mehr Schwierigkeiten auf. Die Frau hatte mitgekriegt, dass das Verhältnis mit der anderen Frau keineswegs beendet war, wie ihr Mann es versprochen hatte. Sie drohte erneut mit der Scheidung und pochte darauf, dass ihr ja der Betrieb gehörte. Auch kümmerte sie sich stärker um die finanzielle Situation und hielt den

Ehemann mit Geld sehr knapp, wie er meinte. Es musste also etwas geschehen.

Nach mehrfachen Beratungen mit seinem Freund wurde beschlossen, die Frau hier zu töten. Da er selbst aus dem Spiel bleiben wollte, bot er seinem Freund wieder eine größere Geldsumme, wenn er ihm diese Arbeit abnehmen würde. Da dieser wie so häufig wieder einmal sehr knapp bei Kasse war, willigte er nach anfänglichem Zögern in den Plan ein. Nur über die Art und Weise der Tötung war man sich nicht einig. Klar war nur, dass es wie ein Unfall aussehen musste. Der Freund machte zwar einige Vorschläge, wie er vorgehen könnte, aber von dem Ehemann wurden sie alle als ungünstig verworfen. So schlug der Freund vor, die Frau eine Treppe hinabzustoßen, aber der Erfolg war unsicher. Oder er wollte sie vor ein Auto stoßen, aber hier galt das Gleiche. Es war eben gar nicht so leicht, eine glaubhafte Unfallsituation zu schaffen, die auch sicher zum Tode der Frau führte. Die beiden Freunde kamen mehrfach abends zusammen, um über einen Lösungsweg zu beraten, aber es fand sich keiner. Schließlich wurde beschlossen, die Frau einfach zu erdrosseln und die Leiche dann so zu beseitigen, dass sie nicht mehr auffindbar war.

Schon bald bot sich eine günstige Gelegenheit. Als die Ehefrau an einem Sonnabendnachmittag in das Zimmer kam, in dem sich ihr Mann mit seinem Freund befand, hatte man sich entschlossen, den gefassten Plan in die Tat umzusetzen. Als die Frau den Raum betrat, stand ihr Mann an dem gegenüberliegenden Fenster. Sie ging auf ihn zu und schien den hinter der Tür stehenden Freund noch nicht bemerkt zu haben. Er hatte einen kräftigen Strick in der Hand und machte dem Ehemann ein Zeichen, dass er zur Tötung bereit sei. Dieser ging auf seine Frau zu und stieß sie mit Gewalt nach hinten, sodass sie in die Arme des Freundes fiel. Der fing sie auf, legte ihr den Strick um den Hals und zog ihn zu, bis sie sich nicht mehr wehrte. Dann ließ er die Frau zu Boden gleiten, und beide Männer beugten sich über sie, um festzustellen, ob sie noch atmete. Das war nicht der Fall, und beide waren sicher, dass der Tod eingetreten war.

Jetzt musste die Leiche beseitigt werden. Der Freund erklärte sich für eine nochmalige, nicht unerhebliche Geldsumme bereit, diese Aufgabe zu übernehmen. Aber dazu musste die Leiche zunächst in das Fahrzeug des Freundes gebracht werden. Zwar war am Samstagnachmittag kein

Mensch mehr im Betrieb, und auch in der Wohnung war niemand. Aber da es noch hell war und jederzeit irgendein Besucher kommen konnte, musste der Transport der Leiche doch mit der entsprechenden Vorsicht erfolgen. Die Tote wurde in einen Teppich gerollt und dann von den beiden Männern in den Hof getragen, nachdem der Freund seinen Lada-Kombi in den Hof und rückwärts an die Haustür gefahren hatte, sodass die Leiche in den Kofferraum geschoben werden konnte. Es ging alles glatt, und nach einer kurzen Beratung fuhr der Freund ab. Er hatte zu diesem Zeitpunkt noch nicht die geringste Ahnung, was er mit der Leiche machen würde und wie er sie so verschwinden lassen könnte, dass sie nicht wieder aufgefunden werden konnte. Zunächst fuhr er sie vom Tatort weg zu seiner Wohnung. Hier überlegte er sich bei einer Flasche Bier das weitere Vorgehen, kam aber zu keinem Ergebnis und verschob alles Weitere auf den nächsten Tag. Aber am folgenden Tag, einem Sonntag, fiel ihm auch keine passende Lösung ein, obwohl er sich redlich den Kopf zerbrach, wie er später angab. Der Tag verging, ohne dass in punkto Leichenbeseitigung etwas passierte. Der Wagen mit der Leiche stand nach wie vor im Hof seiner Wohnung. Und am Montag brauchte er ihn, um zu seiner Arbeitsstelle zu fahren.

Und so fuhr er am Montag zur gewohnten Zeit mit seinem Wagen zu seiner Dienststelle. Die Leiche hatte er zugedeckt im Kofferraum liegen. Er versah seinen Dienst. An diesem Tag war er besonders stark beschäftigt und konnte sich um seine besondere Ladung im Kofferraum nicht kümmern. Erst nach Dienstschluss kam er wieder zu seinem Wagen. Zu seiner Beruhigung war alles noch unverändert. Aber es war ihm klar, dass es so nicht weitergehen konnte. Er konnte nicht tagelang mit der Leiche herumfahren. Sie musste bei Nacht verschwinden.

Nun entschloss er sich, die Tote im nahe gelegenen Fluss zu versenken. Da er aber gehört hatte, dass Leichen immer wieder an die Wasseroberfläche kommen können, entschied er sich, sie zuvor zu zerstückeln und sie dann im zerkleinerten Zustand in den Fluss zu werfen. So war auch der Transport zum Wasser leichter zu bewerkstelligen. Zu diesem Zweck brachte er die Leiche in seine Garage, die sich noch im Bau befand. Sie war schon weitgehend fertig gestellt: die Seitenwände standen, ein Dach war drauf, und auch die Tür war schon eingesetzt. Vor ein paar Tagen hatte er mit einigen Kollegen den Estrich gelegt. Dort hätte er sie einmauern können. Aber das war nun zu spät. Er brachte die Tote in die Garage und machte sich in der gleichen Nacht noch ans Zerlegen. So einfach, wie er es sich vorgestellt hatte, war diese Arbeit allerdings nicht. Mit dem Messer allein schaffte er es nicht. Da er keine anatomischen Kenntnisse besaß, bereitete ihm vor allem das Zerlegen der Gliedmaßen Schwierigkeiten. Weil er die Gelenke nicht so recht lösen konnte, kam er auf die Idee, die Knochen einfach zu zersägen. Er suchte nach einer geeigneten Säge. Der Fuchsschwanz, den er zunächst nahm, war nicht das richtige Werkzeug. Er fand dann eine Metallsäge, die ihm wesentlich besser geeignet schien. Damit gelang es ihm, sowohl die Oberschenkelknochen als auch die Arme zu zersägen. Dann wollte er auch noch den Rumpf zerkleinern und zersägte die Wirbelsäule.

Als die Leiche nun in viele kleine Teile zerlegt war, machte er sich an den Abtransport zum Fluss. Dort schüttete er die vielen kleinen Teile hinein und hoffte, dass die Strömung sie mitnehmen und verteilen würde.

Am nächsten Tag berichtete er seinem Freund und Auftraggeber, dass er die Leiche beseitigt habe. »Die findet keiner.« Er kassierte die noch ausstehende, restliche Belohnung. In den ersten Tagen nach der Leichenbeseitigung war er noch recht unruhig und fürchtete immer, dass doch irgendwelche Leichenteile entdeckt worden seien. Als aber nichts Derartiges passierte, verlor sich seine Unruhe, und er führte wieder ein ganz normales Leben.

So ging einige Zeit ins Land. Seitens der Kriminalpolizei lag zwar wie schon erwähnt der Verdacht vor, dass hier ein Verbrechen vorlag und die Frau gewaltsam beseitigt worden war, aber es ergaben sich keine weiteren Anhaltspunkte, die den Verdacht bestätigten, bis dann der oben geschilderte Knochenfund in der Garage des Freundes der Untersuchung neue Impulse gab und letztlich zur Aufklärung des Mordes führte.

Beide Täter wurden zu hohen Freiheitsstrafen verurteilt.

Vergebliche Suche

Es war ein trüber Novembertag. Zwar hatte sich der am Morgen herrschende, relativ dichte Nebel verzogen, aber der Himmel war wolkenverhangen. Den ganzen Tag war es nicht richtig hell geworden und kurz nach 4 Uhr nachmittags begann es schon zu dämmern. Es war so ein richtig ungemütlicher Tag, an dem man sich zu Hause am wohlsten fühlt. Wer nicht unbedingt musste, ging nicht aus dem Haus. Doch gegen Abend füllten sich die Straßen, die Leute kamen von der Arbeit und eilten nach Hause oder gingen zur Kaufhalle, um schnell noch vor Ladenschluss das Nötigste einzukaufen.

Da wurden die Bewohner des Stadtviertels durch Polizeifahrzeuge aus ihren Gedanken gerissen. Per Lautsprecher wurde gefragt, wer einen kleinen Jungen, der näher beschrieben wurde, gesehen hatte. Der Junge war nach dem Nachmittagsunterricht aus der Schule nicht nach Hause gekommen. Das hatte er noch nie gemacht, und die Mutter machte sich große Sorgen. Wer ihn gesehen hatte oder etwas über seinen Verbleib sagen konnte, wurde gebeten, sich bei der Polizei zu melden.

Die meisten Menschen eilten weiter, weil sie nichts gesehen hatten und nichts sagen konnten. Aber eine Frau blieb doch stehen und überlegte: »Den Kleinen kennst du doch. Der wohnt doch in der Nachbarschaft, den hast du doch heute Nachmittag an der Straßenecke gesehen. Das musst du melden.« Und sie setzte sich umgehend mit der Polizei in Verbindung. Dort schilderte sie, wie sie am Nachmittag gegen 16.30 Uhr den Jungen an einer bestimmten Straßenkreuzung nicht weit von der Schule entfernt hatte stehen sehen, weil er erst ein Auto vorüberlassen wollte, bevor er die Straße überquerte. Doch der Autofahrer hielt an, als er auf der Höhe des Jungen war, und rief den Kleinen ans Fahrzeug, vermutlich weil er ihn etwas fragen wollte. Der Junge ging auch zur Fahrerseite des Wagens und unterhielt sich mit dem Mann. Worüber sie sprachen, konnte die Frau nicht sagen, dazu war sie zu weit weg gewesen. Kurz darauf ging der Junge zur Beifahrerseite und stieg in das Auto, einen Trabant, ein. Der Wagen fuhr dann in Richtung Innenstadt ab.

Als die Frau den Pkw beschreiben sollte, konnte sie zwar Farbe und Typ des Fahrzeugs angeben, auf das Kennzeichen hatte sie allerdings nicht geachtet und konnte dazu keine Angaben machen. Jedoch war ihr aufgefallen, dass der Wagen an der rechten Seitentür einen großen Spachtelfleck aufwies. Hier sollte offensichtlich ein Lackschaden ausgebessert werden.

Jetzt war wenigstens bekannt, wonach gesucht werden musste. Mit Lautsprecherwagen wurde der Besitzer aufgefordert, sich bei der Polizei zu melden, und die Bevölkerung wurde um Angaben zum Verbleib dieses Fahrzeugs gebeten. Doch zunächst kamen keine Hinweise, weder zu dem Jungen noch zu dem Fahrzeug. Die Suche musste also weitergehen.

Doch dann spielte wieder Kommissar Zufall mit. Am späten Abend ereignete sich auf einer viel befahrenen Ausfallstraße ein Verkehrsunfall. An der Zufahrt zu einer großen Müllkippe kam ein in Richtung Stadt fahrender Trabant, möglicherweise wegen starker Verschmutzung der Fahrbahn, ins Schleudern, fuhr rechts die etwa ein bis zwei Meter tiefe Böschung hinunter und überschlug sich. Dem Fahrer war nicht viel passiert, er kletterte unversehrt aus seinem Fahrzeug heraus. Ein mit etwa 60 Meter Abstand hinter ihm fahrender Pkw hatte das Ganze beobachtet, er hielt an und wollte erste Hilfe leisten. Doch als er ankam, stand der Fahrer des Unfallwagens schon unverletzt neben seinem Wagen. Er bat nur, ihm beim Aufrichten seines Fahrzeugs behilflich zu sein und ihn dann wieder auf die Straße zu schieben.

Es gelang ihnen relativ schnell, den Wagen wieder auf seine vier Räder zu stellen, aber ihn die Böschung hinaufzuschieben, dazu reichten ihre Kräfte nicht aus. Das musste wohl ein Abschleppfahrzeug besorgen. Der zu Hilfe geeilte Fahrer schlug deshalb vor, zunächst einmal die Verkehrspolizei von dem Unfall zu informieren und dann den Abtransport zu organisieren. Doch davon wollte der Unglücksfahrer nichts wissen.

»Keine Polizei, es ist ja praktisch nichts passiert. Die paar kleinen Schäden an meinem Wagen repariere ich selbst, dazu brauche ich keine Versicherung und erst recht keine Polizei. Da hat man ja nur Scherereien. Den Wagen kriegen wir selbst auf die Straße, wenn vielleicht noch einer mit anfasst.«

Der Helfer ging nun auf die Straße, um noch andere Autofahrer anzuhalten und um Hilfe zu bitten. Aber auch als ein weiterer Fahrer half, den Wagen die Böschung hinaufzuschieben, hatten sie keinen Erfolg. Es war nicht nur die relativ steile Böschung, sondern auch der unebene, mit Gras und Büschen bewachsene Boden, der dem Schieben einen erheblichen Widerstand entgegensetzte.

Da das also nicht so funktionierte, wie der Besitzer des Unfallwagens es sich dachte, ging der zweite Helfer wieder zu seinem Wagen und verständigte die Verkehrspolizei, die auch nach kurzer Zeit erschien. Nachdem die Polizisten das Unfallfahrzeug kurz besichtigt und die beiden Helfer befragt hatten, waren auch sie der Meinung, dass hier unbedingt ein Abschleppwagen geholt werden musste. Sie nahmen den Fahrer des Unfallwagens mit aufs Revier und schickten die beiden Helfer nach Hause.

Auf dem Revier wurden zunächst die Personalien des Fahrers aufgenommen. Wie es aussah, hatte er den Unfall selbst verschuldet. Ein Schaden war nur an seinem eigenen Fahrzeug entstanden. In dem geschlossenen Raum des Reviers fiel schnell auf, dass der Fahrer eine Alkoholfahne hatte. Möglicherweise war das die Unfallursache. Deshalb wurde er zur Blutentnahme in die Poliklinik gebracht. Er gab auch zu, beim Abendbrot eine Flasche Bier getrunken zu haben, mehr aber nicht. Als auch das erledigt war, wurde er nach Hause geschickt mit der Bemerkung, dass sich die Polizei um das Abschleppen des Fahrzeugs schon kümmern werde. Er sollte sich am nächsten Tag wieder melden.

Am nächsten Morgen ließ die Verkehrspolizei dann das Unfallfahrzeug in aller Frühe in das Polizeipräsidium schleppen. Dort stand es im Hof. Zwei zufällig vorbeikommende Polizisten sahen den Wagen und schauten neugierig in das Fahrzeuginnere. Da sagte der eine: »Schau mal, wurde nicht gestern nach einem Trabant gefahndet, und war nicht die Rede von einem Schulranzen? Dort auf der Rückbank liegt so einer, wie er gestern Abend beschrieben worden ist. Vielleicht ist dies das gesuchte Fahrzeug.«

Nun schaute auch der andere genauer hinein. »Sieht das an dem unteren Rand des Ranzens nicht wie Blut aus?«, fragte er. »Wir sagen drinnen Bescheid, vielleicht wissen die noch nichts.« Jetzt erst wurde der Unfall mit dem Verschwinden des Jungen in Verbindung gebracht und der Wagen kriminaltechnisch genauer untersucht. Dabei kamen einige überraschende Befunde zustande.

Es handelte sich tatsächlich um den Ranzen des vermissten Jungen, und der Fleck an der Unterkante war in der Tat menschliches Blut. Aber nicht nur dort, sondern auch im Kofferraum des Wagens fand sich Blut, sogar ziemlich reichlich an verschiedenen Tüchern und Decken, die dort herumlagen; auch am Boden des Kofferraums war Blut zu erkennen.

Jetzt wurde umgehend der Besitzer des Wagens, dessen Anschrift ja nun bekannt war, zur Vernehmung ins Präsidium geholt. Zunächst wollte er von Blutspuren in seinem Kofferraum nichts wissen. Das könnte gar nicht sein. Dann hielt er es für möglich, dass er sich bei dem Unfall am gestrigen Abend selbst an der Hand verletzt hatte und so die Blutspuren beim Hantieren im Kofferraum, etwa als er ein Abschleppseil suchte, selbst verursacht hatte. Doch das konnte sehr schnell anhand der Menge des Blutes und später durch die Blutgruppe widerlegt werden.

Auch die Herkunft des Schulranzens konnte er nicht erklären. Nach einiger Zeit fiel ihm ein, dass er vor ein paar Tagen einmal einen Schulknaben ein Stück in seinem Auto mitgenommen habe. Der müsste den Ranzen dort liegen gelassen haben. Aber auch dieser Erklärungsversuch konnte nicht befriedigen. Und als ihm dann auch noch die Aussage der Zeugin vorgehalten wurde, die ihn mit dem Jungen an der Kreuzung gesehen hatte und die angab, dass der Junge in den Wagen eingestiegen war, da gab er dann zu, dass er das Kind tatsächlich mitgenommen habe, weil er ihm im Tierpark die Rehe zeigen wollte. Dorthin sei er dann mit dem Jungen gefahren.

Auf dem Weg habe er an einer engen Stelle wegen des Gegenverkehrs plötzlich sehr stark bremsen müssen, dabei sei der nicht angeschnallte Junge heftig gegen das Armaturenbrett geschleudert worden und habe sich sowohl an der Hand als auch am Kinn verletzt. Er habe etwas geblutet. Deshalb sei er auch nicht weiter zum Tierpark gefahren, sondern habe umgedreht und sei nach Hause gefahren, weil er dem Kind auf die leichten Verletzungen sicherheitshalber ein Heftpflaster kleben wollte. Das hätte er dann auch gemacht und den Jungen danach nach Hause geschickt. Was weiter aus ihm geworden sei, wisse er nicht.

Als ihm nun vorgehalten wurde, dass das Kind bis jetzt nicht nach Hause gekommen sei, zuckte er mit den Schultern und meinte, dass er dann auch nicht wisse, wohin es gegangen sei. Er habe mit seinem Verschwinden nichts zu tun.

Wegen des bestehenden Verdachtes einer schweren Straftat wurde Haftbefehl gegen ihn erlassen und eine Wohnungsdurchsuchung angeordnet, zumal inzwischen bekannt geworden war, dass er wegen mehrerer Sexualdelikte einschlägig vorbestraft war.

Auf den ersten Blick machte die Wohnung einen ziemlich sauberen und aufgeräumten Eindruck. Doch bei genauerer Untersuchung fanden sich sowohl an den Wänden als auch an den Einrichtungsgegenständen Spuren, die den Verdacht auf Blut erweckten. Zwar hatten sie nicht die Farbe von frischem Blut, aber sie sahen aus wie eingetrocknete Blutspuren, bei denen der Versuch gemacht worden war, sie zu entfernen.

Die chemischen und serologischen Untersuchungen bestätigten dann auch, dass es sich um menschliches Blut handelte. Hinsichtlich der Blutgruppe deckten sich diese Spuren mit denen aus dem Kofferraum des Pkw. Und sie stimmten mit der Blutgruppe des vermissten Kindes überein. Damit wuchs der Verdacht, dass der Junge in der Wohnung gewesen war und eine blutende Verletzung erlitten hatte, zumal auch in der Küche, um das Waschbecken herum, gleichartige Blutspuren entdeckt wurden.

Der Verdächtige gab nun eine andere Version zum Besten. Er hatte den Jungen angesprochen und mitgenommen wie bisher geschildert, weil er ihm den Tierpark zeigen wollte. Aber unterwegs fiel ihm ein, dass er in seiner Wohnung ja noch den angeheizten Kachelofen zuschrauben musste. Deshalb sei er nach Hause gefahren und habe den Jungen mitgenommen.

Anfangs behauptete der Verdächtige, der Junge habe plötzlich starkes Nasenbluten bekommen. Um das zu stillen, habe er Verbandsstoff aus der Küche geholt und dabei vermutlich die Blutspuren am Waschbecken verursacht.

Dann aber änderte er seine Aussage und behauptete, dass der Junge sich eine Verletzung zugezogen hatte, als er in das Wohnzimmer ging, über einen Teppich stolperte und mit dem Kopf gegen den Ofen schlug. Dabei habe er sich eine blutende Platzwunde zugezogen. Tatsächlich fanden sich auch am Kachelofen Blutspuren. Da aber hierdurch nicht die vielen anderen Blutspuren in der Wohnung erklärt werden konnten, änderte er erneut seine Angaben. Danach sei der Junge über eine am Boden liegende Elektroschnur gestolpert und in eine dort stehende zerbrochene Weinflasche gefallen. Dabei habe er sich eine stark blutende Verletzung am Bauch zugezogen, die er habe verbinden wollen. Zu dem Zweck hatte er Verbandszeug aus der Küche geholt. Doch auch diese Version erklärte nicht die Verteilung der Blutspuren an den Wänden. Diese spritzerartigen Spuren, die sich von der gemusterten Tapete kaum abhoben und deshalb nur schwer zu erkennen waren, konzentrierten sich in einer ganz bestimmten Anordnung in einer Zimmerecke, in der das Bett des Verdächtigen stand. Sie konnten nur entstanden sein, wenn der Junge auf das Bett gestiegen und sich in die äußerste Ecke gedrückt hatte. Hierzu konnte der Verdächtige keine plausible Erklärung geben, auch nicht, wie Blutspritzer an die Unterseite des Tisches gekommen waren, die er offensichtlich übersehen und deshalb nicht beseitigt hatte.

Die sich nun anschließende Frage, wo denn der Junge nun verblieben sei, beantwortete er ebenfalls unterschiedlich. Zunächst gab er an, dass das Kind in der Zeit, wo er in der Küche nach Verbandsstoff gesucht hatte, von ihm unbemerkt die Wohnung verlassen hatte und plötzlich weg war. Danach wolle er durch das Fenster gesehen haben, wie der Junge vor dem Haus in ein Auto gestiegen sei. Bei einer späteren Aussage war das Auto ein Taxi, mit dem der Junge fortgefahren sein soll.

In den nächsten Tagen änderte er seine Aussagen sowohl über die Entstehung der Verletzung und die dadurch hervorgerufenen Blutspuren als auch über der Verbleib des Kindes mehrfach. Bis er dann zugab, dass der Junge trotz seiner Bemühungen an den Verletzungen gestorben sei. Aus Angst hätte er den toten Körper noch am gleichen Tag in den Fluss geworfen, und bei dem Transport der Leiche waren die Blutspuren im Wagen entstanden. Auf dieser Fahrt hatte er auch den Unfall verursacht.

Natürlich wurde der Fluss intensiv nach der Leiche abgesucht, ohne dass irgendein Hinweis darauf gefunden wurde. Da aber den Angaben des Tatverdächtigen wegen der vielen Widersprüche und der laufenden Änderungen seiner Aussagen nicht unbedingt geglaubt werden konnte, wurde auch anderweitig nach der Leiche gesucht. Als möglicher Verbringungsort kam noch die Müllkippe in Frage, die sich in unmittelbarer Nähe des Unfallortes befand. Der Verdächtige hätte durchaus Zeit gehabt, die Leiche dorthin zu bringen, nämlich dann, als der erste Helfer auf der Straße stand und nach einem weiteren Helfer bzw. der Polizei Ausschau hielt. Der einzige Umstand, der dagegen sprach, war der, dass es dem Tatverdächtigen in dem zur Verfügung stehenden relativ kurzen Zeitraum, wo er allein war, wahrscheinlich schwer gefallen war, auf dem unebenen und etwas schwer begehbarem Boden mit der Leiche zu einer geeigneten Stelle auf der Kippe zu gelangen, denn er trug eine Beinprothese. Nach Aussagen seiner Arbeitskollegen konnte er allerdings erstaunlich gut damit laufen.

Doch die Suche auf der Müllkippe erbrachte nichts, und als einer der Suchhunde sich dabei verletzte, wurde sie abgebrochen, obwohl noch ein anderer Grund für die Möglichkeit sprach, dass der Junge hierher gebracht worden war. Von der Stelle aus, wo der Verdächtige angeblich die Kindesleiche in den Fluss geworfen haben wollte, hätte er für die Rückfahrt gar nicht den Weg an der Müllkippe vorbeimachen müssen. Es war sogar ein erheblicher Umweg. Einen Grund für diesen Umweg konnte er nicht angeben. Und noch etwas sprach für die Überlegungen bezüglich der Müllkippe, allerdings erst zu einem späteren Zeitpunkt. Es meldete sich nämlich noch ein Kraftfahrer, der behauptete, in der Nacht nach dem Unfall von dem Tatverdächtigen gebeten worden zu sein, ihn zur Unfallstelle zu fahren, weil er noch neues und sehr gutes Werkzeug in seinem Wagen hätte. Das wollte er unbedingt holen, bevor es gestohlen würde. Da er einen recht guten Preis für die Fahrt bot, war der angesprochene Kraftfahrer auch mit ihm dorthin gefahren. An der Unfallstelle war der Verdächtige jedoch allein zu seinem Wagen gegangen, während der Fahrer oben auf der Straße gewartet hatte. Es soll einige Zeit gedauert haben, bis er wieder auf der Straße war und zurückgefahren werden konnte. Es wäre durchaus möglich gewesen, dass er unmittelbar nach dem Unfall die Leiche wegen der Kürze der Zeit erst provisorisch auf der Müllkippe verborgen und sie bei dem zweiten Besuch in der Nacht so versteckt hat, dass sie nicht ohne weiteres gefunden werden konnte. Natürlich verschlechterten sich die ohnehin sehr fraglichen Aussichten, etwas zu finden, mit jedem Tag, denn die Müllkippe war ja noch in Betrieb, und jeden Tag lud eine größere Zahl von Müllfahrzeugen dort ihren Inhalt ab. Deshalb war es nach einigen Tagen praktisch aussichtslos, ohne eine genauere Lokalisierung des Verstecks etwas zu finden. Und der Verdächtige blieb bei seiner Aussage, dass er die Leiche in den Fluss geworfen hatte.

Da die Leiche nicht zur Untersuchung zur Verfügung stand, musste aus den Spuren das eigentliche Tatgeschehen so weit wie möglich erschlossen werden. Um insbesondere die Lage der Blutflecke und Blutspritzer zueinander richtig beurteilen zu können, wurde im Institut ein lebensgroßes Modell des mutmaßlichen Tatortes aufgebaut und teilweise die Tapete des Zimmers als Spurenträger abgelöst und in dieses Modell eingefügt. Anhand der Blutspuren und vor allem der Spritzrichtung konnte die Bewegung des Kindes nach Erhalt der Verletzung weitgehend rekonstruiert werden. Diese Rekonstruktion spielte in der späteren Hauptverhandlung eine wichtige Rolle.

Die weiteren Ermittlungen ergaben noch einige wichtige Anhaltspunkte für ein mögliches Motiv des Beschuldigten. Es wurde nämlich bekannt, dass er zur Tatzeit krank geschrieben war und den ganzen Tag zu Hause saß. Da er ein sehr starkes sexuelles Verlangen verspürte, aber sich mit seiner derzeitigen Freundin zerstritten hatte, suchte er am Nachmittag eine frühere Freundin auf, traf sie aber nicht an. Daraufhin befestigte er einen Zettel an ihrer Tür, auf dem er sie bat, doch bei ihm anzurufen oder vorbeizukommen, wenn sie wieder zurück sei. Auf der Rückfahrt von dieser Freundin hatte er dann den Jungen getroffen und mitgenommen.

In der Hautverhandlung bestritt er bis zum Schluss, das Kind getötet zu haben. Er blieb dabei, dass es ein Unfall gewesen sei.

Das Gericht sah es aber als erwiesen an, dass der er den Jungen ermordet und die Leiche beseitigt hatte. Er wurde zu einer langjährigen Freiheitsstrafe verurteilt.

Das verschwundene Mädchen

Frau S. war damit beschäftigt, den Mittagstisch zu decken. Das Essen stand noch auf dem Herd, war aber in Kürze fertig, und die Tochter würde auch in wenigen Minuten aus der Schule kommen, wenn der Bus, mit dem sie fahren musste, keine Verspätung hatte. Aber das kam in letzter Zeit selten vor. Da das Mädchen in eine Spezialschule im Nachbarort ging, war diese tägliche Busfahrt nicht zu vermeiden. Aber das Kind hatte sich an das Fahren gewöhnt, zumal noch mehrere Kinder aus dem Ort diese Schule besuchten.

Das neun Jahre alte Mädchen hatte sich in dieser Spezialschule ganz gut eingelebt. Die Leistungen hatten sich deutlich verbessert, und im Gegensatz zu früher schien sie jetzt ganz gern zur Schule zu gehen. Der vom Arzt empfohlene Schulwechsel hatte sich offenbar gelohnt. Man konnte nur hoffen, dass die positive Entwicklung so weitergehen würde.

Frau S. nahm die Kartoffeln vom Herd und schaute auf die Uhr. Jetzt wurde es aber Zeit, dass ihre Tochter kam, sonst würde es Probleme mit dem Essen geben. Wegen ihres Mannes musste pünktlich gegessen werden, da er nur eine kurze Mittagspause hatte. Sie schaute zum Fenster hinaus, ob die Tochter schon auf der Straße zu sehen war. Man konnte nämlich vom Fenster aus einen beträchtlichen Teil der Straße übersehen. Doch da war niemand. Na ja, es waren ja auch erst wenige Minuten über die Zeit.

Sie machte noch einige Handgriffe und setzte das Essen auf den Tisch. Der Mann war auch noch nicht da, heute schienen sich beide zu verspäten. Doch nach fünf Minuten hörte sie die Wohnungstür. Da war jemand gekommen. Und schon öffnete sich die Küchentür, und der Ehemann steckte seinen Kopf durch den Türspalt.

»Hast du mit dem Essen schon gewartet? Es ist heute leider etwas später geworden, wir hatten noch einen dringenden Auftrag. Ist denn Maria noch nicht da? Oder ist sie auf ihrem Zimmer? Ich wasch mir nur noch schnell die Hände, dann kann es losgehen.«

Ohne ihre Antwort abzuwarten, verschwand er im Bad. Schon nach kurzer Zeit kam er wieder und setzte sich an den Tisch. Die Frau hatte inzwischen das dampfende Essen auf den Tisch gestellt und setzte sich zu ihm.

»Da werden wir eben jetzt allein essen. Du musst ja wieder weg. Ich mache ihr das Essen dann hinterher wieder warm, wenn sie gekommen ist.«

Beide begannen mit der Mahlzeit, doch die Frau stocherte nur unlustig in dem Essen herum.

»Ich mache mir doch Sorgen, wo das Kind bleibt. Sie ist doch sonst immer so pünktlich. Ob mit dem Bus was passiert ist? Ich habe gar keinen rechten Appetit.«

»Beunruhige dich mal nicht«, beschwichtigte sie der Mann. »Da wird schon nichts passiert sein. Vielleicht haben sie heute eine Stunde länger Schule gehabt, oder der Bus ist ausgefallen, und sie kommt mit dem nächsten. Iss nur in Ruhe, wenn wir mit dem Essen fertig sind, wird sie schon kommen.«

Das Ehepaar beendete die Mahlzeit, und der Mann stand auf. Noch ein kurzer Blick in die Tageszeitung, dann musste er schon wieder gehen. Die Mittagspause in seinem Betrieb betrug offiziell nur eine halbe Stunde. Da musste er sich schon sehr sputen, wenn er einigermaßen pünktlich wieder zurück sein wollte. Zwar war der Weg kurz und betrug nur zehn Minuten, sonst hätte er sich den Luxus mit dem Mittagessen zu Hause gar nicht leisten können, und der Chef sah auch nicht so auf die Minute, denn er wusste, dass sein Mitarbeiter zuverlässig war und notfalls auch mal länger blieb, wenn die Arbeit es erforderte. Aber etwas beeilen musste er sich doch. Er packte seine Sachen zusammen, zog sich den Mantel über und verabschiedete sich von seiner Frau: »Mach dir nur keine Sorgen, das Kind wird gleich da sein, und alles ist gut. Vielleicht treffe ich sie unterwegs. Der nächste Bus muss ja jetzt auch bald kommen.«

Damit verließ er das Haus und eilte die Straße hinab.

Die Frau räumte den Tisch ab. Den Teller für die Tochter ließ sie stehen. Unruhig schaute sie immer wieder auf die Uhr, jetzt musste ja der nächste Bus bald ankommen. Die Autobusse fuhren tagsüber alle Stunden. Es konnte ja tatsächlich einmal vorkommen, dass das Kind den Bus verpasste. Von der Schule bis zur Haltestelle waren ja auch noch ein paar Minuten zu laufen. Und Kinder lassen sich ja durch alles Mögliche leicht ablenken, obwohl Maria eigentlich nicht dazu neigte. Sie war immer sehr gewissenhaft. Doch es war ja alles möglich. Nur ihre innere Unruhe, die sich nicht unterdrücken ließ, war ihr unerklärlich. Das war doch sonst nicht so, wenn sie auf das Mädchen wartete.

Wieder schaute sie auf die Uhr. Jetzt musste der Bus da sein, wenn er pünktlich war. Sie ging ans Fenster und sah die Straße hinab. Zwar konnte sie nicht bis zur Haltestelle sehen, aber die Straße war doch ein ganzes Stück einsehbar, sodass sie das Mädchen bemerken würde, wenn es um die Ecke kam. Doch zunächst war noch nichts zu sehen. Die Straße war menschenleer. Ihre Blicke pendelten zwischen Uhr und Straße, und jedes Mal, wenn sie wieder auf die Straße schaute, hoffte sie, die Tochter zu sehen. Aber nichts tat sich. Die Ankunftszeit des Busses war jetzt schon mindestens zehn Minuten vorbei, wenn er pünktlich gekommen war. Es kamen auch einige Leute um die Ecke, aber ihre Tochter war nicht dabei.

Noch fünf Minuten warte ich, dann gehe ich zu der Mutter der Klassenkameradin und frage sie, ob sie weiß, warum die Kinder heute später kommen, nahm sie sich vor.

Als die Tochter nach fünf Minuten immer noch nicht zu sehen war, zog sie sich den Mantel an und verließ das Haus. Sie hatte nur Sorge, dass das Kind in der Zwischenzeit nach Hause kommen konnte und dann vor verschlossener Tür stand. Aber sie wollte sich beeilen. Weit war ja die Wohnung der Mitschülerin nicht, sie musste nur in eine Nebenstraße, wo sie den Heimweg ihrer Tochter vorübergehend nicht im Auge hatte. Aber dann musste sie eben einen Augenblick warten.

Mit schnellen Schritten eilte sie zu der Wohnung der Mitschülerin und war auch bald da. Als sie geklingelt hatte, öffnete ihr zu ihrem großen Erstaunen die Mitschülerin selbst die Tür.

»Du bist ja schon da. Habt ihr denn heute nicht länger Schule gehabt? Wo ist denn Maria? Weißt du, wo sie ist? Sie ist noch nicht nach Hause gekommen. Ich mache mir Sorgen um sie, weil sie doch sonst immer mit dir zusammen kommt«, sagte die Mutter hastig.

»Wir sind doch zusammen nach Hause gefahren. Maria ist auch mit dem Bus vor einer Stunde gekommen. Aber ich bin noch mit Angelika nach Hause gegangen, weil sie mir noch etwas geben wollte. Ich habe Maria noch gefragt, ob sie mitkommen wolle, dann könnten wir anschließend zusammen nach Hause gehen. Aber sie wollte nicht. ›Ich gehe gleich nach Hause, mein Ranzen ist heute so schwer, da will ich keinen Umweg machen‹, hat sie gesagt. Sie ist dann in Richtung Marktplatz gelaufen, und wir, die Angelika und ich, in die andere Richtung. Ich habe ihr noch hinterhergewunken. Ich weiß auch nicht, wo sie dann noch hingegangen ist. Vielleicht ist sie jetzt zu Hause«, vermutete das Mädchen.

Die Mutter bedankte sich und eilte voller Sorge wieder den Weg zurück zu ihrer Wohnung. Hoffentlich steht sie jetzt vor der Tür, dachte sie. Was mag nur mit dem Kind sein. Doch als sie bei ihrer Wohnung ankam, war niemand da. In die Wohnung konnte sie ja nicht gegangen sein, da sie keinen Schlüssel hatte. Aber sicherheitshalber schaute die Frau doch in alle Zimmer und rief ihren Namen. Doch niemand war da.

Ratlos stand die Frau im Flur. Was sollte sie bloß tun? Was war mit dem Mädchen? Wo sollte sie noch suchen? Bei ihrer anderen Mitschülerin war sie sicher nicht, denn die wohnte am anderen Ende der Stadt, und sie hatte außer in der Schule kaum Kontakt zu ihr.

Nach kurzem Überlegen entschloss sie sich, den Weg zur Bushaltestelle abzugehen. Vielleicht entdeckte sie eine Spur von ihrer Tochter oder fand jemanden, der sie gesehen hatte. Sie eilte schnell die Straße hinunter. Schon nach wenigen Minuten war sie an der Bushaltestelle. Doch da war niemand. Um diese Tageszeit waren die Straßen ziemlich leer. Sie fand weder etwas von ihrer Tochter noch jemanden, den sie fragen konnte. In ihrer Hilflosigkeit lief sie in den Betrieb ihres Mannes und erzählte ihm, dass die Tochter immer noch nicht nach Hause gekommen war, dass sie aber mit dem Bus schon vor einer Stunde gekommen und am Marktplatz ausgestiegen war. Von da an blieb sie verschwunden. Sie selbst hatte die Strecke bis zur Haltestelle am Markt abgesucht, aber nichts gefunden.

Jetzt geriet auch der Mann in Sorge. Er informierte seinen Chef und bat darum, den Nachmittag freizubekommen. Er wolle sich erst um seine Tochter kümmern. Ohne zu Zögern gab ihm der Chef frei.

»Als Erstes gehen wir zur Polizei und machen eine Vermisstenanzeige. Die Polizei ist ja gleich am Markt, und dann fragen wir bei allen Bekannten. Aber es ist vielleicht besser, wenn du nach Hause gehst, für den Fall, dass sie doch noch kommt. Sie kann ja sonst nicht in die Wohnung«, schlug der Mann vor.

Die Frau stimmte zu, obwohl sie lieber mit ihrem Mann nach dem Kind gesucht hätte. Aber er hatte ja Recht. Einer musste zu Hause sein, wenn sie kam oder wenn eine Nachricht von ihr kam. Wenn sie nur wüsste, was mit dem Kind passiert war. Diese Ungewissheit war das Schlimmste, was sie sich vorstellen konnte. Hoffentlich war dem Mädchen nichts widerfahren. Ein Unfall mit dem Bus schied aus. Und auf dem Weg nach Hause hatte eigentlich auch nichts passiert sein können, das hätte sie ja sehen müssen. Wo steckte das Kind nur? Ganz im Stillen hatte sie gehofft, das Kind jetzt vor der Wohnung auf der Treppe sitzen zu sehen, wenn sie nach Hause kam. Aber leider war da niemand. Auch die Wohnung war leer. Bis nach einiger Zeit ihr Mann wiederkam, geschah nichts. Er hatte eine Vermisstenmeldung bei der Polizei aufgegeben und dann auf dem Rückweg noch bei einigen Bekannten gefragt, ob sie das Kind gesehen hätten. Aber keiner wusste etwas über sie.

»Ich muss noch mal bei der Polizei vorbei. Die wollen genau wissen, was Maria heute angehabt hat und was sie bei sich hatte. Ich wusste das nicht so genau. Am besten ist es, du kommst mit und machst die nötigen Angaben. Zieh dich an, wir gehen lieber gleich los.« Damit hielt er ihr den Mantel hin. Sie gingen beide sofort zum Polizeirevier und machten die fehlenden Angaben. Der Wachhabende notierte alles und sagte, dass er seine vorgesetzte Dienststelle schon informiert habe. Die wollten heute noch eine Suchaktion einleiten. Bei Kindern seien sie da sehr eifrig, meinte der Wachtmeister.

Wenig getröstet gingen die Eltern nach Hause. Das Warten auf irgendein Lebenszeichen der Tochter war fürchterlich. Der Mann suchte sich eine Aufgabe, um sich abzulenken, und reparierte ein Elektrogerät – eine Reparatur, die er lange schon machen wollte. Aber die Gedanken an die Tochter und ihr unbekanntes Schicksal ließen ihn nicht los. Und der Frau ging es nicht anders. Sie hatte sich an den Abwasch des Geschirrs vom Mittagessen gemacht, aber die Arbeit lenkte sie nicht ab. Immer wieder musste sie an ihr Kind denken, und die Tränen traten ihr in die Augen. Gegen Abend ging das Ehepaar noch einmal zum Polizeirevier, um zu erfahren, ob es schon etwas Neues vom Verbleib ihrer Tochter gäbe. Aber die Polizisten konnten ihnen nichts anderes sagen, als dass die Experten von der Kriminalpolizei Befragungen über den Tagesablauf des Mädchens durchführten. In der Umgebung der Bushaltestelle und des Marktplatzes hatte man versucht, Hinweise über den Verbleib des Kindes zu bekommen, aber keiner hatte die Schülerin gesehen. Tatsächlich war ihre Mitschülerin, die die Mutter mittags aufgesucht hatte, die letzte Person gewesen, die das Mädchen gesehen hatte. Danach war es wie vom Erdboden verschwunden.

Notgedrungen gingen die Eltern nach diesem ergebnislosen Besuch nach Hause, in Gedanken immer bei ihrer Tochter. Das Schlimmste war die Ungewissheit über das Schicksal des Kindes. War ihr ein Unglück zugestoßen, war sie entführt worden, war sie gar einem Sexualverbrecher in die Hände gefallen, lebte sie noch? Fragen über Fragen, auf die es keine Antwort gab. Eine schlimme Nacht stand ihnen bevor.

Die Polizei arbeitete mittlerweile auf Hochtouren. Die anfangs bei einigen vorhandene Auffassung, das Mädchen würde schon wieder auftauchen, es hatte sich vielleicht bei Bekannten oder einer Freundin aufgehalten, machte zunehmend der Besorgnis Platz, dass hier etwas Schlimmes passiert sein könnte und ein Verbrechen nicht ausgeschlossen war. Die Befragung aller Personen, die am Vormittag mit dem Mädchen zusammen gewesen waren, wie Lehrer und Mitschüler, hatte keine brauchbaren Hinweise erbracht. Es wurde weiter ermittelt und alle Möglichkeiten ausgeschöpft. Da das Kind mitten in der Stadt verschwunden war, gestaltete sich die Suche nach ihm ausgesprochen schwierig, doch wurde alles versucht, leider ohne Erfolg. Auch in den nächsten Tagen blieb das Kind spurlos verschwunden. Ein Aufruf in der örtlichen Presse mit der Bitte um Hinweise aus der Bevölkerung erbrachte nichts. Zwar gab es ein paar Angaben von Personen, die das Kind gesehen haben wollten, aber eine genaue Überprüfung dieser Angaben zeigte, dass sie sehr vage und ungenau waren und mehr auf Vermutungen beruhten. Etwas Brauchbares war nicht dabei.

Die Eltern versuchten von sich aus durch Befragung aller auch nur im entferntesten in Betracht kommenden Bekannten und Verwandten eine Spur zu finden, aber alles ohne Erfolg. Sie mussten mit ihrer Verzweiflung allein fertig werden.

Nach einiger Zeit erbrachten die systematischen Ermittlungen der Kriminalpolizei doch einige Verdachtsmomente. So hatten einige weibliche Mitschüler der Vermissten und auch Schülerinnen von anderen Schulen des Ortes angegeben, dass sie schon mehrfach von einem Mann, der im Rathaus arbeitete, sexuell belästigt worden seien. Unten, neben dem Eingang zum Rathaus, gab es eine öffentliche Toilette, die auch von den Schulmädchen gelegentlich benutzt wurde. Einige Mädchen berichteten, dass ihnen unter der Tür der Toilette ein Zettel zugeschoben worden war, auf dem unsittliche Angebote gemacht worden waren. Einige dieser Schriftstücke waren auch noch vorhanden und wurden der Kriminalpolizei übergeben.

Die gezielte Suche nach einem möglichen Täter ergab, dass eigentlich nur einer für diese Handlungen in Betracht kommen konnte, nämlich der Heizer des Rathauses, dessen Heizung neben dieser Toilette lag. Er bestritt zwar alle Verdächtigungen, aber bei der Untersuchung seines Aufenthaltsraumes fanden sich gleichartige Zettel wie die, auf denen die fraglichen sexuellen Aufforderungen geschrieben standen. Und es fand sich auch ein Bohrloch in der Holzwand zur Damentoilette, durch das man von der Heizung aus in die Toilette sehen konnte und das relativ frisch aussah. Der Verdächtige behauptete, vom Vorhandensein dieses Loches nichts zu wissen, er wollte das jetzt zum ersten Mal gesehen haben. Und wie die Zettel in seinen Aufenthaltsraum gekommen seien, wisse er auch nicht. Ein Mädchen erkannte in ihm den Mann wieder, der sie beim Verlassen der Toilette angesprochen und sie aufgefordert habe, mit in seine Heizung zu kommen. Er wollte ihr dort Süßigkeiten geben. Sie war aber nicht mit ihm gegangen. Ein weiteres Mädchen berichtete Ähnliches. Auch ihr hatte er Süßigkeiten versprochen, sie war auch mitgegangen. Als er sie aber in seinem Aufenthaltsraum auf seinen Schoß zog und ihr zwischen die Beine fasste, ist sie weggelaufen.

Die Verdachtsmomente wurden immer stärker, und es wurde ein Haftbefehl erlassen.

Bei der Vernehmung verstrickte sich der Beschuldigte des Öfteren in Widersprüche. Zwar gab er an, dass er von dem verschwundenen Mädchen nichts wisse und dass er sie auch nicht gesehen hatte. Aber andere Kinder berichteten, dass er sich wiederholt mit dem Mädchen unterhalten hatte, wenn es nach der Schule an seiner Heizung vorbeikam. Es war bekannt geworden, dass diese Schülerin wie alle anderen auch gelegentlich nach ihrer Ankunft mit dem Bus die Toilette aufsuchte, bevor sie nach Hause ging. Kurz vor dieser Toilette hatte die Klassenkameradin sie auch zum letzten Mal gesehen hatte. Und was ebenfalls für den Heizer als Täter sprach, war der Fund eines Schulheftes in seinem Aufenthaltsraum neben der Heizung. Zwar war dieses Heft weitgehend leer, und es waren Seiten herausgerissen worden, wahrscheinlich weil sie beschrieben waren, aber auf der letzten Seite standen noch einige Worte, die eindeutig von dem verschwundenen Mädchen stammten, wie ein Handschriftenvergleich ergab. Auch die Mutter erkannte das Heft als das ihrer Tochter wieder. Angaben über die Herkunft dieses Heftes konnte er zunächst nicht machen, ja, er behauptete sogar, man habe ihm dieses Heft untergeschoben.

Nach mehreren Tagen gab er dann scheibchenweise seine Kontakte zu dem Kind zu. Zuerst behauptete er, dass er das Kind mit in seine Heizung genommen hatte, weil es kalt war und sie sich aufwärmen sollte. Dann wollte er sie hereingeholt haben, um ihr Bonbons zu geben, das hätte er schon öfter gemacht. Aber immer wieder betonte er, dass das Mädchen nach kurzer Zeit die Heizungsräume wieder verlassen hätte und nach Hause gegangen wäre.

Die zwischenzeitlich erfolgte genaue Durchsuchung der gesamten Heizungsräume erbrachte keinerlei Hinweise auf den Verbleib des Kindes. Wenn man annahm, dass der Heizer mit dem Verschwinden des Mädchens etwas zu tun hatte, so musste ja irgendwo ihr Körper geblieben sein. Dass er ihn abends bei Dunkelheit aus dem Keller herausgebracht und irgendwo außerhalb des Gebäudes versteckt hatte, war zwar nicht unmöglich, aber aus verschiedenen Gründen unwahrscheinlich. Doch bisher gab es keine Spur über seinen Verbleib. Natürlich bestand auch noch die Möglichkeit, dass er die Tote im Heizungsofen verbrannt hatte. Aber das bestritt er energisch. Außerdem behauptete er, dass durch die relativ engen Feuerlöcher ein Körper dieser Größe gar nicht passen würde. Auf dieses Argument kam er immer wieder zurück, wenn die Sprache auf ein mögliches Verbrennen kam.

Um eine solche Möglichkeit zu prüfen, wurde ein Experiment mit einer Schaufensterpuppe gemacht, die in etwa die Größe des vermissten Kindes hatte. Zu diesem Versuch wurde auch ich hinzugezogen, um aus gerichtsmedizinischer Sicht dazu Stellung zu nehmen. Es zeigte sich, dass die Puppe ohne größere Schwierigkeiten von oben in den Heizungskessel geschoben werden konnte und direkt in die Feuerung fiel. Der Tatverdächtige tat äußerst erstaunt, als er bei diesem Experiment zusah. Dann merkte man, wie er sich einen Ruck gab und nun sagte, dass er ein Geständnis ablegen wollte.

Er gab zu, das Mädchen mit einigen Süßigkeiten in seine Heizung gelockt zu haben. Dann hatte er sie aufgefordert, sich auf seine Knie zu setzen, was sie auch getan hatte. Als er sie aber an ihr Geschlechtsteil fassen wollte, habe sie laut geschrien. Da habe er es mit der Angst zu tun bekommen, denn er war ja einschlägig vorbestraft und musste bei einer erneuten Verurteilung mit Sicherungsverwahrung rechnen. Zuerst hatte er ihr den Mund zugehalten; als das aber nichts half, hatte er ihr den Hals zugedrückt, bis sie still war. Plötzlich wolle er gemerkt haben, dass nicht nur ihr Schreien aufgehört hatte, sondern sie sich auch nicht mehr bewegte. Selbst als er den Hals wieder losließ, blieb der Körper schlaff, und das Kind gab keine Lebenszeichen von sich. Er habe dann Atmung und Puls geprüft, aber beides war nicht mehr feststellbar gewesen. Daher war er sicher, dass das Mädchen tot war.

Natürlich musste die Leiche sofort verschwinden. Hierzu bot sich ein Verbrennen in der Heizung an. Bei der Hitze, die der Ofen entwickelte, musste seiner Meinung nach die Leiche völlig verbrennen. Er fuhr die Heizung noch einmal richtig hoch und warf dann den toten Körper in die Feuerung. In den Schulranzen sah er noch einmal hinein, bevor er ihn ebenfalls in den Ofen warf. Dabei entdeckte er ein fast leeres Schulheft. Da er ein solches Heft für seine Notizen brauchen konnte, riss er die wenigen beschriebenen Seiten heraus und warf sie mit dem Ranzen ins Feuer. Dass auf der letzten Seite noch Notizen des Kindes standen, hatte er übersehen.

Als er am nächsten Tag die Asche zog, achtete er besonders darauf, dass von dem Leichnam und dem Ranzen nichts übriggeblieben war.

Weil das nicht der Fall war, glaubte er, dass ihm nun niemand mehr etwas nachweisen konnte.

Er wurde wegen Mordes angeklagt und verurteilt.

Im nächsten Fall sah es zunächst so aus, als ob es sich ebenfalls um ein Tötungsdelikt ohne Leiche handelte, weil trotz eines Anfangsverdachts lange Zeit keine Spur zu finden war. Doch die Leiche war nicht völlig verschwunden, sie wurde nach einer Reihe von Jahren dann doch noch gefunden und konnte untersucht werden.

Mord oder Unfall?

»Sind Sie heute Nachmittag da, Herr Professor?«, fragte mich der Leiter der Kriminalpolizei an einem Samstagvormittag. »Eigentlich ist ja frei, aber es wäre schön, wenn wir mit Ihnen rechnen könnten.«

»Worum geht es denn? Ihr habt doch auch frei. Oder gibt es etwas Besonderes?«, fragte ich nun, bevor ich zusagte.

»Können Sie sich noch erinnern, dass ich Sie vor Jahren mal gefragt habe, ob man eine ganze Leiche verschwinden lassen kann und ob es wohl sinnvoll ist, bei entsprechendem Verdacht eine Leiche auf einer Müllkippe suchen zu lassen? Damals war eine Frau verschwunden, und wir hielten es für möglich, dass sie getötet und auf eine Müllkippe gebracht worden war. Da aber seit ihrem Verschwinden bereits mehrere Wochen ins Land gegangen waren, bevor wir davon erfuhren, haben wir die Suche auf der Müllkippe fallen gelassen. Jetzt haben wir aber einen anderen Verdacht. Und dem wollen wir heute Nachmittag nachgehen. Es wäre für uns sehr hilfreich, wenn Sie dabei sein könnten.«

Ich konnte mich dunkel an diese damalige Unterredung erinnern und sagte unter diesen Umständen natürlich zu. Schnell fuhr ich noch zum Essen nach Hause und war gegen 2 Uhr wieder im Institut. Kurze Zeit später erschien der Leiter der Kriminalpolizei, um mich abzuholen. Wir stiegen in meinen Wagen und fuhren los. Während der Fahrt erzählte er mir dann, worum es ging.

Vor einer Reihe von Jahren meldete ein Mann seine Ehefrau als vermisst. Bei der Aufnahme der Vermisstenanzeige stellte sich heraus, dass die Frau schon über vier Wochen verschwunden war, aber von ihrem Mann nicht als vermisst gemeldet worden war. Er selbst gab hierzu an, dass er gedacht habe, seine Frau sei illegal in den Westen gefahren, um einen Verwandtenbesuch zu machen, und werde in den nächsten Tagen wieder zurückkommen. Außerdem hatte er beruflich sehr viel zu tun gehabt, musste mehrfach verreisen und war deshalb einfach nicht dazu gekommen, sich um das Verschwinden seiner Frau zu kümmern. Als sie nach vier Wochen immer noch nichts von sich hatte hören lassen, fragte er einen Freund, der bei der Polizei arbeitete, was er unternehmen sollte.

Als der Freund hörte, dass die Frau schon seit über vier Wochen verschwunden war, sagte er ihm: »Du musst sie unbedingt als vermisst melden, du machst dich sonst strafbar. Das hättest du eigentlich schon längst tun müssen. Geh gleich morgen hin und erledige das.«

Am nächsten Morgen meldete er seine Ehefrau dann als vermisst. Natürlich war die verspätete Meldung schon sehr eigenartig und erweckte gleich Verdacht. Aber Hinweise, dass hier etwas nicht in Ordnung war, ergaben sich zunächst nicht. Als nach weiteren drei Wochen noch immer kein Lebenszeichen von der Frau gekommen war, wurde nun doch ein Ermittlungsverfahren eingeleitet. Es ergab sich zwar, dass es hin und wieder Streitigkeiten in der Ehe gegeben hatte, weil der Mann mit anderen Frauen ausging bzw. die Ehefrau glaubte, dass er sie betrog. Aber bisher hatten sich solche Auseinandersetzungen schon nach wenigen Tagen wieder beruhigt, und die Ehe ging weiter. Zum Zeitpunkt des Verschwindens der Frau war hingegen von einem Streit zunächst nichts bekannt.

Doch schon bald war bei weiteren Befragungen von einer heftigen Auseinandersetzung die Rede, die in der Stadt auf der Straße stattgefunden hatte, als die Ehefrau ihren Mann mit einer Arbeitskollegin Arm in Arm gesehen und ihm sowie der Frau gleich an Ort und Stelle eine Szene gemacht hatte. Durch diesen Hinweis war der Verdacht, der Ehemann könnte mit dem Verschwinden der Frau etwas zu tun haben, weiter verstärkt worden. Bei der Frage, wo die Leiche hingekommen sein könnte, war auch an die nicht weit entfernte Müllkippe gedacht worden. Da aber nicht bekannt war, ob überhaupt eine Leiche dorthin gebracht worden war und zum anderen schon mehrere Wochen ins Land gegangen waren, in denen die stark frequentierte Müllkippe natürlich weiter benutzt worden war, schien es praktisch unmöglich, sie angesichts so geringer Verdachtsmomente durchsuchen zu lassen. Nachdem auch eine Hausdurchsuchung ergebnislos verlief, war das Verfahren damals zunächst eingestellt worden. Über die verschwundene Frau gab es auch in Zukunft keinerlei Informationen. Der Ehemann hatte dann nach einigen Jahren seine Frau für tot erklären lassen, was auch problemlos erfolgte. Kurze Zeit später hatte er wieder geheiratet. Mit der neuen Frau und dem Sohn aus erster Ehe bewohnte er noch die frühere Wohnung.

Jetzt aber waren durch konspirative Ermittlungen neue Verdachtsmomente gegen den Mann aufgetaucht und auch Hinweise vorhanden, wohin die Leiche eventuell gebracht worden sein könnte. Und diesen Hinweisen sollte nun heute Nachmittag nachgegangen werden.

Als wir in der Siedlung ankamen, waren schon einige andere Autos vor dem Haus, in dem der Verdächtige wohnte. Mehrere Personen standen vor dem Eingang und unterhielten sich. Als wir kamen, begannen die Untersuchungen. Den Bewohnern des Hauses wurde zunächst gesagt, dass die Gasleitung geprüft werden müsste und dazu eine genaue Untersuchung des Kellers notwendig sei. Die neue Ehefrau des Verdächtigen befand sich zu Hause und war mit dem Packen von Koffern beschäftigt, denn am nächsten Tag sollte die Urlaubsreise beginnen. Sie wurde um den Schlüssel für den Keller gebeten.

»Mein Mann ist nicht zu Hause, er ist noch nicht vom Dienst zurück«, sagte die Frau, »aber er wird gleich kommen.«

»Das wird er sicher nicht, der wird schon von uns beschäftigt«, flüsterte mir der leitende Kriminalist zu.

Gleich neben der Kellertreppe war ein kleiner Verschlag mit einer Lattentür, hinter dem Briketts gestapelt waren. Der verdächtige Ehemann hatte sich diesen Raum unter der Haustreppe nach Auskunft der Mitbewohner kurz nach dem Verschwinden seiner Frau hergerichtet. Er war zuvor unbenutzt gewesen. Angeblich benötigte der Mann ihn jetzt für seine Kohlen. Da kein anderer Mieter Anspruch auf diesen Raum anmeldete, konnte er ihn abteilen und mit einer Tür versehen, ohne dass irgendjemand dagegen Einspruch erhob.

Als diese Tür nun geöffnet wurde, fanden sich an der Wand fein säuberlich bis zur Decke gestapelt Briketts, sonst war der Raum leer. Es war nichts Auffälliges zu erkennen. Nun machten sich die Kriminalisten daran, die Briketts wegzuräumen.

»Hoffentlich finden wir dahinter etwas, sonst müssen wir die ganzen Briketts wieder hinräumen«, meinte einer. »Eine ganz schöne Schufterei. Dann ist der morgige Vormittag hin.«

Die Arbeit ging nur langsam voran, weil sehr bald der schmale Kellergang voll geräumt war und die weiteren Kohlen an einer anderen Stelle gestapelt werden mussten. Als dann die fünf bis sechs oberen Reihen abgeräumt waren, zeigte sich, dass in der dahinter befindlichen Mauer eine offenbar ursprünglich vorhandene Öffnung vor längerer Zeit zugemauert worden war. Dahinter konnte sich etwas verbergen, die Kohlen mussten also weiter weggeräumt werden.

Am späten Nachmittag war die Wand endlich frei. Die zugemauerte Öffnung war komplett freigelegt worden, und die eingesetzten Steine konnten nun herausgeschlagen werden. Inzwischen waren auch leistungsfähige Scheinwerfer im Einsatz, sodass die alte Mauerstelle genau untersucht werden konnte.

Als wir durch die Öffnung sehen konnten, fand sich dahinter nichts als etwas Bauschutt, der noch aus der Zeit des Hausbaus stammte. Die eigentlich erwartete Leiche oder Teile davon fanden sich nicht. Als ich nun den Kopf durch die neu entstandene Öffnung steckte, sah ich dass links neben dem Loch noch ein niedriger, abgeschrägter Raum unmittelbar unter der Steintreppe, die in den Keller führte, vorhanden war, den man aber so nicht einsehen konnte. Die Öffnung musste nun soweit vergrößert werden, dass eine Person hindurchpasste. Die Hämmerei ging also weiter.

Endlich war die Öffnung so groß, dass man auf allen Vieren hindurchkriechen konnte. Wer sollte nun als Erster hinein? Drängeln tat sich keiner danach, denn man wusste ja nicht, was man nach mehr als sieben Jahren Liegezeit möglicherweise da drinnen fand.

»Der Professor soll erst mal gucken, der ist ja so etwas gewöhnt«, kam von hinten eine Stimme. Und da der Rufer ja wohl Recht hatte, tat ich das dann auch und kroch durch die Öffnung. Zunächst sah ich nicht allzu viel, da der Scheinwerfer nicht bis in den äußersten Bereich unter der Treppe reichte. Als man mir aber die Lampe durch die Öffnung gab, sah ich in der äußersten Ecke ein längliches Bündel liegen, das in etwa die Größe eines menschlichen Körpers hatte. Der Gegenstand war völlig in eine Plastikdecke gehüllt und mit Stricken umwickelt. Erstaunlich war, dass kein besonders intensiver Geruch von dem Paket ausging. Es roch lediglich etwas muffig. »Ich glaube, wir haben gefunden, was wir suchen. Das hier sieht nach einem menschlichen Körper aus.«

Vorsichtig löste ich eine Ecke der Verpackung, um zu sehen, was da eingewickelt war. Doch so einfach war das nicht, denn unter der ersten Umhüllung fand sich noch eine zweite und darunter noch eine dritte. Erst als ich alle drei Umhüllungen an der Stelle zur Seite geschoben hatte, wo ich den Kopf vermutete, sah ich, dass es tatsächlich ein menschliches Gesicht war, was da zu erkennen war. Nun überzeugte sich auch der kriminalistische Leiter. Wir hatten mit größter Wahrscheinlichkeit die Leiche der seit sieben Jahren vermissten Frau gefunden.

Jetzt konnte die Heimlichkeit aufgegeben werden. Der Leichenwagen wurde bestellt und die Leiche ins Institut gefahren. Noch am gleichen Abend wurde die gerichtliche Leichenöffnung durchgeführt.

Die Leiche war trotz der inzwischen vergangenen langen Zeit noch erstaunlich gut erhalten, die Haut konnte ohne Schwierigkeiten beurteilt und eventuelle Verletzungen erkannt werden. Sicher lag das daran, dass nicht der übliche Fäulnisprozess abgelaufen war, sondern durch die mehrfache feste Umhüllung mit Plastikdecken ein weitgehender Luftabschluss bestand und sich vor allem eine Fettwachsbildung einstellte.

Am Hinterkopf fand sich eine Platzwunde, die zunächst durch die Haare verdeckt war. Erst bei der Untersuchung der Kopfschwarte zeigte sich an dieser Stelle eine ausgedehnte Blutung, in deren Mitte die Hautdurchtrennung zu erkennen war. Darunter war ein Bruch des Schädelknochens zu sehen, und es fand sich eine noch deutlich erkennbare Blutung unter der harten Hirnhaut. Das war auch eindeutig die Todesursache gewesen. Die Verletzung war die Folge einer schweren stumpfen Gewalteinwirkung auf den Schädel. Welcher Art diese Gewalt gewesen war, ließ sich nicht eindeutig feststellen, insbesondere nicht, ob sie durch einen Schlag mit einem schweren Gegenstand erfolgte oder ob es sich um die Folgen eines Sturzes handelte. Diesbezüglich mussten noch weitere Untersuchungen erfolgen.

Inzwischen war der tatverdächtige Ehemann vorläufig festgenommen und verhört worden. Natürlich leugnete er zunächst, mit der Tat etwas zu tun zu haben. Vom Vorhandensein einer Leiche unter der Treppe wolle er nichts gewusst haben. Doch da diese Behauptung bei der gegebenen Situation zu unglaubhaft war, ließ er sie auch bald fallen und gab nun zu, die Leiche seiner Frau unter der Treppe versteckt zu haben. Allerdings bestritt er, sie absichtlich getötet zu haben. Als er an dem betreffenden Tag nach dem Streit in der Stadt abends nach Hause gekommen war, habe seine Frau ihn heftig beschimpft. Der Streit sei immer weiter eskaliert. Plötzlich habe seine Frau ein Schüreisen aus dem Kohlenkasten des Küchenherdes genommen und sei damit auf ihn losgegangen. Er habe den Schlag abwehren und ihr das Eisen aus der Hand nehmen wollen. Bei diesem Handgemenge sei sie plötzlich gestolpert und mit dem Hinterkopf auf den hervorstehenden eisernen Kohlenkasten gefallen. Im ersten Moment habe er gar nicht mitgekriegt, dass seine Frau sich bei dem Sturz schwer verletzt habe. Erst als sie sich nicht rührte und in der unnatürlichen Lage auf dem Boden bzw. dem Kohlenkasten liegen blieb, habe er sich zur ihr hinuntergebeugt und gesehen, dass sie am Hinterkopf verletzt war und stark blutete. Seine Versuche, ihr zu helfen, seien erfolglos geblieben. Sie habe sich nicht mehr gerührt. Dann habe er gemerkt, dass ihre Atmung aussetzte. Auch den Puls habe er nicht mehr fühlen können. Seiner Meinung nach sei sie tot gewesen. Da kriegte er es mit der Angst zu tun.

Dass es nur ein Unfall war, glaubt mir doch keiner nach dem Krach heute Nachmittag in aller Öffentlichkeit. Die denken doch alle, ich habe sie totgeschlagen, dachte er. Ich muss sie verschwinden lassen, damit sie keiner findet.

Zunächst musste sie schleunigst aus der Küche gebracht werden, denn der Sohn konnte jeden Moment nach Hause kommen. Der Junge hing sehr an seiner Mutter und durfte von den Vorgängen auf keinen Fall etwas erfahren.

Da fiel ihm ein, dass das Zimmer des Untermieters ja momentan frei war. Der junge Mann war für einige Tage nach Hause gefahren und wollte erst in drei Tagen wieder zurückkommen. Er zog die Leiche in dieses Zimmer und deckte sie mit einer Decke zu. Dann ging er in die Küche, um die nicht sehr großen Blutspuren zu beseitigen, bevor der Sohn kam. Als das geschehen war, machte er das Abendessen fertig. Er hatte gerade alles auf den Tisch gestellt, als sein Sohn kam.

»Wo ist denn Mutti? Ist sie noch nicht wieder zu Hause? Sie wollte doch nur einen kurzen Stadtbummel machen«, fragte er.

»Ich weiß auch nicht, warum sie noch nicht da ist. Aber sie wird sicher bald kommen. Die Geschäfte sind ja bereits zu. Wir warten noch zehn Minuten, dann essen wir«, antwortete der Vater. Da die Mutter nicht kam, wurde dann auch so verfahren. In den nächsten Tagen drängte der Sohn immer wieder, doch zur Polizei zu gehen und eine Vermisstenanzeige aufzugeben. Aber der Vater zögerte noch und hatte inzwischen die Geschichte von dem Besuch im Westen in seine Überlegungen einbezogen. Obwohl der Junge nicht so recht glauben wollte, dass seine Mutter so sang- und klanglos abgefahren war, schwieg er. Als der Vater dann nach vier Wochen die Frau endlich als vermisst meldete, gab er sich damit zufrieden.

Unsere nach dem Geständnis vorgenommene Überprüfung der Verletzungen ergab durchaus die Möglichkeit, dass die Schädelverletzung durch den Sturz auf die Ecke des Kohlenkastens hervorgerufen worden war. Ein Unfall war somit nicht auszuschließen und musste zu Gunsten des Täters als Todesursache angenommen werden. Eine Tötungsabsicht konnte ihm nicht nachgewiesen werden.

Doch blieb die Frage der unterlassenen Hilfeleistung, denn die vorgefundenen Verletzungen waren durchaus nicht so, dass ein sofortiger Todeseintritt angenommen werden musste. Nach ärztlichem Ermessen hätten bei rechtzeitiger Behandlung durchaus gute Chancen für die Rettung der Verletzten bestanden.

Kapitel 3

Der plötzliche und unerwartete Tod

Ausgedehnte gerichtsmedizinische Untersuchungen sind häufig dann erforderlich, wenn der Tod völlig unerwartet eintritt, ohne eine ankündigende Symptomatik und ohne erkennbaren Anlass, praktisch aus voller Gesundheit heraus. In gewissem Sinne gehören hierzu auch die Todesfälle, bei denen zwar eine mehr oder weniger schwerwiegende Erkrankung vorausging, auf Grund des Gesamtverlaufs aber mit einem Todeseintritt nicht zu rechnen war. In der Umgebung des Toten löst das verständlicherweise Aufregung aus.

Wenn auch durch das plötzliche und überraschende Geschehen sehr häufig der Verdacht auf einen nichtnatürlichen Tod aufkommt, so erweisen sich viele derartige Fälle bei der anschließenden Untersuchung doch als natürliche Todesfälle. Die Schwierigkeit für den Leichenschau haltenden Arzt besteht darin, dass sich aus einer einfachen Besichtigung der Leiche zumeist keinerlei Hinweise auf die Todesursache ergeben. Wegen der fehlenden Vorgeschichte lassen sich auch kaum Vermutungen anstellen. Eine Klärung der Todesursache und auch der Todesart wird fast immer nur durch eine Obduktion möglich sein.

Der Tod in der Hafenbar

Seine Tätigkeit in der Hafenbar machte Klaus B. ausgesprochen Spaß. Er spielte nicht nur des Geldes wegen Klavier, sondern weil ihm die Atmosphäre dort gut gefiel. Natürlich war er auch froh, dass er seine knappe Rente mit diesem Nebenverdienst etwas aufbessern konnte, aber in erster Linie war es der Kontakt zu anderen Menschen, den er dort bekam. Die erste Zeit als Rentner fiel ihm ausgesprochen schwer. Ihm fehlte damals sein Betrieb, die Diskussionen mit den Kollegen und die gemeinsamen Ausflüge. Als dann kurz danach auch noch seine Frau starb, saß er die langen Abende ganz allein in der Wohnung und sah fern. Doch das konnte auf die Dauer nicht befriedigen. Ein gewisser Ersatz wurde seine Stammkneipe, in der er sich jetzt öfter sehen ließ, um unter Menschen zu kommen. Als er sich dann eines Abends breitschlagen ließ, ans Klavier zu gehen, und für sein Spiel großen Beifall erntete, kam von einem der anwesenden Gäste das Angebot, hin und wieder in der Hafenbar zu spielen, natürlich gegen Bezahlung. Er überlegte nicht lange und sagte erst einmal probeweise zu. Und daraus wurde dann eine Art Dauerstellung. Seit einiger Zeit saß er jeden Abend dort und spielte sein Repertoire. Den Leuten gefiel es, für ihn war es eine Befriedigung, und zum anderen lernte er dort immer neue Leute kennen. Die Bezahlung war nicht gerade üppig, aber es war ein angenehmes Zubrot. Hin und wieder bekam er von den Gästen auch mal ein Bier oder einen Korn spendiert, mitunter auch eine Bockwurst, wenn ihnen sein Spiel besonders gut gefallen hatte.

Heute war Wochenende und die Kneipe besonders gut besucht. Ein paar Gläser Bier und einige Korn waren ihm schon spendiert worden und hatten ihn in Stimmung gebracht. Dann ging das Klavierspielen besonders gut. Nur gegessen hatte er den ganzen Abend noch nichts. Zu Hause war er nicht mehr dazu gekommen, und hier in der Gaststätte hatte er auch noch keine Möglichkeit gehabt. Anfangs hatte er ja gehofft, dass einer der Gäste ihm eine Bockwurst spendierte. Aber bis jetzt war da noch nichts, obwohl sie heute doch recht großzügig waren. Keiner der Gäste war bisher auf die Idee gekommen, dass um diese Zeit noch jemand Hunger haben könnte. Durst ja, aber Hunger? Vielleicht sollte er mal eine kleine Andeutung machen.

»Spiel doch noch mal ›Rolling home‹, das höre ich so gern«, rief eine tiefe Männerstimme aus der linken Ecke. Dort saßen mehrere ältere Gäste an einem runden Tisch. Könnten Seeleute sein, dachte Klaus B.

»Später, Jungs, ich muss erst mal was essen, mir knurrt schon der Magen«, antwortete er. Seine Andeutung wurde auch prompt verstanden.

»Maria, bring doch dem Klavierspieler eine Bockwurst auf meine Kosten. Dafür soll er dann aber auch Wunschkonzert machen«, rief der bisherige Sprecher der Runde der Bedienung zu.

»Kommt sofort, muss aber erst noch heiß gemacht werden«, antwortete die Kellnerin.

»Komm, Klavierhengst, trink in der Zwischenzeit noch einen Schluck aus meiner Flasche. Das ist was ganz Besonderes, so was Gutes kriegst du nicht alle Tage«, meinte der bisherige Sprecher und zog eine Taschenflasche aus Zinn aus seiner Brusttasche, schraubte den Deckel ab und reichte sie dem Klavierspieler rüber. Der nahm einen kräftigen Schluck aus der Flasche.

»Donnerwetter, ist das Zeug scharf, das verbrennt einem ja die Kehle. Aber du hast Recht, gut ist er«, sagte er und spielte weiter.

Doch nach diesem Schluck bekam er einen starken Hustenreiz, sodass er das Spiel unterbrechen und erst einmal intensiv husten musste. Er konnte gar nicht mehr aufhören.

»Komm, hab dich nicht so, so scharf ist der Schnaps nun auch wieder nicht«, meinte der Spender und nahm selbst einen kräftigen Schluck aus seiner Flasche.

Der Klavierspieler versuchte es erneut mit dem Spiel, aber immer wieder wurde er vom Husten geschüttelt.

»Hier hast du ein Hustenbonbon, das hilft bestimmt. Das betäubt den ganzen Rachen. Lutsch das mal«, rief ein anderer Gast und brachte ein in Papier eingewickeltes Bonbon zum Klavier. Der Klavierspieler packte das Bonbon aus und schob es in den Mund. Es schien tatsächlich zu wirken, denn schon nach wenigen Minuten hörte der Husten auf, und das Spiel konnte ungestört weitergehen.

Inzwischen war auch die Bockwurst warm und wurde von der Kellnerin gebracht.

»Ich stelle sie dir hier auf den Stuhl neben das Klavier, da kannst du zwischendurch immer mal abbeißen. Und hier ist noch ein Glas Bier von dem freundlichen Herrn da drüben.« Dabei zeigte sie auf einen Tisch in der anderen Ecke des Lokals.

Klaus B. spielte das Lied noch zu Ende, dann machte er eine kleine Pause und biss herzhaft in die Bockwurst und anschließend in das Brötchen. Er hatte jetzt doch einen tüchtigen Hunger und freute sich, dass sein Hinweis auf das Essen verstanden worden war. Natürlich wollte er nun seine Zuhörer nicht durch lange Pausen enttäuschen und spielte weiter, obwohl er noch den Mund voller Brot und Wurst hatte. Aber man spielt ja mit den Händen und nicht mit dem Mund. Und weiter ging's. Er wurde immer ausgelassener, und die Gäste dankten es ihm mit viel Beifall.

Noch mal ein kräftiger Biss in die Bockwurst oder in das, was von ihr noch übrig war. Danach legte er mit der rechten Hand den Wurstrest auf den Teller zurück, während er mit der linken weiter in die Tasten haute. Plötzlich fing Klaus B. an zu schwanken, fiel vom Stuhl und blieb regungslos auf der Erde liegen. Einige Gäste eilten hinzu und wollten ihn wieder auf den Stuhl setzen.

»Der kann doch nicht so besoffen sein, dass er vom Stuhl fällt«, meinte einer der Anwesenden. »So viel hat der doch heute noch gar nicht getrunken. Er verträgt doch sonst immer eine ganze Menge.«

»Das ist was anderes, der ist nicht besoffen. Dem fehlt was, der ist doch bewusstlos. Wir müssen einen Arzt holen«, sagte ein andere Gast.

Inzwischen waren auch der Wirt und die Kellnerin zum Klavier gekommen, um zu sehen, was passiert war. Klaus B. rührte sich nicht, und wie es schien, atmete er auch nicht mehr. Einer der Gäste fühlte den Puls.

»Ich kann nichts fühlen. Der wird doch nicht tot sein. Hoffentlich war mit der Wurst nichts. Er fiel ja um, als er in die Wurst gebissen hat.«

»Meine Wurst ist in Ordnung«, empörte sich der Wirt. »Genauso gut könnte es dein Schnaps gewesen sein oder das Bonbon, dass er gekriegt hat.«

Die Kellnerin war inzwischen zum Telefon gelaufen und hatte den ärztlichen Bereitschaftsdienst angerufen. Es dauerte auch gar nicht lange, bis der Arzt kam. Er untersuchte den Patienten genau, konnte aber nur den Tod feststellen. Er ließ sich nun die näheren Umstände schildern, die zu dem Vorfall geführt hatten. Von den Gästen wurde immer wieder erwähnt, dass das Ganze passiert war, als er in die Bockwurst gebissen hatte. Und die Vermutung, dass möglicherweise mit der Wurst etwas nicht in Ordnung war, wurde immer wieder geäußert.

Aber auch der Schluck Schnaps aus der Taschenflasche wurde erwähnt.

»Kann sich da vielleicht durch den starken Alkohol Zinn aus der Flasche gelöst und zur Vergiftung geführt haben?«, überlegte einer der Gäste.

»Das ist doch Quatsch«, meinte der Flaschenbesitzer, »ich trinke doch schon seit Jahren diesen Schnaps aus der Flasche, und mir ist noch nie etwas passiert. Diese Flaschen sind doch extra für alkoholische Getränke gemacht.«

»Wir müssen die Polizei informieren. Eine Vergiftung ist nicht auszuschließen«, sagte der Arzt. »Alles muss unverändert bleiben. Vor allem muss der Rest des Essens und auch die Flasche mit dem Schnaps aufgehoben werden. Das muss alles untersucht werden.«

Und so geschah es dann auch. Der Arzt blieb, bis die Polizei kam, und überreichte die sichergestellten Gegenstände. Von der Kriminalpolizei wurde alles wie gewohnt aufgenommen und der Staatsanwalt informiert, weil der Verdacht auf einen nichtnatürlichen Todesfall bestand. Der Staatsanwalt ließ die Leiche beschlagnahmen und ordnete eine gerichtliche Sektion an.

Diese Sektion wurde von uns am nächsten Tag durchgeführt. Als ich die Vorgeschichte erfuhr, hatte ich bereits einen Verdacht hinsichtlich der Todesursache. Alkohol, hastiges Essen einer Bockwurst, Bewusstlosigkeit und Tod. Das war der typische Ablauf eines Bolustodes. Ein relativ großer Bissen, in diesem Falle von der Bockwurst, gerät in die Speiseröhre und bleibt im Bereich des Kehlkopfes stecken. Es kommt zum Reflextod. Die Reizung der sensiblen Kehlkopfnerven führt zum plötzlichen Herzstillstand. Ein völliger oder teilweiser Verschluss der Atemwege ist gar nicht nötig, um dieses Ereignis auszulösen.

Und wie ich vermutete, war es auch. Bei der Sektion fand sich ein großes Stück Bockwurst in der Speiseröhre. Es war in Höhe des Kehlkopfes stecken geblieben und hatte zwar die Speiseröhre verschlossen, nicht aber die Luftröhre. Deshalb war es kein Erstickungstod gewesen, sondern eindeutig ein Reflextod. Bei dieser Sachlage hatte der Arzt natürlich bei seinem Eintreffen keinerlei Chancen mehr gehabt, irgendetwas zur Lebensrettung zu unternehmen. Und einen Schuldigen gab es auch nicht. Schuld war nur das hastige Essen des Verstorbenen.

Der plötzliche Tod vor der Kaserne

Es war ein Nachmittag im November, als das Telefon klingelte und sich der Leiter der Mordkommission des Nachbarbezirkes meldete.

»Können Sie heute noch zu einer Sektion kommen? Es ist dringend. Ein unklarer Todesfall.«

Ich fragte zurück, warum es so dringend sei und die Sektion nicht bis morgen Zeit hätte. Draußen begann es schon zu dunkeln, und wir konnten frühestens in einer Stunde dort sein.

»Die Armee hängt da mit drin, deshalb die Eile. Der Staatsanwalt bittet auch darum, noch heute zu sezieren. Auf dem Friedhof ist schon alles vorbereitet.«

Ich sagte also zu, informierte die Mitarbeiter, die mitfahren sollten, und machte den Wagen fertig. Schnell war das notwendige Sektionsgepäck zusammengepackt und in den Wagen geladen, sodass wir nach kürzester Zeit losfahren konnten. Es war seit dem Anruf noch nicht eine Stunde vergangen, als ich mich bei dem Leiter der Mordkommission meldete und wir dann gemeinsam zum Sektionssaal auf dem Friedhof fuhren. Dort fanden wir in einem Transportsarg die Leiche eines Soldaten vor. Ich erfuhr, dass dieser Soldat am gestrigen Nachmittag Ausgang bis 24 Uhr gehabt hatte und wenige Minuten vor Mitternacht im Laufschritt ziemlich außer Atem vor der Kaserne ankam. Während er heftig schnaufend seinen Ausweis aus der Jackentasche holte, brach er plötzlich zusammen. Der kontrollierende Posten hielt das zunächst für einen Scherz, merke dann aber, dass der Soldat sich nicht mehr rührte und offensichtlich auch nicht mehr atmete. Er prüfte den Puls, konnte aber nichts tasten und rief den wachhabenden Unteroffizier heraus. Der konnte auch nichts anderes feststellen und rief den Sanitäter. Dieser stellte den Tod fest und ließ einen Arzt verständigen. Wegen der unklaren Umstände wurde die Staatsanwaltschaft informiert. Diese ordnete eine gerichtliche Leichenöffnung an. Da es sich um einen Armeeangehörigen handelte, wurde darum gebeten, dass sie noch am gleichen Tage durchgeführt wurde.

Bei der äußeren Besichtigung der Leiche zeigte sich, dass die Uniform des Soldaten an der Vorderseite, vor allem im Bereich der Knie, etwas verschmutzt war. In der Umgebung des Hosenschlitzes fanden sich weißliche Verfärbungen bzw. Auflagerungen, die nach Sperma aussahen, aber sonst war die Kleidung unauffällig. Zeichen einer äußeren Gewaltanwendung waren nicht zu entdecken. Die Leichenveränderungen wie Totenstarre und Totenflecke waren normal und dem Todeszeitpunkt entsprechend ausgeprägt. Einen Hinweis auf die Todesursache fanden wir bei der äußeren Besichtigung nicht. Doch auch die innere Leichenschau erbrachte zunächst nichts Auffälliges. Die inneren Organe waren völlig unauffällig, so wie man sie bei einem jungen Mann von 19 Jahren erwartete. Wir mussten die mikroskopische und toxikologische Untersuchung abwarten. Vor allem die Untersuchung auf eine mögliche Vergiftung lag der Staatsanwaltschaft am Herzen, denn der Verdacht, dass hier eine absichtliche Giftbeibringung vorliegen könnte, sollte unbedingt ausgeräumt werden. Bei der Furcht der DDR-Behörden vor Sabotageakten war das der naheliegendste Gedanke.

Inzwischen wurde auch ermittelt, wo der Soldat sich bei seinem Ausgang aufgehalten hatte. Er hatte mit einigen Kameraden am frühen

Nachmittag die Kaserne verlassen und war mit ihnen in ein Café gegangen. Dort hatten sie zunächst jeder ein Stück Torte gegessen und eine Tasse Kaffee getrunken. Dann hatte der Verstorbene noch ein Glas Bier getrunken und daraufhin das Café verlassen, weil er in ein Kino wollte. Ein Kamerad begleitete ihn. Anschließend suchten die beiden eine Gaststätte auf, die dafür bekannt war, dass man dort relativ leicht weibliche Bekanntschaften schließen konnte.

Es dauerte auch gar nicht lange, bis sie zwei Mädchen an ihrem Tisch sitzen hatten, gemeinsam etwas aßen und dann eine Flasche Sekt bestellten. Es wurde dann noch eine zweite Flasche bestellt. Als es auf 23 Uhr zu ging, bezahlten die beiden Männer, da sie mit den Mädchen noch etwas anderes vorhatten, und verließen das Lokal. Sie gingen in einen nahe gelegenen Park, trennten sich dann aber, weil jeder mit seinem Mädchen eine dunkle Ecke hinter einem Gebüsch aufsuchen wollte. Viel Zeit hatten sie nicht mehr, denn um Mitternacht mussten sie ja in der Kaserne sein. Seit sie sich getrennt hatten, war vielleicht eine halbe Stunde vergangen, als der Freund auf die Uhr sah. Mit Besorgnis stellte er fest, dass es schon 20 Minuten vor Mitternacht war und sie sich sehr beeilen mussten, um pünktlich in der Kaserne zu sein. Er rief seinem Freund, den er zwar nicht sah, aber hörte, zu: »Beeile dich, es wird höchste Zeit, ich laufe schon mal los. Komm aber gleich nach.« Mit diesen Worten rannte er in Richtung Kaserne und kam auch fünf Minuten vor Mitternacht dort an. Als der Freund dann etwas später auch kam und vor der Kaserne zusammenbrach, war er schon auf seiner Stube gewesen. Auf Befragen gab er weiter an, dass sein Freund immer gesund gewesen sei. Irgendwelche Beschwerden seines Freundes seien ihm nicht bekannt gewesen. Er habe jeden Dienst mitgemacht und sei körperlich immer gut drauf gewesen.

Inzwischen waren auch unsere Untersuchungen abgeschlossen. Im Gegensatz zu den makroskopisch erkennbaren Befunden bei der Sektion waren bei der mikroskopischen Untersuchung des Herzmuskels Befunde zu erkennen, die auf das Vorhandensein einer seltenen Form von Herzmuskelentzündung (Fiedler-Myokarditis) hinwiesen. Die toxikologischen Untersuchungen erbrachten außer einer leichten und für das Geschehen unbedeutenden alkoholischen Beeinflussung nichts.

Als Todesursache musste somit ein plötzliches Herzversagen im Zusammenhang mit dem Sexualverkehr und der anschließenden körperlichen Anstrengung durch den verschärften Dauerlauf bei Vorschädigung des Herzens angenommen werden. Da es sich eindeutig um eine natürliche Todesursache handelte, wurden alle bereits eingeleiteten Ermittlungen eingestellt.

Todesfälle im Zusammenhang mit sexuellen Handlungen sind nicht so einfach aufzuklären. In vielen Fällen werden sie erst relativ spät bekannt, und nicht selten ist die Auffindesituation verändert, weil sie für den beteiligten Sexualpartner peinlich ist. Das ist auch der Grund, dass nur bei einem Teil dieser Todesfälle die sexuellen Aktivitäten bekannt werden. Vor allem wenn es sich um ältere Personen handelt, wird das Ganze als natürlicher Todesfall dargestellt, was in vielen Fällen auch gelingt, da es genau genommen ja auch Vorgänge sind, die an der Grenze zwischen natürlichem und nichtnatürlichen Tod liegen. Aus diesen Gründen ist die Dunkelziffer hier besonders groß.

Nicht selten handelt es sich auch um besonders heikle und Verdacht erregende Situationen, wenn ein Partner beim Geschlechtsverkehr plötzlich verstirbt, zumal es sich in der Mehrzahl der Fälle nicht um ehelichen Verkehr handelt. Die Auffindungssituation kann zunächst durchaus den Verdacht auf ein Sexualverbrechen aufkommen lassen, vor allem wenn der Tod bei dem weiblichen Partner eintritt. Bei den plötzlichen Todesfällen in diesem Zusammenhang handelt es sich vor allem um die Auswirkungen der mit dem Geschlechtsverkehr verbundenen physischen und psychischen Erregung bei fast immer bestehender krankhafter Vorschädigung, die den Beteiligten selbst oft unbekannt ist.

Der Tod beim Baden

Es war ein sehr heißer Sommertag, die Temperatur lag bei über 30 Grad im Schatten. Wenn nicht sowieso Ferien gewesen wären, hätten die Kinder bestimmt »Hitzefrei« gekriegt. Aber das war ja nun nicht nötig. Die Freibäder und Seen waren mit Badelustigen überfüllt, denn diese Temperaturen hielt man am besten im Wasser aus. Wer nur irgendwie konnte, suchte ein Freibad auf.

Die Studentin Ingrid K. hätte das auch gerne getan, aber sie musste sich auf eine Prüfung vorbereiten. Und da es eine Wiederholungsprüfung war, durfte nichts schief gehen, sie musste sie bestehen, sonst war ihr weiteres Studium gefährdet. Deshalb lernte sie jede Minute, auch bei dieser für das Lernen völlig ungeeigneten Außentemperatur. Ihr Zimmer bot nicht gerade die besten Voraussetzungen. Sie hatte eine echte »Studentenbude«, eine Mansarde direkt unter dem Dach. Und da diese Hitze schon seit mehreren Tagen bestand, hatte sich der kleine Raum ganz schön aufgeheizt. Es war kaum auszuhalten. Sie hatte die Fenster geöffnet und so ein wenig Durchzug gemacht, aber es war ja doch nur warme Luft, die da durchzog.

Wegen der offenen Fenster hörte sie den fröhlichen Lärm vom nahe gelegenen Schwimmbad recht deutlich, der Wind kam von dort und trug die Laute zu ihr. Es war nicht so, dass sie der Lärm beim Lernen gestört hätte, so nah war das Bad nun auch nicht, aber der immer wiederkehrende Gedanke an einen kurzen Sprung in das kühle Nass wurde dadurch immer intensiver. Obwohl sie sich fest vorgenommen hatte, das Lernen auf keinen Fall zu unterbrechen, tauchte jetzt doch immer häufiger die Überlegung auf, nur eine ganz kleine Pause zu machen und schnell ins Wasser zu springen. Der Weg zum Bad war ja nicht weit, sie konnte kurz reinspringen und dann weiterlernen. Vielleicht war das sogar gut, und das Lernen ging hinterher leichter. Denn jetzt kam sie nicht mehr so richtig vorwärts und konnte sich nicht wie sonst auf ihren Stoff konzentrieren.

Ein Weilchen unterdrückte sie den Wunsch nach einem Bad noch, dann aber entschloss sie sich, dem Verlangen nachzugeben und eine halbe Stunde Pause zu machen. Sie schlug die Bücher zu, packte ihre Badesachen zusammen, und nach fünf Minuten stand sie auf der Straße und marschierte in Richtung Freibad. Dort hatte der Andrang an der Kasse nachgelassen, da der Nachmittag schon etwas fortgeschritten war. Schnell zog sie in einer Kabine ihre Badesachen an, und schon war sie im Wasser. Beim Schwimmen zum anderen Ufer des kleinen Sees sah sie eine Bekannte im Gras liegen, der sie zuwinkte und die auch zurückwinkte.

»Wir sehen uns gleich«, rief sie und schwamm weiter. Sie musste aufpassen, dass sie mit niemandem zusammenstieß, denn der See war voller Schwimmer.

Langsam wurde es Abend, und das Freibad leerte sich. Die Temperatur hatte sich nicht wesentlich verändert, es war immer noch sehr warm, auch wenn die Sonne langsam unterging. Am Himmel zeigten sich vereinzelt Wolken, es war ausgesprochen schwül und die Wetterexperten meinten: »Wenn das mal kein Gewitter gibt. Es sieht ganz so aus.«

Der Bademeister packte schon langsam seine Sachen zusammen, denn in 20 Minuten war seine Dienstzeit um. Er umrundete nochmals den See und forderte die letzten auf, sich für den Heimweg fertig zu machen, denn in einer viertel Stunde würde das Gelände abgeschlossen. Die meisten suchten auch sofort ihre Sachen zusammen und brachen auf, einige nur sehr widerwillig und mit unfreundlichen Bemerkungen.

Der Bademeister ging in seinen kleinen Aufenthaltsraum unmittelbar neben der Kasse und sah nach, ob auch alle Schlüssel von den Kabinen zurückgebracht worden waren. Alle waren da, bis auf den von Nummer 16. Der fehlte noch. Bei seinem letzten Rundgang hatte er aber doch niemanden mehr gesehen. Sollte da noch jemand in der Kabine sein? Er ging noch einmal hin, um nachzusehen.

Die Kabine war verschlossen. Er klopfte gegen die Tür und machte sich durch laute Rufe bemerkbar. Aber nichts tat sich, er kriegte keine Antwort. Etwas ratlos schaute er über das Gelände des Freibades und über den See, um zu gucken, ob vielleicht doch noch jemand im Wasser war oder im Gras lag und schlief. Er sah niemanden. Doch da bemerkte er neben einem Busch ein Badehandtuch im Gras und daneben eine kleine Badetasche. Aber es war niemand zu sehen, weder im Wasser noch an Land.

Der Bademeister ging zu dem Handtuch und schaute in die Badetasche, um vielleicht irgendwelche Hinweise auf den Besitzer zu bekommen. Außer einer Flasche mit Sonnenöl, einer Sonnenbrille und einem Buch fand er nur noch den Schlüssel von der Kabine. Er nahm ihn mit und ging zu der Kabine. Als er sie öffnete und hineinsah, fand er an einem Kleiderhaken die Sachen der Inhaberin, aber sonst war niemand da. In einer Handtasche fand er die Ausweispapiere und konnte so feststellen, um wen es sich handelte. Aber die Besitzerin des Ausweises war weit und breit nicht zu sehen.

Nun bekam es der Bademeister doch mit der Angst zu tun. Hier musste etwas passiert sein. Er kannte das junge Mädchen, weil es ziemlich oft hierher kam. Dass sie Studentin war, wusste er auch, und dass sie eine gute Schwimmerin war, die gern und lange hier schwamm. Das Gelände des Bades hatte sie sicher nicht verlassen, denn es gab nur den einen Ausgang. Und da wäre sie ohne Kleider sicher nicht durchgekommen. Er schaute noch einmal genau in den See. Da niemand mehr darin schwamm, war die Wasseroberfläche ganz ruhig, und man konnte an manchen Stellen bis auf den Grund sehen. Als er jetzt langsam am Ufer entlangging und in den See schaute, bemerkte er an einer Stelle auf dem Grund etwas, das wie ein menschlicher Körper aussah. Da er noch seine Badehose anhatte, sprang er gleich hinein und tauchte zu dem Gegenstand hinab. Tatsächlich, es war der Körper einer Frau. Als geübter Rettungsschwimmer brachte er sie ans Ufer; dort stellte er fest, dass sie wohl schon einige Zeit tot war. Eine Wiederbelebung, die er zwar noch versuchte, war nicht mehr möglich. Nun verständigte er die Polizei, die auch sehr bald kam.

Ein Arzt kam zusammen mit den Polizisten und stellte den Tod fest. Nach seiner Einschätzung musste er schon vor über einer Stunde eingetreten sein. Bei der Leichenschau konnte er keinerlei äußere Verletzungen feststellen. Er vermutete einen Ertrinkungstod. Doch dem widersprach der Bademeister. »Das war eine ganz ausgezeichnete Schwimmerin. Warum sollte sie ertrunken sein? Da muss was anderes vorgefallen sein.«

Leider waren keine anderen Gäste mehr im Bad, die man hätte fragen können, ob sie etwas bemerkt haben. Der Bademeister kannte jedoch einige Jugendliche, die den ganzen Nachmittag im Bad gewesen waren und ganz in der Nähe wohnten.

»Die können wir befragen. Soll ich sie herholen?«, fragte er. Doch die Polizisten entschlossen sich, die Jugendlichen in ihren Wohnungen aufzusuchen und sie selbst zu befragen. Und so wurde es dann gemacht. Die Jugendlichen hatten das junge Mädchen gesehen. Sie kannten sie ebenfalls von den häufigen Besuchen des Freibades. Eine der Zeuginnen hatte auch noch gesehen, wie die Studentin ins Wasser gegangen und zum anderen Ufer geschwommen war. Sie hatte auch bemerkt, wie sie einer Bekannten am Ufer zugewunken hatte. Aber wo sie sich dann aufgehalten hatte, wusste keiner.

Bei der unklaren Sachlage wurde der Staatsanwalt informiert, der für den nächsten Tag eine gerichtliche Leichenöffnung anordnete. Die Obduktion wurde von uns durchgeführt. Bei der äußeren Besichtigung fanden sich keinerlei Verletzungen. Aber auch Hinweise auf einen Ertrinkungstod, wie man sie mitunter findet, waren nicht vorhanden. Der beim Ertrinken manchmal zu beobachtende Schaumpilz vor dem Mund fehlte, punktförmige Blutungen in den Augenbindehäuten waren auch nicht da. Natürlich schloss das Fehlen dieser Befunde einen Ertrinkungstod nicht absolut sicher aus. Es musste nun zunächst erst einmal das Ergebnis der inneren Leichenschau abgewartet werden, bevor wir uns zur Todesursache äußern konnten.

Wenn ein Toter aus dem Wasser geborgen wird, so kommt nicht nur Ertrinken als Todesursache in Betracht. Man muss auch an einen natürlichen Tod wie etwa einen Herzinfarkt oder ähnliches denken, der auch während des Aufenthaltes im Wasser eintreten kann. Eine andere Todesursache im Wasser ruft häufig Verwirrung hervor, weil relativ wenig darüber bekannt ist. Es handelt um den sogenannten Badetod. Man versteht darunter einen Reflextod, der durch verschiedene Reflexmechanismen ausgelöst werden kann. So kann beispielsweise das Eindringen von kaltem Wasser in den Kehlkopf, ähnlich wie beim Reiz durch Fremdkörper (Bolustod), einen Reflextod bewirken. Der Füllungsstand des Magens spielt ebenso wie Überhitzung eine gewisse Rolle. Deshalb auch die Warnung, nicht mit gefülltem Magen oder überhitzt ins Wasser zu gehen. Naturgemäß gibt es beim Reflextod ebenso wie beim plötzlichen Tod im Wasser keinerlei Ertrinkungszeichen, da ja der Kopf erst nach Todeseintritt unter Wasser gerät. Im Unterschied zum »sogenannten Tod im Wasser« finden sich beim Reflextod keine tödlichen Organveränderungen. Nicht selten kommt es bei einem solchen Ereignis zu einem von der Umgebung weitgehend unbemerkten Versinken der betreffenden Person. Sie verschwindet lautlos von der Wasseroberfläche.

Die Sektion erbrachte in diesem Fall keine krankhaften Veränderungen der inneren Organe. Sie waren so beschaffen, wie man sie bei einer jungen Frau erwartet. Insbesondere war das Herz-Kreislaufsystem völlig in Ordnung. Hier war die Todesursache nicht zu finden. Auch Hinweise auf einen Ertrinkungstod erbrachte die Obduktion nicht. Diese Todesursache konnte mit einiger Sicherheit ausgeschlossen werden. Es blieb nur die Möglichkeit eines Reflextodes, des »sogenannten Badetodes«, bei dem häufig nur einige mehr oder weniger unspezifische Veränderungen zu finden sind, die auch in diesem Fall vorlagen.

Auf Grund der gesamten Umstände musste ein solcher Reflexmechanismus als Todesursache angenommen werden. Inzwischen war auch die Bekannte, der die Verstorbene beim Vorbeischwimmen zugewunken hatte, befragt worden. Sie bestätigte zwar, dass die Studentin ihr zugerufen hatte, dass sie gleich zu ihr kommen würde, sie hätten sich aber nicht mehr getroffen. Zwar habe sie noch kurz hinter der Schwimmerin hergeschaut, sie dann aber aus den Augen verloren.

Sicher war das alles ein äußerst tragisches Geschehen. Aber irgendeine Schuldzuweisung war hier fehl am Platze.

Kapitel 4

Verdeckte Tötungsdelikte

Bei einem Tötungsdelikt entsteht für den Täter immer das Problem, die Leiche zu beseitigen. Entweder muss er sie so verstecken, dass sie nicht gefunden wird, damit seine Tat nicht entdeckt wird, oder aber er muss die Auffindesituation so gestalten, dass es wie ein natürlicher Tod aussieht oder aber wie ein nichtnatürlicher Todesfall, der nicht strafbar ist, etwa wie ein Unfall oder Selbstmord. Von solchen Fällen, in denen eine andere Todesursache vorgetäuscht werden sollte, wird im Folgenden die Rede sein.

Die Untermieterin

Maria B. war froh, so schnell ein Zimmer in der Großstadt gefunden zu haben, das so ganz ihren Vorstellungen entsprach. Eine angenehme Lage in einem ruhigen Stadtviertel, gute Verkehrsverhältnisse und ein freundlicher Vermieter – was wollte sie mehr. Sie kam aus einem kleinen Dorf in Mecklenburg, hatte nach der Schule eine Ausbildung als Kindergärtnerin gemacht und dann noch ein Pädagogikstudium angeschlossen. Jetzt hatte sie ihre erste Stelle als Lehrerin und das in einer Großstadt, so, wie sie es sich immer gewünscht hatte. Ihre neue Tätigkeit begann besser, als sie gedacht hatte. Sie hatte sehr angenehme Kollegen und fühlte sich in ihrem neuen Lebenskreis ausgesprochen wohl. Hinzu kam, dass sie sich auch in ihrer Wohnumgebung sehr gut eingelebt hatte. Das lag nicht nur an dem schönen großen Zimmer und der ruhigen Lage des Hauses, sondern auch an ihrem Vermieter. Schon als er ihr auf ihr Klingeln die Tür öffnete und sie nach ihren Wünschen fragte, war ihr der relativ junge Mann sehr sympathisch gewesen, wobei sie gleich den Eindruck hatte, dass das auf Gegenseitigkeit beruhte. Sie wurden sich auch schnell über die Mietbedingungen einig, wie etwa die Benutzung von Bad und Garten sowie Keller und Waschhaus. Er hatte auch nichts dagegen, dass sie in ihrem Zimmer einige Veränderungen nach ihrem Geschmack vornahm. Da sie fremd in der Stadt war und noch mit Einrichten beschäftigt, lud er sie bereits am ersten Abend zum Essen in eine benachbarte Gaststätte ein.

Im Verlauf der nächsten Wochen entwickelte sich zwischen den beiden ein ausgesprochen freundschaftliches Verhältnis. Er war ihr bei verschiedenen Dingen wie polizeilicher Anmeldung und dergleichen behilflich, interessierte sich für die Bedingungen an ihrem Arbeitsplatz und gab ihr gute Ratschläge für ihre Tätigkeit als Lehrerin. Sie machte sich durch häusliche Arbeiten nicht nur in ihrem Bereich, sondern in der ganzen Wohnung nützlich. So kamen sich die beiden immer näher und wurden schon bald ein Liebespaar. Während sie in der ersten Zeit noch jedes Wochenende nach Hause gefahren war, blieb sie nun immer öfter in der Stadt, und sie unternahmen gemeinsame Ausflüge. Nach etwa einem halben Jahr fuhr er mit ihr in ihr Heimatdorf, und sie stellte ihn ihren Eltern vor. Zwar hatten sie vor, später einmal zu heiraten, was sie den Eltern auch sagten, aber vorerst war daran noch nicht zu denken, obwohl sie selbst ihre Beziehung als Lebensgemeinschaft bezeichneten. Dieses eheähnliche Verhältnis blieb dann über Jahre bestehen, ohne dass einer von beiden an eine Änderung dachte. Zwar war immer mal von der geplanten Heirat die Rede – vor allem die junge Frau schnitt diese Frage öfter an –, aber da er nicht so recht darauf einging, ließ sie das Thema wieder fallen. Freunde und Bekannte hatten den Eindruck, dass beide sich in dem jetzigen Zustand ganz wohl fühlten und dass auch die junge Frau mit dieser Lebensgemeinschaft einverstanden war. Es wurde alles gemeinsam gemacht, die Haushaltsführung erfolgte aus einer Kasse, und auch die Urlaubsreisen in den letzten beiden Jahren unternahm man zusammen. Von einer Ehe unterschied sich diese Beziehung nur durch den fehlenden Trauschein. Sie waren, wie es schien, ein ausgesprochen glückliches Paar, an dessen gemeinsamer Zukunft keiner ihrer Bekannten zweifelte.

Diese Idylle wurde dann eines Tages durch ein schreckliches Ereignis zerstört. Als der junge Mann abends von der Arbeit nach Hause kam, fand er seine Freundin nur mit dem Nachthemd bekleidet im Schlafzimmer auf dem Bett liegend vor. Sie bewegte sich nicht und reagierte auch nicht auf seinen Anruf. Er beugte sich sofort zu ihr hinunter und rief ihren Namen. Auch jetzt reagierte sie nicht. Nun versuchte er, ihren Puls zu fühlen und die Atmung zu prüfen. Er hatte den Eindruck, beides noch ganz schwach wahrzunehmen, war sich aber bei den späteren Befragungen nicht sicher, ob er sich nicht getäuscht hatte. Da seine Bemühungen um Wiederbelebung erfolglos blieben, eilte er zu seinem

Nachbarn hinüber und bat ihn, einen Arzt anzurufen, seiner Freundin sei etwas passiert. Der Nachbar rief auch umgehend an und kam dann mit hinüber, um vielleicht erste Hilfe leisten zu können, da er eine Ausbildung als Sanitäter gemacht hatte. Er fand die Frau in Rückenlage im Bett vor. Der junge Mann sagte, dass er sie so gefunden und nichts verändert hatte.

Nach kurzer Zeit erschien der Arzt, untersuchte die Frau flüchtig, indem er den Puls am Handgelenk und am Hals prüfte und das Herz abhörte, konnte aber nur noch ihren Tod feststellen.

»Ist Ihre Freundin denn in den letzten Tagen krank gewesen, hat sie irgendwelche Beschwerden gehabt?«, fragte er den jungen Mann. Der erzählte ihm nun, dass sie seit einiger Zeit immer wieder über ein Stechen in der Herzgegend geklagt hätte, aber nicht zum Arzt gehen wollte.

»Das geht schon wieder vorüber, es ist nichts Ernstes«, war ihre Antwort gewesen. »Wenn ich mich über das Wochenende etwas schone, mich mal einen Tag ins Bett lege, wird es schon besser.« Sie wollte sich auf keinen Fall krankschreiben lassen, da bei dieser Jahreszeit eine Grippewelle durch das Land zog und in der Schule schon einige Kollegen ausgefallen waren. Sie sei aber ganz froh gewesen, dass sie heute Morgen erst zwei Stunden später zur Schule musste und noch liegen bleiben konnte, als er das Haus verließ. Und heute Abend hatte er sie nun so vorgefunden, wie er sie am Morgen verlassen hatte. Er konnte es immer noch nicht fassen, dass seine Freundin tot war.

»Kann man sie denn nicht in ein Krankenhaus bringen, Herr Doktor? Vielleicht können die noch etwas machen. Die Medizin ist doch heute gerade auf dem Gebiet der Wiederbelebung so weit fortgeschritten. Man kann es doch noch einmal auf der Intensivstation versuchen.«

Doch der Arzt winkte ab. »Da ist nichts mehr zu machen. Ihre Freundin ist tot. Und das schon mindestens eine Stunde oder vielleicht auch länger. Da hilft die beste Medizin nicht mehr. Ich nehme an, dass es ein akuter Herztod gewesen ist. Die Herzschmerzen an den vergangenen Tagen stehen sicherlich damit im Zusammenhang. Sie ist zwar noch ein bisschen jung für einen akuten Herztod. Aber ab und zu trifft es auch mal junge Menschen.«

Der Arzt stellte den Totenschein aus, auf dem er einen natürlichen Tod bescheinigte und als Todesursache »akutes Herzversagen« vermerkte. Dann verließ er die Wohnung.

Am nächsten Tag kümmerte sich der junge Mann um die notwendigen Vorbereitungen für die Beerdigung. Nach einer telefonischen Absprache mit den Eltern der jungen Frau wurde dem Wunsch des Mannes entsprochen, sie hier in der Stadt verbrennen zu lassen und die Urne dann auf dem heimatlichen Dorffriedhof beizusetzen. Die Kremation sollte in aller Stille erfolgen und erst zur Urnenbeisetzung Trauergäste eingeladen werden. Er versicherte, dass er sich um alles kümmern werde.

Die Leiche wurde also zur Kremation auf den Friedhof gebracht. Nun war bei einer Kremation entsprechend der Anordnung über die ärztliche Leichenschau eine zweite Leichenschau durch den Kreisarzt oder einen von ihm beauftragten Arzt erforderlich. Hier hatte der Kreisarzt das gerichtsmedizinische Institut mit dieser amtsärztlichen Leichenschau beauftragt. Der die Leichenschau vornehmende Arzt sah sich den Totenschein an und wunderte sich bei der doch noch recht jungen Frau über die Todesursache. Zwar kommen Herztodesfälle auch bei jungen Menschen vor, aber doch recht selten ohne Begleitkrankheiten. Aber er nahm im vorliegenden Fall an, dass der Hausarzt sicher die entsprechende Vorgeschichte kannte und daraus seine Diagnose abgeleitet hatte. Doch immerhin sah er sich die Leiche besonders sorgfältig an. Und dabei fielen ihm zwei Befunde auf. Einmal fand er im Gesicht an beiden Wangen etwa symmetrisch fünfmarkstückgroße bräunliche Hauteintrocknungen, für deren Entstehung er keine Erklärung hatte. Sie waren die Folge einer sehr oberflächlichen Hautabschürfung. Und zum anderen passte die Lage der Totenflecke nicht recht ins Bild. Sie waren an der Körpervorderseite sehr deutlich ausgeprägt, am Rücken jedoch nur sehr schwach, und sie wiesen eine hellrote Farbe auf. Zu einer Rückenlage passte das nicht. Es sah so aus, als ob die Totenflecke sich zunächst in Bauchlage ausgebildet hätten und dann nach Umlagerung der Leiche von Bauch- in Rückenlage schwächer noch einmal am Rücken aufgetreten seien. Danach musste die Tote einige Stunden nach Eintritt des Todes noch einmal umgelagert worden sein. Da die Leiche über Nacht bereits im Krematorium gelegen hatte und hier die Räume gekühlt waren, konnte die hellrote Farbe der Totenflecke eventuell auch durch die Kälte hervorgerufen worden sein. Aber so einige Zweifel kamen doch zusammen. Einmal das für einen plötzlichen Herztod relativ junge Alter, die fehlende Krankheitsvorgeschichte und die Lage und Farbe der Totenflecke. Zumindest bestand Aufklärungsbedarf. Der die zweite Leichenschau abhaltende Arzt verständigte den Kreisarzt und schlug eine Verwaltungssektion vor. Sie wurde genehmigt und umgehend durchgeführt.

Bei der Obduktion selbst waren zunächst keinerlei krankhafte Veränderungen am Herzen erkennbar. Auch die Befunde an den übrigen Organen waren normal und entsprachen dem Lebensalter. Am Ende der Sektion war durch den makroskopischen Befund keine Todesursache abzuleiten. Es musste das Ergebnis der mikroskopischen und vor allem der toxikologischen Untersuchung abgewartet werden.

Als Erstes lag der toxikologische Befund vor und war doch überraschend. Es fand sich eine tödliche Konzentration von Kohlenmonoxid im Blut. Das Ergebnis war so deutlich, dass an der Todesursache kein Zweifel mehr sein konnte. Das etwas später vorliegende Ergebnis der mikroskopischen Untersuchung erbrachte nichts Besonderes, sodass die Kohlenmonoxidvergiftung die einzige Todesursache blieb. Aber wie war es zu der Vergiftung gekommen? Das musste unbedingt geklärt werden. Wenn etwa eine undichte Gasleitung in der Wohnung diese Vergiftung verursacht hatte, musste der Fehler unbedingt gefunden und beseitigt werden, damit nicht noch weitere Vergiftungen auftraten.

Die Kriminalpolizei wurde umgehend verständigt, sie informierte ihrerseits die Staatsanwaltschaft. Von dort wurde angeordnet, dass die Verwaltungssektion in eine gerichtliche Leichenöffnung umgewandelt werden sollte. Die Wohnung der Toten wurde genau untersucht und der Freund ebenso wie der Arzt, der die erste Leichenschau vorgenommen hatte, eingehend befragt. Die Prüfung durch einen Experten vom Gaswerk ergab kein Leck an der Gasleitung. Auch der Gasherd war intakt.

Der junge Mann schilderte noch einmal, wie er seine Freundin vorgefunden hatte. Er war sich absolut sicher, dass sie bereits tot war, als er kam. Und auch der Arzt war sich sicher, dass sie bei seinem Eintreffen schon einige Zeit tot gewesen war. Deshalb habe er sie auch nur relativ flüchtig untersucht. Auf die Frage, ob er sie aufgedeckt habe, antwortete er, dass er die Bettdecke nur im Bereich des Oberkörpers etwas zurückgeschlagen habe, um das Herz abhören zu können. Da er weder Atmung noch Herztätigkeit festgestellt habe und auch bemerkte, dass die Körpertemperatur bereits abgesunken war, war er sich seiner

Diagnose sicher gewesen, zumal ja auch die Schmerzen in der Herzgegend in den Tagen vor dem Tod recht gut in das Bild passten.

Woher kam nun die Kohlenmonoxidvergiftung? Dass sie die Todesursache war, daran bestand kein Zweifel. Außerdem waren die Hauteintrocknungen an den beiden Wangen zu klären. Die zugrunde liegenden Hautabschürfungen waren sehr oberflächlich, und es ließ sich nicht sicher feststellen, ob sie zu Lebzeiten entstanden waren. Der Freund und auch der Arzt gaben an, sie nicht bemerkt zu haben.

Noch einmal wurde die Wohnung genauestens untersucht, insbesondere die einzige Kohlenmonoxidquelle, der Gasherd. Da keiner der in der Wohnung befindlichen Öfen zum Zeitpunkt des Todes geheizt worden war, kam nur er in Betracht. Er wurde Zentimeter für Zentimeter mit der Lupe abgesucht. Beim Öffnen der Backofentür fand sich am Rand etwas, dass wie zusammengeschobene, oberflächliche Haut aussah. Die Untersuchung unter dem Mikroskop bestätigte diese Annahme.

Bei genauer Suche fanden sich solche Hautspuren auch auf der anderen Seite der Backröhrenöffnung. Und noch ein Befund kam hinzu, der das ganze Bild veränderte. Die weitergehenden toxikologischen Untersuchungen erbrachten, dass im Blut und den Organen der Toten ein Schlafmittel nachgewiesen werden konnte, zwar nicht in einer tödlichen Menge, aber doch so hoch, dass eine Bewusstlosigkeit oder zumindest eine starke Benommenheit angenommen werden musste. Wie kam die Tote zu dem Schlafmittel? Es musste in den Morgenstunden eingenommen worden sein, zu einem Zeitpunkt also, da sie eigentlich zum Unterricht in die Schule gehen wollte. Wie kam es in bewusstlosem oder benommenem Zustand zu der Kohlenmonoxidvergiftung, und wie kam sie dann ins Bett? Der Verdacht, dass hier noch eine weitere Person ihre Hand im Spiel hatte, lag nahe.

Die inzwischen angelaufenen umfangreichen Ermittlungen in der Umgebung der Toten, die Befragung von Freunden und Bekannten und nicht zuletzt die Befragung der Eltern der Toten veränderten nun doch das Bild von der ungetrübten Partnerschaft. Sie ergaben, dass es in der letzten Zeit häufig Auseinandersetzungen gegeben und dass die Tote Überlegungen zum Wohnungswechsel angestellt hatte. Als die auswärts wohnenden Eltern befragt wurden, sagte die Mutter spontan: »An dem Tod ist doch nur der Mann Schuld. Der wollte ja schon lange von ihr weg. Der hatte doch eine andere.«

Nun wurde auch in dieser Richtung ermittelt und der Tagesablauf des jungen Mannes am Todestag genauer unter die Lupe genommen. Es stellte sich heraus, dass er am Morgen zwei Stunden zu spät in seinen Betrieb gekommen war und angab, verschlafen zu haben. Mehreren Arbeitskollegen war aufgefallen, dass er an diesem Morgen anders war als sonst, sehr zerfahren und mit seinen Gedanken nicht bei der Sache. Der eine Kollege hat ihn sogar gefragt, was heute mit ihm los sei, ob er sich nicht wohl fühle. Er habe aber abgewunken und gemeint, dass alles in Ordnung sei.

Als er nun unter diesen neuen Aspekten noch einmal intensiv verhört wurde, verwickelte er sich in Widersprüche und rutschte in auffälliger Weise auf seinem Stuhl herum. Als er wiederum nach seinem Verhältnis zu der Toten befragt wurde, gab er sich plötzlich einen Ruck und meinte: »Es hat ja doch alles keinen Wert. Ich will jetzt ein Geständnis ablegen.«

Und nun erzählte er ohne Pause den Ablauf des Tages, wie er sich nach seinen Angaben tatsächlich abgespielt hatte. Am Morgen war er allein aufgestanden, weil die junge Frau erst später in die Schule gehen musste. Da er noch sehr müde war – es war am Abend zuvor sehr spät geworden –, war er sehr muffelig und ärgerte sich darüber, dass seine Freundin noch im Bett bleiben konnte. Dieser Ärger verstärkte sich noch, als er feststellte, dass in der Küche der Frühstückstisch nicht gedeckt war und er sich sein Frühstück selbst zusammensuchen musste. Früher hatte seine Freundin immer am Vorabend den Tisch gedeckt und das Frühstück für ihn bereitgestellt, wenn sie am nächsten Tag länger schlafen konnte. Da er die Marmelade nicht finden konnte – das bisherige Glas war leer –, ging er ins Schlafzimmer und fragte sehr laut und unwirsch, warum sie den Tisch nicht gedeckt hätte, schließlich sei ja der Haushalt ihre Sache. Die Frau wurde wütend und antwortete, dass er sich in Zukunft selbst um seinen Kram kümmern solle. Sie hätte es satt, nur als seine Putzfrau und Köchin zu fungieren. Aus dieser verbalen Auseinandersetzung wurde ein handfester Streit, in dessen Verlauf er ihr erklärte, dass er nun endgültig die Nase voll habe und sich von ihr trennen wolle. Da ihm ja die Wohnung gehörte, sollte sie möglichst bald ausziehen. Bis dahin könnte sie ihr gemietetes Zimmer bewohnen, das ihr als Untermieterin zustand. Er verlangte, dass sie bis zum Abend ihre Sachen aus den übrigen Räumen entfernte, insbesondere aus dem bisher gemeinsam genutzten Schlafzimmer, wo sich vor allem ihre Garderobe befand. Und er kündigte ihr an, dass in den nächsten Tagen seine neue Freundin einziehen würde. Nach seinen Angaben sei die junge Frau daraufhin aus dem Bett gesprungen. »Wie eine Furie ist sie auf mich losgegangen und hat mit der Faust auf mich eingeschlagen. Ganz hysterisch hat sie geschrien. Ich habe mich dann umgedreht und den Raum verlassen. Beim Hinausgehen habe ich noch gesehen, wie sie mehrere Tabletten mit einem Glas Wasser hinunterspülte.« Da er wusste, dass sie des Öfteren Schlaftabletten nahm, vermutete er, dass sie die Tabletten geschluckt hatte, um sich zu beruhigen. Er selbst sei so aufgewühlt gewesen, dass er in diesem Zustand nicht in seinen Betrieb gehen wollte. Zunächst hatte er sich ins Wohnzimmer gesetzt und eine Zigarette geraucht. Dann hatte er sich ein Glas Bier und einen Kognak geholt und zur Beruhigung getrunken.

Im Schlafzimmer war es inzwischen ruhig geworden. Nachdem er noch ein Weilchen gewartet hatte, öffnete er vorsichtig die nur angelehnte Tür und sah seine Freundin auf der Seite im Bett liegen. Er hatte den Eindruck, dass sie wieder eingeschlafen war. Erst jetzt sei ihm der Gedanke gekommen, sie endgültig aus dem Weg zu räumen. Da sie nach seiner Meinung zu hysterischen Reaktionen neigte, war ihm klar, dass die von ihm geplante Trennung keineswegs ohne Schwierigkeiten über die Bühne gehen würde. Er war sich sicher, dass sie sich mit Händen und Füßen sträuben würde, die Wohnung zu verlassen. Was er ihr eben von seiner neuen Freundin gesagt hatte, dass sie hier einziehen würde, hatte er tatsächlich vor und mit der neuen Partnerin auch abgesprochen. Er hatte bisher nur noch nicht gewusst, wie er es seiner ehemaligen Freundin beibringen sollte. Nun war das zwar passiert, aber für ihn stand fest, dass sie das Feld nicht so ohne weiteres räumen würde. Wenn sie tot wäre, hätten sich für ihn alle Probleme gelöst.

Als er jetzt feststellte, dass seine Freundin fest schlief und auch durch Anrufe und Schütteln nicht wach wurde, kam ihm der Gedanke, sie mit Leuchtgas zu vergiften und einen Selbstmord vorzutäuschen. Er schleppte die relativ leichte Frau in die Küche, steckte ihren Kopf in die Backröhre und drehte den Gashahn voll auf. Damit ihm selbst nichts passierte, öffnete er das Fenster, verließ den Raum und wartete im Nebenzimmer. Nach einiger Zeit, als er glaubte, dass der Tod eingetreten sein müsste, öffnete er die Küchentür und machte Durchzug, bis die

Gaskonzentration soweit abgesunken war, dass er hineingehen und den Gashahn schließen konnte. Nachdem er sich überzeugt hatte, dass die Frau noch mit dem Kopf in der Backröhre steckte, verließ er die Küche. Der Gasgeruch war seiner Meinung nach noch sehr stark, und er musste noch warten, bis er die Frau gefahrlos aus der Küche bringen konnte.

Er wartete nach seiner Schätzung noch etwa eine halbe Stunde, dann ging er wieder in die Küche. Doch auch jetzt war der Gasgeruch noch sehr stark, und er fürchtete, dass er selbst eine schädliche Menge einatmen könnte, zumal der Kopf verhältnismäßig fest in der Öffnung der Backröhre klemmte und sich nicht so ohne weiteres herausziehen ließ. Deshalb beschloss er, noch eine Weile zu warten. Aber er musste jetzt unbedingt in seinen Betrieb. Er ließ also die Fenster geöffnet, schloss die Wohnung ab und ging zur Arbeit, wo er sich in der bekannten Weise entschuldigte. In der Mittagspause lief er dann schnell nach Hause, um alles in Ordnung zu bringen, wie er sagte. Denn soviel wusste er von den Leichenerscheinungen, dass einige Zeit nach dem Tod die Leichenstarre eintritt und es dann schwierig sein kann, eine Leiche zu transportieren. Deshalb wollte er nicht bis zum Abend warten.

Und diesmal ging alles ganz gut. Er bekam ohne Schwierigkeiten und vor allem ohne Verletzungen, wie er meinte, den Kopf aus der Röhre und konnte die Tote auch ohne Probleme ins Bett bringen und dort so in Rückenlage betten, wie sie dann vom Nachbarn und dem Arzt vorgefunden wurde. Da die Tote ein Nachthemd anhatte, konnte er die inzwischen im Bereich des Unterbauches aufgetretenen Totenflecke nicht sehen. Auch die beim Herausziehen des Kopfes entstandenen oberflächlichen Hautabschürfungen waren noch nicht sichtbar, sondern wären erst später durch die postmortale Eintrocknung auch für den Laien erkennbar geworden. Diese Eintrocknungen kommen dadurch zustande, dass infolge der Beschädigung der obersten Hautschichten die Verdunstung der Gewebsflüssigkeit verstärkt auftritt und so zur Eintrocknung des darunter liegenden Gewebes führt. Der Täter war der Meinung, alles so vorbereitet zu haben, dass ein natürliches Todesgeschehen angenommen werden musste. Und anfangs hatte er ja auch Glück. Erst durch die zweite Leichenschau und die in diesem Zusammenhang veranlasste gerichtliche Sektion wurde ein äußerst hinterhältiges Tötungsverbrechen aufgedeckt.

Auch hier wurde der Täter wegen Mordes angeklagt und verurteilt.

Unfall oder Selbstmord?

Das alte Bauernhaus lag am Ende des Dorfes. Bewohnt wurde es nur noch von zwei Personen. Unten wohnte die Besitzerin, eine alte Frau, der es gesundheitlich nicht besonders gut ging. Das Alter machte ihr zunehmend zu schaffen. Sie war froh, dass sie für die Wohnung im Obergeschoss eine sehr nette Mieterin gefunden hatte, die sich auch ein wenig um sie kümmerte, kleine Besorgungen für sie erledigte und sich ab und zu auch einmal ihre Sorgen und Probleme anhörte. Die junge Frau war Lehrerin an einer polytechnischen Oberschule im Nachbarort und erst vor knapp einem halben Jahr dorthin versetzt worden. Da in der Kleinstadt Wohnungsmangel herrschte, hatte sie sich kurz entschlossen nach einer Wohnung in den umliegenden Dörfern umgesehen. Das alte Bauernhaus gefiel ihr ausnehmend gut, wenngleich es nicht über den gleichen Komfort verfügte wie eine Neubauwohnung. Aber alles, was sie brauchte, war in ihrer Wohnung vorhanden. Sie war vor kurzem sogar an das Gasnetz angeschlossen worden, sodass sie mit dem Gedanken spielte, sich eine Gasheizung einbauen zu lassen. Den täglichen Weg in die kleine Stadt nahm sie gerne in Kauf, waren es doch nur ein paar Kilometer, die sie mit ihrem Trabant fahren musste. In der Großstadt, aus der sie kam, war sie ganz andere Entfernungen gewöhnt, und hinzu kam, dass die Verbindungsstraßen zwischen den Ortschaften hier ausgesprochen leer waren, gar nicht zu vergleichen mit den überfüllten Straßen der Großstadt. Außerdem war die Vermieterin ihr sehr entgegengekommen. So hatte die alte Dame ihr ohne weiteres die Garage auf dem Hof überlassen.

»Ich brauche sie sowieso nicht mehr, ich habe keinen Wagen, seit mein Mann tot ist. Und das Gerümpel, das jetzt drinsteht, kann auch woanders untergebracht werden. Auf so einem ehemaligen Bauernhof gibt es ja viele Abstellmöglichkeiten.«

Seit sie hier wohnte, hatte sich ein recht nettes Verhältnis zwischen der alten Dame und der jungen Lehrerin herausgebildet. Sie vertrugen sich gut, und die junge Frau machte gern die kleinen Besorgungen für die ältere. Meist kam sie im Laufe des Nachmittags nach Hause und schaute erst einmal bei der Vermieterin vorbei, bevor sie in ihre Wohnung in der ersten Etage ging. Häufig brachte sie Lebensmittel aus der Stadt mit, die sie dann in der Küche ablegte.

Heute war es etwas später geworden. Sie hatte am Nachmittag noch eine Besprechung in der Schule, die etwas länger gedauert hatte. Dann hatte sie noch mit einer Kollegin eine Tasse Kaffee im Café am Markt getrunken, weil sie sich mit ihr über die neuen Lehrpläne unterhalten wollte. Schließlich hatte sie schnell noch ein paar Kleinigkeiten eingekauft und war in ihr Dorf gefahren. Als sie vor dem alten Bauernhaus hielt, schaute sie einen Augenblick über die hinter dem Hof liegenden Felder, weil sich dort ein wunderschöner Sonnenuntergang darbot. Wie ein feuriger Ball schien die Sonne auf dem am Horizont erkennbaren Wald zu liegen. Wie schön es doch hier war. Dann ging sie ins Haus.

Schon als sie die Haustüre öffnete, fiel ihr ein intensiver Gasgeruch auf. Erschreckt dachte sie: Die alte Frau wird doch nicht vergessen haben, den Gashahn zu schließen, als sie sich das Mittagessen warm gemacht hat. Sofort ging sie in die Küche. Tatsächlich strömte hier aus zwei Hähnen Gas aus. Beide waren voll aufgedreht. Man konnte das Gas rauschen hören. Sie drehte beide Hähne sofort zu und riss die Fenster auf. Dann schaute sie nach der alten Dame. In dem kleinen Wohnzimmer, das zwischen Küche und Schlafzimmer lag, konnte sie die Frau nicht entdecken. Als sie dann durch die halb geöffnete Schlafzimmertür sah, fand sie die alte Frau im Bett. Sie lag auf dem Rücken, der Mund stand auf, der Unterkiefer war herabgefallen. Auch im Schlafzimmer roch es sehr stark nach Gas. Deshalb öffnete sie auch hier als Erstes die Fenster, damit Durchzug entstand und frische Luft in den Raum kam. Dann beugte sie sich über die alte Frau, um ihr eventuell zu helfen. Doch sie musste erkennen, dass hier nicht mehr viel zu machen war. Die alte Dame war tot. Weder Puls noch Atmung waren festzustellen

Die junge Frau überlegte kurz, was nun zu tun sei. Auf jeden Fall musste ein Arzt her, und auch die Polizei musste verständigt werden. Leider war im Haus kein Telefon. Sie musste also ins Dorf, am besten gleich zum Gemeindeamt. Sie sprang in den Wagen und fuhr los. Im Gemeindeamt traf sie den Bürgermeister und berichtete ihm von dem Unfall.

»Wahrscheinlich hat die alte Frau sich das Essen warm gemacht und vergessen, die Gashähne zu schließen. Irgendwie müssen dann die Flammen ausgegangen sein«, meinte die Lehrerin.

Der Bürgermeister verständigte sowohl den Arzt im Nachbarort als auch die Polizei in der Stadt. Beide sagten ihr sofortiges Kommen zu.

»Das ist unser erster Todesfall, seit wir die Gasleitung hier im Ort haben«, sagte der Bürgermeister. »Alles im Leben hat eben zwei Seiten. Auf der einen Seite ist es ja ein Fortschritt, mit dem Dorf an die Gasversorgung angeschlossen zu sein, andererseits ist das auch wieder eine neue Unfallquelle.«

Als die junge Frau wieder zurückfuhr, kam der Bürgermeister mit, um zusammen mit ihr auf den Arzt und die Polizei zu warten. Als er sich die alte Frau ansah, war auch er der Meinung, dass sie schon seit einiger Zeit tot war.

Als Erstes kam der Arzt. Er sah sofort, dass hier nichts mehr zu machen war. Trotzdem führte er eine ordnungsgemäße Leichenschau durch und untersuchte die Frau genau. Er fand nichts Auffälliges, insbesondere keine Verletzungen. Lediglich die Farbe der schon ausgeprägten Totenflecke passte nicht so recht in das Bild einer Leuchtgasvergiftung. Seiner Meinung nach fehlte die für eine solche Vergiftung typische hellrote Farbe. Aber bei der Fundsituation war ja kein Zweifel zu hegen. Deshalb schrieb er auf den Totenschein dann auch als Todesursache »Leuchtgasvergiftung« und kreuzte bei der Todesart »nichtnatürlicher Tod« und »Unfall zu Hause« an. Auch die inzwischen eingetroffene Polizei hatte keinen Zweifel an dem Unfallgeschehen. Für einen Selbstmord sprach gar nichts. In der Regel drehten Selbstmörder alle Hähne eines Gasofens auf, meist auch noch die Backröhre. Hier waren aber nur zwei Brennstellen von den vier möglichen geöffnet. Ein Abschiedsbrief lag auch nicht vor. Sicherheitshalber sahen die Polizisten sich noch in der gesamten Wohnung um, aber sie fanden nichts Auffälliges.

Schon wollten sie die Wohnung wieder verlassen, als die junge Frau aufgeregt rief: »Was ist denn mit meinem Regenschirm passiert? Der ist ja ganz verbogen, so habe ich ihn doch nicht hier abgestellt. Da muss doch jemand etwas damit angestellt haben.«

Tatsächlich war der Schirm stark verbogen. Er ließ sich gar nicht mehr aufspannen. Es sah ganz so aus, als ob jemand damit geschlagen und ihn dadurch beschädigt hatte. Die Stoffbespannung war an mehreren Stellen zerrissen.

Wenn die junge Lehrerin den Schirm bei Regen benutzt hatte, stellte sie ihn in aufgespanntem Zustand in dem großen, dielenähnlichen Flur zum Trocknen auf. Das hatte ihr die alte Dame erlaubt. Und dann hatte sie noch gesagt: »Sie können ihn dann gleich hier an die Flurgarderobe stellen, Sie brauchen ihn doch nicht immer mit hochzunehmen.«

Und so hatte sie es dann auch gemacht. Gestern hatte es geregnet, und sie hatte den nassen Schirm aufgespannt über Nacht im Flur stehen lassen. Heute Morgen hatte sie nun den inzwischen trockenen Schirm wieder zusammengeschoben und ihn in den neben der Flurgarderobe stehenden Schirmständer gestellt. Zu diesem Zeitpunkt war er mit absoluter Sicherheit noch ganz gewesen. Das könne sie mit Bestimmtheit sagen. Die Beschädigung könne erst entstanden sein, nachdem sie das Haus verlassen hatte. Und da ja niemand als die alte Dame im Haus war, kam auch nur sie dafür in Betracht. Aber warum sollte sie das gemacht haben? Warum sollte sie überhaupt an den Schirm gegangen sein? Sie hatte den Schirm noch nie genommen, und außerdem hatte es heute überhaupt nicht geregnet, es war den ganzen Tag ausnehmend schönes Wetter gewesen.

»Ist denn der Schmuck der alten Dame noch da? Sie hat ihn immer in ihrem Schreibtisch gehabt. Wir wollen doch einmal nachsehen. Auch das Geld hat sie dort aufbewahrt. Sie holte sich doch jeden Monat selbst ihre Rente.«

Die junge Frau ging mit einem Polizisten ins Wohnzimmer, wo der Schreibtisch stand. Es sah alles sehr ordentlich und unberührt aus. Die Türen und Schubladen des Schreibtisches waren geschlossen.

»Und wo finden wir den Schlüssel?«, fragte der Polizist. »So können wir da nicht ran.«

»Den Schlüssel hat sie an ihrem Schlüsselbund, und das hat sie in ihrer Handtasche. Die hebt sie immer im Schlafzimmer auf, sie steht meistens neben dem Bett. Ich werde sie holen.«

Damit ging die Lehrerin noch einmal ins Schlafzimmer zurück.

Der Polizist sah sich inzwischen den Schreibtisch etwas genauer an und versuchte, eine der Türen zu öffnen. Sie ging ohne weiteres auf. Wie er jetzt sah, war das Schloss offensichtlich gewaltsam aufgebrochen worden. Er probierte auch die andere Tür und die Schublade aus. Auch die ließen sich ohne weiteres öffnen. Die Schlösser waren in beiden Fällen ebenfalls aufgebrochen.

Jetzt kam auch die Lehrerin mit dem Schlüsselbund zurück.

»Wir brauchen die Schlüssel nicht mehr, die Türen sind offen, sie sind aufgebrochen worden«, sagte der Polizist. »Schauen Sie doch einmal in den Schrank. Vielleicht können Sie uns sagen, ob etwas fehlt.«

Die junge Frau sah in die Fächer hinein und stellte fest, dass die

Geldkassette, in der die alte Dame sowohl ihr Geld als auch den Schmuck aufbewahrte, fehlte. Die aufgebrochenen Türen, die fehlende Kassette – es war klar: hier war eingebrochen worden.

Jetzt bekam natürlich auch der Todesfall ein anderes Gewicht. War es wirklich ein Unfall gewesen? Konnte es sich im Zusammenhang mit dem Diebstahl nicht um ein Tötungsverbrechen handeln? Auf jeden Fall mussten umgehend der Staatsanwalt und die Mordkommission verständigt werden.

Noch am gleichen Abend erschienen sowohl die Experten der Kriminalpolizei als auch der zuständige Staatsanwalt. Nach eingehender Besichtigung des mutmaßlichen Tatortes wurde die Wohnung zunächst gesichert und versiegelt. Die eingehende Untersuchung sollte am nächsten Tag bei Tageslicht erfolgen.

Die Leiche wurde beschlagnahmt und für den nächsten Tag eine gerichtliche Leichenöffnung angeordnet. Die Lehrerin sagte, dass sie die Nacht bei einer Freundin in der Stadt verbringen wollte. Allein mochte sie nicht in dem Haus bleiben, zumal der Gasgeruch immer noch deutlich zu bemerken war.

Am nächsten Tag wurde von uns die Sektion durchgeführt. Bei der äußeren Besichtigung fiel uns ebenso wie dem Arzt, der die Leichenschau vorgenommen hatte, die Farbe der Totenflecke auf. Die bei einer Kohlenmonoxidvergiftung typische hellrote Farbe war nicht vorhanden. Hier war die Farbe so, wie sie bei Totenflecken normalerweise immer ist. Weiter fanden sich punktförmige Blutungen unter der Augenbindehaut, wie sie beim Erstickungstod auftreten. Wir entdeckten jetzt bei genauerer Betrachtung auch kleine oberflächliche Kratzverletzungen an der Unterseite beider Handgelenke und der Unterarme. Sicherlich hatte der Arzt sie bei der ersten Leichenschau nicht gesehen und wahrscheinlich auch nicht sehen können, weil sie erst durch die postmortale (nach dem Tode eintretende) Eintrocknung deutlich sichtbar wurden. Ihre Anordnung sah so aus, als ob sie bei Abwehrversuchen der Toten entstanden seien. An beiden Oberarmen fanden sich mehrere, nicht sehr ausgeprägte, etwa pfenniggroße Unterblutungen, wie sie vorkommen können, wenn jemand recht heftig an den Oberarmen angefasst wird.

Bei der inneren Besichtigung fanden sich deutliche Blutungen in den Halsweichteilen und ein Bruch des Zungenbeins. Des Weiteren fanden sich mehrfache Blutungen unter der Kopfhaut, allerdings ohne

Brüche der knöchernen Schädeldecke. Eine ausgedehnte Unterblutung der Kopfschwarte fand sich im Bereich der rechten Schläfe. Bei der Öffnung des Schädels fielen mehrere Blutungsbezirke unter der harten Hirnhaut auf. Es war klar, dass hier eine stumpfe Gewalt auf den Schädel eingewirkt hatte. Dem Aussehen nach konnten die Verletzungen sowohl von Faustschlägen als auch von einem stumpfen, nicht sehr schweren Gegenstand stammen. Jetzt gewann der verbogene Regenschirm als Tatwerkzeug an Bedeutung. Die Kopfverletzungen konnten durchaus von Schlägen mit dem Regenschirm herrühren, der dabei beschädigt wurde. Außerdem fanden sich Punktblutungen sowohl unter dem Herz- als auch dem Lungenüberzug. Für eine Leuchtgasvergiftung sprach nichts. Die Farbe der Totenflecke und die Farbe des Blutes sprachen sogar dagegen.

Als Todesursache kam nach dem Ergebnis der Sektion zwar auch eine stumpfe Gewalteinwirkung auf den Kopf in Frage, jedoch schien diese Gewalt nicht so heftig gewesen zu sein, dass der Tod dadurch unbedingt hätte eintreten müssen. Wahrscheinlicher war es, dass die alte Frau erstickt wurde, möglicherweise durch ein Zudrücken oder Zuhalten der Atemwege mit einem Kissen oder einem ähnlichen Gegenstand.

Es sah nun alles nach einem Gewaltverbrechen aus: die Verletzungen der Toten, die aufgebrochenen Türen und Schubladen am Schreibtisch und das Fehlen der Schmuck- und Geldkassette. Doch wer war der Täter? Wer konnte sich Einlass in das Haus verschafft haben? Die Haustür und auch die anderen Türen wiesen keinerlei Spuren eines gewaltsamen Aufbrechens auf. Allerdings sagte die Lehrerin, dass die Haustür nicht abgeschlossen war, als sie kam. Sie hatte sich zunächst darüber keine Gedanken gemacht, denn es kam am Nachmittag schon vor, dass die Hausbesitzerin die Tür nicht verschloss, wenn sie nur einmal kurz auf den Hof oder in den Garten ging. Sonst jedoch war die Tür abgeschlossen. Als die junge Frau am Morgen das Haus verließ, hatte sie die Haustür ebenso wie ihre Wohnungstür mit Sicherheit abgeschlossen, das wusste sie ganz genau. Ihre Wohnungstür war auch noch verschlossen, als sie am späten Nachmittag nach Hause kam. Sie hatte nämlich nach der Entdeckung der Leiche erst nach ihren Schlüsseln suchen müssen, die sie in der Aufregung irgendwo abgelegt hatte.

Die Durchsuchung der unteren Wohnung erbrachte keine Hinweise auf den Täter. Zwar wurden Fingerabdrücke gefunden, die weder von der alten noch von der jungen Frau stammten, aber sie konnten keiner anderen Person zugeordnet werden. Die Befragung der Dorfbewohner brachte auch nichts. Keiner hatte eine verdächtige Person in der Nähe des Bauernhauses gesehen. Vielleicht konnte der Schmuck weiterhelfen, falls der Täter versuchte, ihn zu Geld zu machen. Doch leider konnte die Lehrerin nur eine sehr unvollständige Beschreibung der einzelnen Schmuckgegenstände geben, da sie nur einmal relativ flüchtig in die Kassette hineingeschaut hatte. Als sie ihre Miete am Anfang noch bar bezahlte, hatte die alte Dame das Geld einmal gleich in die Kassette gelegt. Bei dieser Gelegenheit hatte sie ihr den Schmuck gezeigt. Sie hatte ihn auch gebührend bewundert, sich aber nicht gemerkt, wie viel Stücke es waren und wie sie im Einzelnen aussahen. Deshalb war ihre Beschreibung nur unvollkommen und oberflächlich. Vielleicht fanden sich noch Angehörige, die hier mehr Auskunft geben konnten. Aber die mussten erst ausfindig gemacht und befragt werden. Das konnte einige Zeit dauern.

Da machte einer der Kriminalisten den Vorschlag, doch einen Fährtenhund einzusetzen. Allerdings wurden die Chancen einer solchen Aktion als nicht sehr hoch eingeschätzt. Wahrscheinlich würde es gar nichts bringen, denn der Geruch einer Spur war sicherlich überlagert durch den Geruch des Leuchtgases, der auch am zweiten Tag nach dem Tod noch deutlich zu bemerken war. Ich wurde gefragt, ob der Gasgeruch den individuellen Geruch überlagern würde. Doch dazu konnte ich nichts sagen, weil ich zu diesem Zeitpunkt noch keinerlei Erfahrung auf dem Gebiet hatte.

Am nächsten Tag rückte nun der Hundeführer mit seinem Hund an und ließ den Hund Witterung aufnehmen. Zum allgemeinen Erstaunen lief der schon bald los und verfolgte eine Spur. Er lief durch die Haustür nach draußen und dann weiter über einen Feldweg zu einem einige hundert Meter entfernt stehenden Haus. Es war ein älteres, schon etwas baufälliges Gebäude, in dem eine relativ junge Frau mit mehreren Kindern wohnte. Sie war alleinstehend und arbeitete wegen der Kinder nicht, die von verschiedenen Männern stammten. Die junge Frau hatte zwar keinen besonders guten Ruf, galt aber im Übrigen als gutmütig und hilfsbereit. Sie machte gelegentlich auch für die verstorbene alte Frau kleine Besorgungen, wenn sie in der Stadt war. Sie war also schon des Öfteren in der Wohnung der Toten gewesen und für die Rentnerin keine Unbekannte.

Als der Hund jetzt vor der Tür des Hauses stehen blieb und bellte, war zu vermuten, dass die junge Frau möglicherweise am Vortag in dem Haus der Toten gewesen war und vielleicht etwas gesehen hatte, was für die Ermittlungen von Bedeutung sein konnte. Deshalb wurde bei ihr geklingelt. Sie war auch zu Hause und schaute erstaunt, dass Polizei vor ihrer Tür stand. Die Befragung fand in ihrer Wohnung statt. Auf die Frage, ob sie vor zwei Tagen in der Wohnung der Toten gewesen sei, bestritt sie das energisch. Sie sei schon über eine Woche nicht mehr bei der alten Dame gewesen. Und an dem betreffenden Tag habe sie ihr Haus gar nicht verlassen, weil die jüngste Tochter krank war und Fieber hatte. Da musste sie sich um das Kind kümmern. Sie habe ja niemanden, der in solchen Fällen nach den Kindern sehen würde.

Vorerst war diese Aussage nicht zu widerlegen. Jedoch wurden für Vergleichsuntersuchungen ihre Fingerabdrücke genommen, denn in der Wohnung der alten Dame waren ja mehrere noch nicht identifizierte Abdrücke gefunden worden. Schon ein flüchtiger Vergleich zeigte eine große Ähnlichkeit. Natürlich mussten sie noch von Fachleuten ausgewertet werden. Und noch etwas passte nicht zu ihren Angaben. Schon bald, nachdem die Kriminalisten ihre Wohnung verlassen hatten, fand sich ein Dorfbewohner, der die Frau an dem fraglichen Tag im Dorf gesehen hatte. Sie war kurz vor Mittag aus dem Bus, der aus der Kreisstadt kam, ausgestiegen. Somit war ihre Behauptung, den ganzen Tag das Haus nicht verlassen zu haben, widerlegt. Natürlich machten diese falschen Angaben sie sehr verdächtig. Es musste ja einen Grund geben, warum sie die Fahrt in die Kreisstadt unterschlagen hatte. Als sie daraufhin noch einmal befragt wurde, gab sie an, dass sie sich im Tag geirrt habe. Sie habe gedacht, dass sie am Tag zuvor in die Stadt gefahren sei. Jetzt erinnere sie sich aber ganz genau, dass es dieser Tag gewesen sei. In der Wohnung der Rentnerin sei sie aber nicht gewesen, sondern an deren Haus vorbeigegangen. Sie gab jedoch zu, gelegentlich für die Rentnerin etwas mitgebracht zu haben, aber nicht an diesem Tag. Da hätte sie es sehr eilig gehabt, weil die Kinder allein im Haus waren und weil die jüngste Tochter noch nicht ganz gesund war.

Inzwischen waren die auf dem Griff des Regenschirms gefunden Fingerabdrücke ausgewertet worden. Sie stimmten genau mit den Abdrücken der jungen Frau überein. Sie hatte den Schirm also in der Hand gehabt. Als wir uns die Frau jetzt etwas näher ansahen, entdeckten wir in Abheilung begriffene oberflächliche Kratzverletzungen an Händen und Unterarmen. Bei der Sektion hatten sich unter den Fingernägeln der Toten spärliche Gewebsreste gefunden, die wir zwar gesichert, aber noch nicht ausgewertet hatten. Das musste unbedingt nachgeholt werden. Vielleicht gab es hier einen Zusammenhang.

Die Verdachtsmomente gegen die Frau reichten aber schon jetzt aus, um sie zur Vernehmung in die Kreisstadt zu bringen. Inzwischen war auch eine Hausdurchsuchung angeordnet worden, die aber zunächst nicht sehr viel brachte. Irgendwelches belastendes Material – etwa die verschwundene Kassette oder der Schmuck – war nicht gefunden worden.

Bei der genauen Rekonstruktion des Tagesablaufes der Verdächtigen wurde auch in den Geschäften, in denen sie nach ihren Angaben eingekauft hatte, ermittelt. Und eine Verkäuferin in der Kaufhalle konnte sich auch noch erinnern, was die Frau gekauft hatte. Darunter war eine Kaffeesorte, von der bekannt war, dass die Rentnerin sie gern trank und sich gelegentlich mitbringen ließ. Und so ein Päckchen Kaffee hatte in der Wohnung der alten Dame auf dem Küchenschrank gestanden. Und noch etwas konnte die Verkäuferin berichten. Als sie sich während des Bezahlens mit der Verdächtigen unterhielt, sagte diese, dass sie den Kaffee für ihre Nachbarin mitbringen sollte und auch noch schnell in die Apotheke müsse, um ein Rezept einzulösen. Das hätte sie beinahe vergessen. Jetzt müsse sie sich aber beeilen, sonst verpasse sie den Bus.

Eine Nachfrage in der Apotheke bestätigte, dass sie an dem betreffenden Tag ein Rezept eingelöst hatte. Da es noch vorhanden war, konnte nachgesehen werden, auf wen es ausgestellt war. Es lautete auf den Namen der Rentnerin.

Jetzt waren genügend Verdachtsmomente zusammengekommen, um sie vorläufig festzunehmen. Inzwischen hatte die mikroskopische Untersuchung der unter den Fingernägeln der Toten gesicherten Substanz ergeben, dass es sich um kleine Hautfetzen handelte. Leider reichte die Menge nicht aus, um weitergehende Untersuchungen durchzuführen. Die nochmalige Durchsuchung der Wohnung der Beschuldigten erbrachte nun doch noch etwas. Im Keller des Hauses, hinter altem Gerümpel versteckt, war ein kleines Päckchen gefunden worden, in dem sich Schmuckstücke wie Ringe und Broschen befanden, von denen die Lehrerin sagte, dass es sich durchaus um den Schmuck der alten Dame handeln könnte. So ähnlich habe sie die Schmuckstücke, die sie damals gesehen hatte, in Erinnerung.

Als die Vernehmung der Beschuldigten nun mit diesen neuen Fakten fortgesetzt wurde, verwickelte sie sich zunehmend in Widersprüche und musste des Öfteren ihre Aussagen berichtigen, weil sie nicht zueinander passten. Und dann kam der Augenblick, wo sie einsah, dass weiteres Leugnen zwecklos war. Sie gestand, die alte Dame getötet zu haben. Sie musste zugeben, dass sie für die Rentnerin sowohl das Päckchen Kaffee als auch die Medikamente besorgt und ihr auf dem Rückweg vorbeigebracht hatte. Da die alte Frau noch im Bett lag, habe sie das Schlafzimmer betreten und die Medikamente auf den Nachttisch gestellt. Den Kaffee hatte sie auf Bitten der Rentnerin in die Küche gebracht und auf den Schrank gestellt. Dann wollte sie eigentlich gehen, doch die alte Frau habe durch Zuruf gebeten, ihr doch die Brille zu bringen, die auf dem Schreibtisch lag. Das habe sie auch getan. Jetzt erst sei ihr der Gedanke gekommen, im Schreibtisch nach Geld oder Wertgegenständen zu suchen. Als sie das Schlafzimmer verließ, sah sie noch, dass die alte Dame ihre Brille aufsetzte, sich ein Buch vom Nachttisch nahm und mit dem Lesen begann. Sie öffnete zunächst die Haustür und ließ sie dann wieder geräuschvoll ins Schloss fallen, um das Verlassen des Hauses vorzutäuschen. Dann schlich sie leise ins Wohnzimmer und machte sich am Schreibtisch zu schaffen. Beim Aufbrechen der Türen musste sie wohl etwas Lärm gemacht haben, denn plötzlich stand die Wohnungsinhaberin im Nachthemd in der Zimmertür und fragte ganz erstaunt: »Was machen Sie denn hier? Ich dachte, Sie wären schon gegangen.«

Durch dieses plötzliche Erscheinen der Rentnerin sei sie so erschrocken gewesen, dass sie gleich auf sie zugesprungen sei und die alte Frau zunächst in die Küche und dann in das Schlafzimmer gedrängt habe. Hierbei habe die Frau laut um Hilfe geschrien. In ihrer Angst habe die junge Frau nach dem erstbesten Gegenstand gegriffen, um auf die alte Frau einzuschlagen, und das sei eben der Regenschirm gewesen. Doch die Schläge mit dem Regenschirm hätten nur bewirkt, dass die alte Frau noch lauter geschrien habe. Sie habe sich heftig gewehrt und sie dabei an den Armen gekratzt.

Jetzt habe sie die alte Frau sehr heftig an den Oberarmen gefasst und auf das Bett geworfen. Als sie nun in Rückenlage darauf lag, habe sie ein Kopfkissen genommen und es ihr fest aufs Gesicht gedrückt. Anfangs hätte sie noch erstickte Hilferufe gehört, dann sei die alte Frau still geworden und hätte sich nicht mehr bewegt. Erschrocken hatte sie dann das Kopfkissen vom Gesicht genommen und mit Entsetzen festgestellt, dass die alte Dame nicht mehr atmete. Das hatte sie angeblich nicht gewollt. Sie wollte sie nur am Schreien hindern, um dann mit ihr zu reden. Aber nun war ihr klar, dass die alte Frau tot war. Was sollte nun mit der Toten geschehen? Als sie die Leiche ansah, fielen ihr keine Verletzungen auf. Eine alte Frau konnte ja auch wegen ihres Alters gestorben sein. Und wenn man doch merkte, dass sie erstickt worden war? Als sie durch die Küche wieder ins Wohnzimmer ging, sah sie den Gasherd stehen und erinnerte sich, dass erst vor kurzem der Gasanschluss des Dorfes erfolgt war. Da konnte doch ein Unfall passiert sein, weil die alte Frau vergessen hatte, die Gashähne zu schließen. Wenn sie das Haus verließ, wollte sie die Gashähne aufdrehen und so den Eindruck erwecken, dass eine Leuchtgasvergiftung die Todesursache war.

Aber zunächst setzte sie das Aufbrechen des Schreibtisches fort, denn jetzt war sie ja ungestört. Sie fand die Kassette und nahm sie mit, in der richtigen Annahme, dass darin Geld oder Wertgegenstände seien. Da sie den Schlüssel dazu nicht fand, beschloss sie, das Schloss zu Hause gewaltsam aufzubrechen.

Bevor sie das Haus verließ, drehte sie zwei Gashähne auf, um einen Unfall vorzutäuschen. Ihr war klar, dass das Öffnen aller Hähne nach einem Selbstmord ausgesehen hätte. Zunächst hatte sie auch daran gedacht, aber dann doch überlegt, dass die Suche nach einem Selbstmordmotiv vielleicht doch zu Zweifeln geführt und weitere Ermittlungen ausgelöst hätte. Das wollte sie verhindern.

Zu Hause fand sie in der Kassette den Schmuck und eine größere Geldsumme. Den Schmuck versteckte sie im Keller. Mit der Veräußerung wollte sie warten, bis Gras über den Todesfall gewachsen war. Das Geld verstaute sie in ihrer Handtasche, die sie immer bei sich hatte. Deshalb war es bei der Hausdurchsuchung auch nicht gefunden worden. Die leere Kassette warf sie dann in die Fäkaliengrube neben dem Haus, wo sie von der Polizei entdeckt wurde.

Nach diesem Geständnis und dem Abschluss der Ermittlungen wurde Anklage wegen Mordes gegen die junge Frau erhoben. Sie wurde zu einer lebenslangen Freiheitsstrafe verurteilt.

Ein Unfall mit Fahrerflucht?

An einem Freitagabend im November hielt kurz vor Mitternacht ein Kleinbus vom Typ »Barkas« vor dem Krankenhaus der Kleinstadt. Zwei Männer stiegen hastig aus und liefen zur Anmeldung.

»Schnell einen Arzt, wir haben einen Schwerverletzten im Wagen, ein Verkehrsunfall. Der Mann braucht umgehend ärztliche Hilfe, er ist bewusstlos«, rief der Ältere der beiden. Der Jüngere hatte die Seitentür des Wagens aufgemacht. Auf der hinteren Sitzbank lag ein Mann.

Die Schwester in der Anmeldung rief den OP-Pfleger und den diensthabenden Arzt an und teilte ihnen mit, dass gerade ein Zugang gekommen sei, der dringend ärztliche Hilfe benötigte. Es war bereits kurz vor Mitternacht, und der Bereitschaftsarzt hatte sich schon ins Bett gelegt und noch ein Buch gelesen. Er zog sich schnell an und eilte hinunter zur Anmeldung.

Inzwischen war der Pfleger schon mit einer Trage erschienen, mit Hilfe der beiden Männer hob er den Verletzten darauf und fuhr ihn in das Untersuchungszimmer. Der Mann war tief bewusstlos und atmete röchelnd. Sein ganzes Gesicht war blutverschmiert, offenbar hatte er eine Schädelverletzung. Auch die Kleidung wies reichlich Blutspuren auf. Sowohl die Jacke als auch das Oberhemd waren vor allem im Bereich des Kragens stark blutgetränkt. Jetzt kam auch der Arzt und fragte die beiden Männer: »Was ist denn mit ihm passiert? Haben Sie ihn angefahren? Wann ist denn das passiert?«

Der Ältere der beiden antwortete: »Wir haben ihn so auf der Straße gefunden. Er muss unmittelbar vor unserem Eintreffen angefahren worden sein. Etwa 200 Meter vor uns sahen wir die Rücklichter eines anderen Wagens, dann ganz kurz die Bremslichter. Plötzlich flog vor dem Wagen etwas durch die Luft, und die Beleuchtung des Fahrzeugs ging aus. Doch der Wagen fuhr weiter. Als wir an die Stelle kamen, sahen wir eine Gestalt auf der Straße liegen. Wir haben angehalten und den Schwerverletzten gefunden. Erst wollten wir hinter dem Unfallfahrzeug herfahren, doch dann hielten wir es für besser, den Verletzten erst in ein Krankenhaus zu bringen. Das Ganze ist vielleicht vor zehn Minuten passiert.«

Der Arzt hatte den Verletzten inzwischen untersucht und der Schwester die Anweisung gegeben, die Röntgenassistentin zu rufen. Es mussten umgehend Röntgenaufnahmen gemacht werden. Da der Kreislauf sehr stark in Mitleidenschaft gezogen war, legte der Arzt zunächst eine Infusion an und ließ den Patienten schon einmal ins Röntgenzimmer fahren. Die Röntgenassistentin musste ja bald kommen.

»Wissen Sie, wer der Verunglückte ist?«, fragte der Arzt die beiden Männer.

»Nein, wir kennen ihn auch nicht. Aber vielleicht hat er einen Ausweis bei sich, sehen sie doch mal in seine Taschen«, sagte wiederum der Ältere der beiden, der bisher stets gesprochen hatte. Doch die Suche nach Ausweispapieren war ergebnislos.

Jetzt kam auch die Röntgenassistentin und machte die erforderlichen Aufnahmen. Als der Arzt wieder aus dem Röntgenzimmer kam, sagte er der Schwester in der Anmeldung: »Rufen Sie doch den Chefarzt zu Hause an. Ich muss ihn über den Zugang informieren. Vielleicht müssen wir heute Nacht noch operieren. Ist eigentlich die Verkehrspolizei schon informiert?«

»Von mir nicht, aber vielleicht von den beiden Fahrern. Fragen Sie die doch mal«, sagte die Schwester.

Der Arzt wollte sich an die beiden wenden, aber sie waren nicht mehr da.

»Wo sind denn die beiden Männer hin? Eben haben sie doch noch hier auf der Bank gesessen. Sie können doch nicht einfach verschwunden sein. Wir brauchen doch noch ihre Personalien.« Der Arzt beauftragte den Pfleger, sie zu suchen. Doch der kam nach wenigen Minuten wieder zurück. »Ihr Wagen ist auch weg. Die sind weggefahren. Aber vielleicht haben sie nur den Wagen auf den Parkplatz gefahren, er stand ja direkt vor dem Eingang. Wahrscheinlich haben sie gedacht, dass er im Wege ist. Ich gehe mal auf den Parkplatz.« Mit diesen Worten ging er hinaus, kam aber schon nach kurzer Zeit wieder zurück.

»Auf dem Parkplatz ist auch niemand, die sind tatsächlich weggefahren.«

»Kennen wir denn die Namen der beiden? Wissen wir, wer sie sind?«, fragte der Arzt. »Oder hat sich wenigstens jemand das Kennzeichen des Wagens gemerkt?«

Es stellte sich heraus, dass in der Hektik niemand daran gedacht hatte. Keiner wusste, wer die beiden Fahrer waren. Natürlich musste die Polizei verständigt werden, denn der Verkehrsunfall musste untersucht werden. Der Arzt griff zum Telefon und wählte selbst die Nummer der Verkehrspolizei.

»Wo ist denn der Unfall passiert?«, fragte er in die Runde. Aber niemand antwortete ihm. Keiner wusste etwas Näheres über den Unfall und auch nicht, wo er sich ereignet hatte. Nur dass die beiden Fahrer gesagt hatten, dass sie etwa zehn Minuten bis hierher gebraucht hätten, war bekannt.

»Dann muss eben die Polizei herausfinden, wo das war. Wir können nur das sagen, was wir wissen.« Der Arzt informierte also den Diensthabenden der Verkehrspolizei. Der versprach, sofort die diensthabende Gruppe zu verständigen. Sie würden umgehend ins Krankenhaus kommen.

Es dauerte auch gar nicht lange, dann erschienen zwei uniformierte Polizisten und ließen sich den Vorfall berichten. Natürlich waren sie erstaunt, dass die beiden Kraftfahrer, die den Verletzten gebracht hatten, wieder verschwunden waren, ohne ihre Personalien zu hinterlassen.

»Sie hätten sie unbedingt so lange hier behalten müssen, bis wir da waren«, sagte der eine Polizist zu dem Arzt. »Jetzt wissen wir noch nicht einmal, wo der Unfall passiert ist. Eine Unfallmeldung haben wir bisher noch nicht erhalten. Wissen Sie denn, was es für ein Wagen war, den die beiden gefahren haben?«

Sie wussten nur, dass es ein Barkas war. Selbst die Farbe konnten sie nicht genau angeben, denn es war vor dem Krankenhaus, wo der Wagen gestanden hatte, relativ dunkel. Er hatte nicht direkt unter der Laterne am Eingang gehalten, sondern war etwas weiter weg gefahren, wo das Licht nicht mehr hinkam. Ob er nun absichtlich ins Dunkle gefahren war, wie der Pfleger vermutete, oder zufällig, war nicht sicher zu sagen.

Der Arzt hatte inzwischen die Röntgenbilder angesehen und festgestellt, dass eine schwere Schädelverletzung mit Brüchen im Bereich des Schädeldaches vorlag. Aber auch im Bauchraum gab es schwere Verletzungen. Er vermutete, dass eine starke Blutung in die Bauchhöhle bestand, die sofort operativ versorgt werden musste. Möglicherweise musste die Milz entfernt werden. Deshalb war er sehr froh, dass in diesem Moment der Chefarzt erschien und sich den Patienten selbst ansah, nachdem er über das, was bisher bekannt war, von dem diensthabenden Arzt unterrichtet worden war. Als er sich zuerst die Befunde und dann den Patienten angesehen hatte, entschied er: »Wir operieren sofort. Die

Bauchhöhle muss aufgemacht werden. Die Blutstillung in der Bauchhöhle steht im Vordergrund.«

Umgehend wurde alles für die Operation vorbereitet und der immer noch bewusstlose Patient in den Operationssaal gebracht. Die Bauchhöhle wurde eröffnet, und es zeigte sich, dass die vermutete Blutung tatsächlich vorhanden war und offensichtlich von einer Zertrümmerung des Lebergewebes herrührte. Ein Teil der Leber musste entfernt werden. Wegen des hohen Blutverlustes mussten während der Operation mehrere Blutkonserven transfundiert werden. Der gesamte Vorrat an geeigneten Konserven wurde verbraucht, und es wurde schon erwogen, aus dem Krankenhaus des Nachbarortes weitere Konserven zu holen. Das wurde jedoch nicht nötig. Die Operation konnte so beendet werden.

»Hoffentlich kommt er durch«, meinte der Chefarzt. »Was wir konnten, haben wir getan. Jetzt muss ein anderer helfen.« Er sah sich noch die Verletzungen am Kopf an und meinte, dass hier operativ im Augenblick nichts gemacht werden musste. Jedoch sollte auf den Schädelinnendruck geachtet werden.

»Jetzt noch eine Schädeltrepanation, das übersteht der Mann nicht. Erst müssen wir den Kreislauf stabilisieren.«

Die Polizisten hatten sich noch vor Beginn der Operation verabschiedet, nachdem sie das Wenige, was über den Unfall bekannt war, aufgenommen hatten.

»Wir werden uns weiter darum kümmern. Hoffentlich melden sich die beiden Kraftfahrer wieder, denn wir brauchen sie ja unbedingt als Zeugen.«

Am nächsten Morgen war der Patient immer noch bewusstlos. Auch kreislaufmäßig ging es ihm nicht gut. Die Blutwerte ließen einen großen Blutverlust erkennen. Es wurden noch weitere Bluttransfusionen erforderlich. Geeignete Konserven waren im Laufe des Vormittags besorgt worden. Doch alle ärztlichen Bemühungen halfen nichts, am Abend starb der Patient, ohne das Bewusstsein wiedererlangt zu haben.

Der Tod wurde der Polizei mitgeteilt, die umgehend den Staatsanwalt informierte. Der ordnete eine gerichtliche Leichenöffnung an, da bis zu diesem Zeitpunkt weder über den Verkehrsunfall noch über die Identität des Toten Näheres bekannt geworden war. Die beiden Zeugen hatten sich nicht wieder gemeldet, und von anderer Seite lagen auch keine Informationen vor. Durch die Sektion sollten eventuell Hinweise auf das Fahrzeug, das den Unfall verursacht hatte, gewonnen werden.

Wir fuhren also am nächsten Morgen in das Krankenhaus, wo ein kleiner Sektionsraum vorhanden war, den wir von früheren Obduktionen schon kannten. Der Tote lag schon auf dem Sektionstisch, als wir ankamen. Wegen der vorangegangenen Operation war er nur mit einem Operationshemd bekleidet. Die persönliche Kleidung des Mannes lag auf einem Tisch am Fenster.

Ich sah mir zuerst die Kleidung an, um eventuell Spuren des Zusammenpralls zu finden. Nach Angaben der beiden Kraftfahrer war der Mann ja durch die Luft geschleudert worden. Ein derartig heftiger Aufprall hinterlässt nicht selten auch an der Bekleidung entsprechende Spuren. Möglicherweise fanden sich auch Farbsplitter, die einen Hinweis auf das Unfallfahrzeug geben konnten. Doch trotz intensiver Suche war außer der starken Verschmutzung durch Blut nichts zu finden, was auf den Unfall zurückzuführen war. Insbesondere fand sich an der Oberbekleidung nichts, was Rückschlüsse auf eine Auffahrverletzung zuließ. Wir mussten also das Ergebnis der Sektion abwarten, bevor wir uns zu dem Unfall äußern konnten.

Zuerst sah ich mir den Kopf an. Hier fanden sich im Bereich des behaarten Schädels mehrere Hautplatzwunden, die bis auf das knöcherne Schädeldach reichten. Eigenartigerweise waren die meisten dieser Platzwunden rechtwinklig, wie sie von kantigen Gegenständen verursacht werden. Die Haare waren blutdurchtränkt. Kopfschmerzen bereiteten uns Unterblutungen im Gesicht, vor allem im Bereich der Augen, die sich durch einen Verkehrsunfall nicht so ohne weiteres erklären ließen. Sie sahen vielmehr wie die Folgen von Faustschlägen aus. Am Rumpf fanden sich seitlich und am Rücken mehrere flächenhafte Unterblutungen, die durchaus von einem Verkehrsunfall herrühren konnten.

Doch die eigentliche Überraschung kam erst, als der Schädel seziert und die Kopfschwarte abgezogen wurde. Da zeigten sich die schon auf dem Röntgenbild festgestellten Schädelbrüche. Sie lagen unter den Hautplatzwunden und hatten teilweise nur die äußere Knochenschicht eingedrückt, in anderen Fällen aber das Schädelinnere erreicht. Sie hatten ganz eindeutig das Aussehen von Verletzungen, die durch Schläge mit einem Hammer entstehen. Das passte nun ganz und gar nicht zu einem Verkehrsunfall. Diese Verletzungen waren eindeutig durch heftige Schläge mit einem mittelgroßen Hammer auf das Schädeldach entstanden.

Und die Blutungen am Rumpf sahen bei genauer Betrachtung auch nicht aus wie Anfahrverletzungen, sondern eher wie Blutungen, die durch Fußtritte und Faustschläge entstanden sind. Auf einen Verkehrsunfall fanden sich keine Hinweise, obwohl man ihn auch nicht mit absoluter Sicherheit ausschließen konnte. Aber die schweren und letztlich tödlichen Schädelverletzungen waren durch Hammerschläge herbeigeführt worden.

Die Geschichte mit dem Verkehrsunfall konnte, zumindest in der vorgetragenen Form, nicht stimmen. Und auffällig war ja auch das plötzliche Verschwinden der beiden Kraftfahrer, die den Verletzten gebracht hatten. Sie hatten sich bisher nicht wieder gemeldet, auch nicht nach einem entsprechenden Aufruf in der örtlichen Tageszeitung. Deshalb wurde weiter nach ihnen gesucht. Und wer war der Tote? Auch das war bisher nicht bekannt geworden. Eine Vermisstenmeldung lag nicht vor. Das Ergebnis der Sektion hatte auch nicht mehr Klarheit gebracht, sondern die Unklarheiten und Zweifel noch verstärkt.

Es wurde fieberhaft ermittelt, doch zunächst ohne Erfolg. Doch drei Tage nach der Obduktion des Verstorbenen erstattete ein Betrieb in einem der Nachbarorte eine Vermisstenanzeige. Ihr Polier war seit einigen Tagen nicht zur Arbeit erschienen, hatte sich aber auch nicht krank gemeldet oder sonst irgendwie entschuldigt. Er stammte nicht von hier, sondern hatte in der Nähe des Betriebes ein möbliertes Zimmer. Seine Familie, zu der er am Wochenende meistens fuhr, wohnte in einem etwa 200 Kilometer entfernten Dorf. Es war bekannt, dass er zwei Kinder hatte.

Da er nach dem Wochenende mehrere Tage nicht im Betrieb erschienen war, erkundigte man sich zunächst telefonisch bei der Ehefrau, ob er vielleicht dort wäre. Da die Frau kein eigenes Telefon hatte, musste man über das Gemeindeamt anrufen, und das klappte nicht auf Anhieb. Deshalb verzögerte sich diese Anfrage auch um zwei Tage. Die Frau sagte nun, dass ihr Mann nicht zu Hause sei und auch am Wochenende nicht gekommen war, wie es eigentlich geplant war. Sie hatte sich darüber gewundert, weil er sonst immer anrief, wenn er nicht kommen konnte. Das war diesmal nicht der Fall gewesen. Deshalb hatte sie am

Montag von sich aus versucht, im Betrieb anzurufen, aber bisher hatte die Verbindung nicht geklappt.

Als man nach diesen ergebnislosen Bemühungen jetzt einen Mitarbeiter des Betriebes in die hiesige Wohnung des Poliers schickte, stellte sich heraus, dass seine Wirtin ihn seit dem Freitag vergangener Woche nicht mehr gesehen hatte. Sie hatte sich am Freitag früh von ihm verabschiedet, als er morgens zur gewohnten Zeit zu seiner Arbeitsstelle gegangen war, weil sie selbst übers Wochenende verreisen wollte. Da sie wusste, dass er am Freitagabend nach Hause fahren wollte, hatte sie ihm noch eine gute Reise gewünscht. Als sie am Dienstagabend nach Hause gekommen war, hatte sie ihn nicht angetroffen, obwohl seine Arbeitszeit eigentlich schon beendet war. Sie hatte sich aber nichts dabei gedacht, weil es öfter mal vorkam, dass er länger arbeiten musste oder aber mit Arbeitskollegen auch mal eine Gaststätte aufsuchte. Aus diesen Gründen hatte sie ihren Untermieter auch am Mittwochmorgen noch nicht vermisst und war etwas erstaunt, als gegen Mittag ein Angestellter des Betriebes kam, um nach dem Polier zu fragen. Sie konnte ihm nichts weiter sagen, als dass er über das Wochenende nach Hause fahren wollte.

Als all diese Nachforschungen über den Verbleib des Poliers ergebnislos verlaufen waren, entschloss sich der Betriebsleiter, eine Vermisstenanzeige bei der Polizei zu erstatten. Von der Suche nach der im Nachbarort verstorbenen unbekannten Person hatte er noch nichts gehört. Als diese Anzeige der Kriminalpolizei bekannt wurde, schickte man sofort einen Mitarbeiter mit einem Bild des Toten in den Betrieb. Der Betriebsleiter erkannte ihn sofort wieder. Damit war wenigstens die Identität des Mannes geklärt. Die Ermittlungen konnten sich jetzt gezielt auf die Umgebung des Wohnumfeldes und der Arbeitsstelle des Toten erstrecken.

Die Nachforschungen im Betrieb ergaben, dass der Tote am Freitagnachmittag die Baustelle bei Dienstschluss verlassen hatte. Er war mit vier Arbeitskollegen in eine nicht weit von der Baustelle gelegene Gaststätte gegangen, weil einer der Kollegen Geburtstag hatte und nun einen ausgeben wollte.

»Ich kann aber nur eine Stunde bleiben, sonst kriege ich meinen Zug nicht mehr. Und ich muss heute fahren, weil ich morgen einen wichtigen Besuch machen muss«, hatte der Polier noch gesagt und war dann mitgegangen. Er hatte nach einer Stunde auch zum Aufbruch gerüstet, was zur Folge hatte, dass noch zwei weitere Kollegen dieser Geburtstagsrunde aufstanden und sich den Mantel anzogen. Zwar versuchte das Geburtstagskind, die beiden aufzuhalten, aber sie blieben dabei, dass sie auch wegmüssten, weil sie noch etwas vorhätten. Außerdem wollten sie mit dem Polier noch etwas besprechen, das könnten sie auf dem gemeinsamen Heimweg machen. Alle waren durch die spendierten Getränke schon in einer lustigen und aufgekratzten Stimmung. Gemeinsam verließen die drei die Gaststätte, während das Geburtstagskind noch mit dem einen Kollegen sitzen blieb und weiterfeierte.

Jetzt wurden die beiden Arbeitskollegen, die mit dem Polier gegangen waren, eingehend nach dem weiteren Verlauf befragt. Sie behaupteten, mit ihm bis zu seiner Wohnung gelaufen zu sein. Vor der Haustür hätten sie sich von ihm verabschiedet. Der Polier sei ins Haus gegangen. Was er dann gemacht hatte, wüssten sie nicht. Die beiden wollten dann noch in die Wohnung des Einen gegangen sein. Dort hätten sie bis weit nach Mitternacht weitergetrunken. Da die Frau des Wohnungsinhabers nicht zu Hause war, hatte der Kollege gleich bei ihm übernachtet und war erst am nächsten Morgen nach Hause gegangen.

Vor der Haustür des Poliers brach somit dessen Spur ab. Wo hatte er die Hammerschläge auf den Kopf erhalten, wo waren ihm die Verletzungen am Rumpf beigebracht worden? Diese Fragen blieben zu diesem Zeitpunkt noch offen. Wenn man den Tatort gewusst hätte, dann wären möglicherweise noch Blutspuren zu finden gewesen. Aber der war ja noch unbekannt.

Bei dieser Sachlage wurde noch einmal das Zimmer des Poliers genau durchsucht, aber es fand sich nichts, was Hinweise auf sein weiteres Verhalten hätte geben können, allein die Absicht, verreisen zu wollen, wurde durch seine gepackte Tasche bestätigt.

Da die beiden Arbeitskollegen die Letzten waren, die den Toten gesehen hatten, sollten sie noch einmal befragt werden. Vielleicht wussten sie noch etwas, was weiterhalf. Vielleicht hatte der Polier im Gespräch irgendeine Bemerkung gemacht, die für die Aufklärung von Bedeutung war. Außerdem hatten die beiden in der Gaststätte ja gesagt, dass sie mit ihm etwas besprechen wollten. Hierüber war bei der ersten Befragung gar nichts weiter gesagt worden. Worüber wollten sie mit ihm sprechen? Und hatte das Gespräch dann auch stattgefunden? Hier musste die Befragung noch ergänzt werden. Sie wurden also beide für den kommenden Tag noch einmal ins Kreisamt vorgeladen.

Und nun spielte Kommissar Zufall wieder eine Rolle. Da die beiden auswärts arbeiteten, wurden sie für den Nachmittag bestellt, um ihnen eine zusätzliche Fahrt zu ersparen. Um noch einige Angaben über die Ankunft des Kleinbusses, der den Verletzten gebracht hatte, zu erhalten, wurden die Schwester aus der Anmeldung und der OP-Pfleger, der ja den Verletzten mit ausgeladen und ins Krankenhaus gebracht hatte, ebenfalls zur ergänzenden Befragung vorgeladen. Zeitlich waren sie etwas früher bestellt worden als die beiden Bauarbeiter. Der Pfleger schilderte noch einmal, was er vom Aussehen des Busses noch in Erinnerung hatte. Es war leider nicht sehr viel. Da ging die Tür auf, und ein Wachtmeister brachte die beiden Bauarbeiter herein. Als der Pfleger die beiden sah, rief er spontan: »Das sind doch die Zwei, die uns den Verletzten ins Krankenhaus gebracht haben! Die können doch etwas über den Unfall aussagen und auch, wem der Bus gehört und wie er aussieht. Wie haben Sie die denn ausfindig gemacht?«

Auch die Schwester aus der Aufnahme bestätigte, dass es sich um die beiden gesuchten Fahrer handelte.

Beide waren im ersten Augenblick sehr verdutzt und bestritten, den Polier in das Krankenhaus gebracht zu haben. Aber da die beiden Mitarbeiter des Krankenhauses bei ihrer Aussage blieben und sich ganz sicher waren, dass es sich um die seit dem Unfall gesuchten Männer handelte, gab zuerst der eine und kurze Zeit später auch der andere zu, tatsächlich den Verletzten mit einem Wagen des Betriebes ins Krankenhaus gebracht zu haben. Sie waren danach deshalb nicht im Krankenhaus geblieben, weil ja jeden Augenblick mit dem Eintreffen der Polizei gerechnet werden musste. Und da sie beide bei der Geburtstagsfeier Alkohol getrunken hatten und dann mit dem Wagen gefahren waren, hatten sie Schwierigkeiten mit der Verkehrspolizei befürchtet.

Sie wurden jetzt getrennt vernommen. Beide blieben zunächst bei der Geschichte, die sie schon im Krankenhaus erzählt hatten. Sie wollten den Verletzten auf der Straße gefunden haben, als der ältere Arbeiter seinen Kollegen mit dem Betriebswagen nach Hause fahren wollte. Warum der Polier die Straße entlanggelaufen sei, wüssten sie nicht.

»Vielleicht wollte er zum Bahnhof und hatte vorher in der Stadt noch was zu erledigen«, meinte der eine.

Allerdings machten sie unterschiedliche Angaben über das Unfallauto. Während der eine dabei blieb, dass sie vor sich die Rückleuchten eines Wagens gesehen und dann beobachtet hatten, wie ein Körper durch die Luft flog und unmittelbar danach die Lichter des Wagens erloschen, konnte der andere sich nicht mehr an dieses Fahrzeug erinnern. Er wollte nur den Körper auf der Straße bemerkt haben. Auch zur Unfallstelle machten sie abweichende Angaben.

Als ihnen nun vorgehalten wurde, dass bei der Sektion nachgewiesen worden sei, dass gar kein Unfall stattgefunden hatte, sondern der Polier mit einem Hammer erschlagen worden sei, sagte der Jüngere spontan: »Damit habe ich nichts zu tun. Ich habe nicht geschlagen.«

»Womit haben Sie nichts zu tun?«, fragte der Vernehmer.

»Ich habe mit der ganzen Sache nichts zu tun, ich war immer nur dabei. Die Idee zum Verschieben des Zements hat der Kollege X. gehabt. Ich habe nur einmal das Fahrzeug gefahren, weil ich ihm einen Gefallen tun wollte. Sonst habe ich nichts gemacht«, beteuerte der junge Arbeiter immer wieder. »Mit dem Krach und der Schlägerei mit dem Polier habe ich nichts zu tun.«

Diese Beteuerung »habe ich nichts zu tun« kam immer wieder und wurde fast stereotyp vorgetragen. Ohne seinen älteren Arbeitskollegen war er offenbar völlig verunsichert. Leider sagte er vorläufig nichts weiter, als dass er mit all dem nichts zu tun hatte. Aber dem erfahrenen Vernehmer war klar, dass es mit einem Geständnis nicht mehr lange dauern würde. Und so war es dann auch. Nach einer weiteren halben Stunde war es endlich soweit. Wie bei ein Dammbruch sprudelte es aus dem Verdächtigen heraus.

Nach seiner Aussage war es der ältere Arbeitskollege, der unbedingt mit dem Polier sprechen wollte, weil er Probleme mit Polizei und Staatsanwaltschaft befürchtete. Und das nicht zu Unrecht. Auf der letzten Baustelle, einer neu entstandenen Plattenbausiedlung, hatte er in größerem Umfang Zement verschoben. Anfangs schien das überhaupt nicht aufzufallen, weil der Zement am Bau eingespart wurde. Kein Mensch merkte, dass über eine Tonne Zement verschwunden war. Und weil keinerlei Beanstandungen kamen, wurden die Mengen, für die der Kollege Abnehmer suchte und auch problemlos fand, immer größer. Bei einer überraschend angesetzten Kontrolle wurden jedoch Schwachstellen an dem Bauwerk entdeckt, die möglicherweise auf den fehlenden Zement zurückzuführen waren. Und jetzt sollte in den nächsten Tagen eine genaue Kontrolle durch eine eigens dafür eingesetzte Kommission erfolgen. Davor hatte der Kollege natürlich Angst, denn bei den Mengen, die er auf die Seite gebracht hatte, musste er mit einer harten Bestrafung rechnen. Damit bei der möglichen Aufdeckung der Fehlbestände kein Verdacht auf ihn fiel, sollte der Polier ihm bescheinigen, dass der Zement anderweitig verbaut worden war. Der Jüngere der beiden, war insofern daran beteiligt, dass er als Kraftfahrer mehrere Male den beiseite gebrachten Zement abtransportiert und dafür natürlich einen gewissen Anteil vom Verkaufserlös erhalten hatte. Um nun den Polier, der als hilfsbereit und kumpelhaft galt, in die Geschichte einzuweihen, sollte er in die Wohnung des älteren Kollegen gelockt und bei einem Glas Weinbrand um Hilfe gebeten werden, natürlich gegen Beteiligung am Gewinn.

Da die Wohnung des Poliers und die des Arbeitskollegen nicht sehr weit auseinander lagen, gelang es den beiden auch, den Polier nach einigem Zureden zu bewegen, trotz seiner Zeitnot doch noch auf ein Bier und einen Schnaps mit in die Wohnung zu gehen. Dort wurde er dann eingeweiht. Im Gegensatz zu den Erwartungen der beiden Schieber reagierte er aber ausgesprochen ablehnend. Ja, er drohte sogar, die Verschiebung des Zementes anzuzeigen, wenn die Kommission nichts bemerken sollte.

»Das kann ja schlimme Folgen für die Häuser haben, wenn die Statik nicht mehr stimmt. Das muss auf jeden Fall überprüft werden. Am besten, ihr zeigt euch selbst an, dann geht es vielleicht noch glimpflich ab. Sonst muss ich es anzeigen. Da kann ich auf keinen Fall zusehen.«

Jetzt war genau das Gegenteil von dem eingetreten, was die beiden vorgehabt hatten. Anstatt einen Helfer und Mittäter zu finden, war die Gefahr gestiegen, dass ihre Straftat aufgedeckt wurde. Beide redeten auf den Polier ein, doch zumindest auf eine Anzeige zu verzichten. Aber der ließ sich von seiner Meinung nicht abbringen. Da packte den älteren Arbeiter die Wut, und er schlug mit der Faust auf den Polier ein. Der wehrte sich, so gut es ging, und schlug zurück. Der jüngere Kollege gab an, dass er versucht habe, die beiden zu trennen, was ihm aber nicht gelungen sei. Da hatte der Polier plötzlich einen Maurerhammer in der Hand, der auf einem kleinen Tisch gelegen hatte, und versuchte, auf seinen Angreifer einzuschlagen. Der bemühte sich seinerseits, ihm den

Hammer abzunehmen, was ihm dann auch gelang. Jetzt schlug der Arbeiter auf den Polier ein, traf ihn mehrfach am Kopf, und der Polier brach zusammen und blieb bewegungslos liegen.

Schlagartig trat bei beiden Kollegen Ernüchterung ein. Der Jüngere beugte sich über den Bewusstlosen. Der atmete noch, und auch der Puls war gut zu tasten. Unter dem Kopf bildete sich eine immer größer werdende Blutlache.

»Er lebt noch. Aber es muss sofort ein Arzt her, sonst stirbt er noch. Wo ist denn das nächste Telefon?«

Der Ältere meinte: »Das habe ich nicht gewollt. Ich wollte ihn doch nur abwehren. Was machen wir nun? Natürlich muss er zum Arzt. Aber dann kommt doch alles raus, wenn wir einen Arzt holen. Wenn er stirbt, kann er uns auch nicht verraten.«

»Da mache ich nicht mit, mit einem Mord will ich nichts zu tun haben. Ich hole dann eben auf eigene Faust einen Arzt.« Der Jüngere machte Anstalten, die Wohnung zu verlassen. Da hielt ihn der Ältere zurück: »Warte doch erst mal. Natürlich will ich nicht, dass er stirbt. Aber es darf ja auch nichts rauskommen. Vielleicht weiß er hinterher gar nicht mehr, was geschehen ist. Ich habe so etwas mal gelesen, dass man nach Kopfverletzungen mit Bewusstlosigkeit hinterher nichts mehr weiß. Wenn wir ihn nun ins Krankenhaus bringen und sagen, dass es ein Verkehrsunfall war? Dabei entstehen doch auch solche Platzwunden. So genau kann man das ja nicht feststellen. Wir müssen nur beide dasselbe sagen. Das ist vielleicht die Lösung. Wir haben ja noch den Wagen unten stehen. Komm, fass mit an, wir tragen ihn runter und fahren ihn ins Krankenhaus. Wenn wir ihn abgeliefert haben, verschwinden wir gleich wieder.«

Und so geschah es dann auch. Und da sie im Krankenhaus keiner nach ihren Personalien gefragt hatte, konnten sie sich auch wieder unerkannt entfernen.

Der ältere Arbeiter hingegen blieb zunächst bei seiner Behauptung, dass es sich um einen Verkehrsunfall gehandelt hätte und sie nur deshalb im Krankenhaus verschwunden seien, weil sie wegen der Alkoholfahne keinen Ärger mit der Polizei bekommen wollten. Erst, als ihm die Aussage seines Kompagnons vorgehalten wurde, gab er im wesentlichen den Tatablauf so zu, wie sein Kollege ihn schon geschildert hatte. Nur behauptete er, nicht er, sondern der andere habe mit dem Hammer zugeschlagen, und er habe ihn zurückgehalten. Und dabei blieb er auch. Jetzt stand Aussage gegen Aussage. Da aber die Schädelverletzungen die eigentliche Todesursache waren, musste dieses Problem geklärt werden.

Hier kam uns bei der Begutachtung die Tatsache zustatten, dass der jüngere Arbeitskollege, der als Kraftfahrer tätig war, Linkshänder war. Ein Teil der Schläge wies nach Form und Beschaffenheit darauf hin, dass sie von einem Rechtshänder ausgeführt worden waren. Nach dieser Beweisführung gab dann der ältere Arbeiter doch zu, mit dem Hammer auf den Kopf des Opfers geschlagen zu haben. Er sei zu diesem Zeitpunkt außer sich vor Wut gewesen, weil der Polier sie verraten wollte. Jedoch habe er zu keinem Zeitpunkt vorgehabt, ihn zu töten.

Gegen beide wurde wegen vorsätzlicher Körperverletzung mit Todesfolge Anklage erhoben. Bei der Beurteilung wurde zu ihren Gunsten gewertet, dass sie den Schwerverletzten relativ schnell in ein Krankenhaus gebracht hatten, um ihm jede nur mögliche ärztliche Hilfe zuteil werden zu lassen.

Kapitel 5

Sonstige Gutachten

Die Untersuchung von unklaren oder gewaltsamen Todesfällen macht zwar den größten Teil der gerichtsmedizinischen Tätigkeit aus, sie ist aber nicht die einzige Aufgabe, die der Gerichtsarzt zu erbringen hat. In einigen Fällen spielt die Untersuchung lebender Personen eine Rolle, beispielsweise um sowohl bei Tatverdächtigen als auch bei Opfern Spuren einer Straftat nachzuweisen oder um die Zurechnungsfähigkeit, etwa bei einer alkoholischen Beeinflussung, zu beurteilen. Auch die Untersuchung biologischer Spuren, wie z. B. Blut, Sperma, Scheidenflüssigkeit, Mageninhalt, Urin, Kot oder Haare, spielt in der Gerichtlichen Medizin eine Rolle.

Einen recht breiten Raum nehmen Abstammungsuntersuchungen ein, nicht nur bei unklarer Vaterschaft, sondern auch bei Familienzusammenführungen, die vor allem in den Nachkriegsjahren eine gewisse Rolle gespielt haben. Wir nahmen in mehreren solcher Fälle derartige Untersuchungen vor, wenn eine Familie durch Kriegsereignisse getrennt worden war und nach Jahren geklärt werden sollte, ob ein Mutter-Kind- bzw. Vater-Kind-Verhältnis bestand. Meistens wurden die Gutachten im Auftrag des Deutschen Roten Kreuzes erstattet.

Je mehr erblich verankerte Blutgruppeneigenschaften bekannt waren und untersucht werden konnten, desto häufiger kam es zum sicheren Ausschluss eines zu Unrecht in Anspruch genommenen Mannes. In sehr vielen Fällen konnten auch Aussagen zum Grad der Wahrscheinlichkeit einer Vaterschaft gemacht werden. Heute werden derartige Fragen weitgehend durch die Untersuchung der DNA, des sogenannten genetischen Fingerabdrucks, geklärt.

Einen breiten Raum in der gerichtsmedizinischen Arbeit nehmen Untersuchungen zur Feststellung der Identität einer oder mehrerer Personen ein. In erster Linie spielt das eine Rolle bei der Untersuchung unbekannter Toter, sowohl bei einzelnen Leichen als auch bei Massenunfällen. Auch bei der Auffindung von Massengräbern sind diese Untersuchungen wichtig. In den Jahren nach dem Krieg wurden wir mehrfach zu solchen Arbeiten herangezogen, auch um die Frage zu beantworten, wie lange diese Gräber schon existierten. Gerade in Leipzig haben wir in mehreren Fällen klären müssen, ob die häufig bei Bauarbeiten aufgefundenen Gräber aus der Zeit des Zweiten Weltkriegs stammten oder etwa aus der Zeit der Befreiungskriege.

Auch Gutachten über die Sitzposition in Fahrzeugen, die in einen Unfall verwickelt waren, kamen immer wieder vor. Dabei kam es vor allem darauf an, herauszufinden, wer zum Zeitpunkt des Unfalls das Fahrzeug gefahren und den Unfall verursacht hatte.

Aber auch eher in das Gebiet der Kriminalistik gehörende Gutachten, etwa gewisse ballistische Untersuchungen bei Schussverletzungen oder Schriftgutachten, sind in den früheren Jahren von der Gerichtsmedizin erstellt worden, wenn andere Untersuchungsinstanzen fehlten. Mehrere Institute, wie das Jenaer und das Leipziger Institut, nannten sich viele Jahre »Institut für gerichtliche Medizin und Kriminalistik«.

Über einige Beispiele solcher Begutachtungen, die mir unter anderem auch wegen der Begleitumstände besonders in Erinnerung geblieben sind, soll abschließend noch berichtet werden.

Die Ermittlung des Unfallverursachers

Endlich war das Wochenende gekommen. Der junge Offizier der NVA musste noch bis Samstagmittag Dienst machen, dann hatte er bis Montag früh frei. Das Wochenende wollte er mit seiner Freundin bei deren Eltern verbringen, mit denen er sich ausgesprochen gut verstand. Der zukünftige Schwiegervater war ebenfalls Offizier bei der NVA, hatte im Nachbarort seine Dienststelle und wollte mit dem Schwiegersohn in spe und seiner Tochter, die auch in diesem Ort arbeitete, nach Hause fahren. Der junge Mann wollte sofort nach Dienstschluss mit seinem Wagen vorbeikommen, erst den Schwiegervater und dann die Tochter abholen. Diese Fahrt war insofern etwas Besonderes, weil der junge Mann in dieser Woche den schon lange bestellten Trabant bekommen hatte und nun Freundin und zukünftigem Schwiegervater vorführen wollte. Die Heimfahrt war die erste gemeinsame Fahrt der drei, auf die sie sich schon lange gefreut hatten, war doch der Wagen gemeinsam finanziert worden. Und nun war es soweit.

Endlich war Dienstschluss, und der junge Offizier setzte sich in seinen vor dem Kasernenblock stehenden Wagen, und ab ging die Fahrt in den Nachbarort, um den zukünftigen Schwiegervater abzuholen. Der wartete schon. Er kam sogleich runter auf die Straße und ging erst einmal um den Wagen herum, bevor er seinen Kopf durch die Beifahrertür steckte und das Innere des Wagens besichtigte. Ein Bekannter des Vaters gesellte sich dazu und meinte: »Das ist er wohl, der neue Wagen. Hat eine schöne Farbe. Na, dann allzeit gute Fahrt. Bei Gelegenheit könnt ihr mich ja auch mal mitnehmen. Dann bis Montag.«

Da allgemeiner Dienstschluss war, kamen noch ein paar Kollegen zu dem Fahrzeug, um es zu bewundern und sowohl Innenraum als auch Motor zu besichtigen. Die Lieferung eines Autos, und war es auch noch so klein, war in der DDR eben etwas Besonderes und ein von der Umgebung stark beachtetes Ereignis. Mussten doch die meisten viele Jahre darauf warten.

Der junge Mann war ausgestiegen und hatte Motorhaube und Kofferraumklappe geöffnet, damit auch alles gebührend bewundert werden konnte.

»Na, wie fährt er sich denn?«, fragte der Schwiegervater. »Ist alles in Ordnung?«

»Ausgezeichnet, natürlich muss er erst eingefahren werden, aber er brummt schon ganz schön ab. Du wirst es ja sehen. Wenn du willst, kannst du ihn ja auch mal ein Stück fahren«, bot der junge Mann an.

»Vielleicht später, wenn wir aus der Stadt raus sind. Draußen auf der Landstraße können wir ja mal wechseln. Erst setzte ich mich mal daneben.«

Nun fuhren sie zum Betrieb der Tochter, die auch schon bereitstand. Der Fahrer stieg aus, um sie nach hinten klettern zu lassen.

»Ist ja ein bisschen eng, der Einstieg auf der Fahrerseite«, meinte die junge Frau. »Mutter wird da ihre Probleme haben. Aber auf der anderen Seite geht es vielleicht besser.«

Und nun ging die Fahrt los. Durch die vielen Besichtigungen war es nun doch etwas später geworden, und die Mutter würde schon warten, nicht nur mit dem Essen, sondern auch voller Neugier auf den neuen Wagen.

Leider war das Wetter nicht besonders, es war trübe und nieselte etwas, der Scheibenwischer war die ganze Zeit in Betrieb. Und streckenweise gab es auch Nebelfelder. Da der junge Mann noch keine allzu große Fahrpraxis hatte, fuhr er bei diesem Wetter zunächst sehr vorsichtig und relativ langsam.

Und dann geschah das Schreckliche. In einer ganz leichten Rechtskurve überholte der Trabant einen anderen Pkw und übersah einen entgegenkommenden Sattelschlepper. Zum rechts Einordnen war keine Möglichkeit mehr. Es kam zum frontalen Zusammenstoß, bei dem der Trabant auf das Feld geschleudert wurde und sich mehrfach überschlug. Die Insassen wurden herausgeschleudert.

Der Fahrer des Sattelschleppers hatte zwar versucht, durch scharfes Bremsen und Herumreißen des Steuers den Unfall zu verhindern, doch das gelang nicht. Stattdessen fuhr er selbst in den Straßengraben, allerdings ohne größeren Schaden an seinem Fahrzeug. Da er bei dieser Aktion mit dem Kopf auf das Lenkrad aufschlug, war er für einen Moment etwas benommen und blieb in seinem Auto sitzen.

Der Fahrer des überholten Pkw konnte mit knapper Not sein Fahrzeug zum Stehen bringen. Da der Sattelschlepper mit seinem hinteren Teil quer auf der Straße stand und diese versperrte, wäre er beinahe damit kollidiert. Aber es ging gerade noch gut. Die Insassen sprangen sofort aus dem Wagen und eilten zu den Unfallfahrzeugen. Fahrer und neben ihm sitzender Beifahrer liefen zu dem auf dem Dach liegenden Trabant, während der hinten sitzende Fahrzeuginsasse sich um den Lkw-Fahrer kümmerte, der aber schon selbst versuchte, aus seiner Fahrerkabine herauszukommen.

Die beiden anderen fanden den Trabant in stark zertrümmertem Zustand vor. Der ganze vordere Teil des Wagens war wie eine Ziehharmonika zusammengeschoben, der Motorblock hatte sich vom Fahrzeug gelöst und lag daneben, die Vorderachse hing nur noch auf einer Seite mit dem Fahrzeug zusammen. Vor dem völlig zertrümmerten Fahrzeug lag die junge Frau mit schweren Kopfverletzungen. Sie bewegte sich nicht, und der Helfer konnte auch keine Atmung mehr feststellen. Eine weitere Person lag links neben dem Fahrzeug. Auch sie war offensichtlich schwer verletzt, schien aber noch zu atmen. Es handelte sich um einen etwas älteren Mann in Uniform. Die beiden Helfer trugen ihn zum Straßenrand, weil sie fürchteten, dass das Fahrzeug in Brand geraten und explodieren könnte. Dort legten sie ihn in stabiler Seitenlage hin.

Inzwischen hatte ein weiteres Fahrzeug auf der Straße gehalten. Der Fahrer übernahm es, im nächsten Ort den Notarzt und die Verkehrspolizei zu verständigen.

Als Erstes waren der Notarzt und der Krankenwagen da. Der Arzt konnte bei der jungen Frau nur noch den Tod feststellen. Der bewusstlose ältere Mann wurde nach der Notversorgung mit dem Krankenwagen in das nächste Krankenhaus gebracht. Trotz aller ärztlichen Bemühungen verstarb er noch am gleichen Tag gegen Abend an seinen schweren Verletzungen, ohne das Bewusstsein wiedererlangt zu haben.

Während der Verletzte ärztlich versorgt wurde, liefen die polizeilichen Untersuchungen zum Hergang des Verkehrsunfalls. Da mehrere unabhängige Zeugen vorhanden waren, nämlich die Insassen des überholten Fahrzeugs, konnte der Vorgang recht gut rekonstruiert werden. Der Fahrer des Trabant hatte trotz schlechter Sichtverhältnisse wegen Nebel in einer Kurve, die bei normalem Wetter genügend Sicht auf die Fahrbahn bot, bei Nebel aber schlecht einzusehen war, mit einer für die Wetterverhältnisse zu hohen Geschwindigkeit überholt und konnte dem entgegenkommenden Lkw nicht mehr ausweichen. Somit stand die Schuld des Trabantfahrers am Zustandekommen des Unfalls fest. Die Beschädigungen an beiden Fahrzeugen passten in dieses Bild, irgendwelche technischen Mängel konnten bei der ersten Untersuchung nicht festgestellt werden, waren bei dem Trabant auch nicht zu erwarten, da es sich ja um ein neues Fahrzeug handelte. Es war also ziemlich eindeutig der Leichtsinn des Fahrers gewesen, durch den der Unfall verursacht wurde.

Doch wer war der Fahrer? Neben dem Trabant wurden zwei Personen gefunden: die tote junge Frau und der später verstorbene ältere Mann. Beide hatten eine Fahrerlaubnis bei sich, kamen also als Fahrer in Betracht.

Während die Ermittlungen zum Unfallablauf noch liefen, war in einem in der Nähe gelegenen kleinen Ort ein junger Mann in der Uniform der NVA im Gemeindeamt aufgetaucht und wollte telefonieren. Die Uniform war schmutzig und zerrissen, das Gesicht blutverschmiert und die Uniformjacke teilweise blutdurchtränkt. Auf die Frage, was denn mit ihm geschehen sei, sagte er, das wisse er auch nicht, wahrscheinlich sei er überfallen worden. Die näheren Umstände dieses Überfalls waren aber nicht aus ihm herauszubekommen. Überhaupt machte er einen sehr verwirrten und etwas eigenartigen Eindruck. Auch wusste er zunächst nicht, wen er eigentlich anrufen wollte. Dann gab er aber an, dass er seine Eltern verständigen wollte. Doch da er die Telefonnummer der Eltern ebenso wenig wusste wie ihre genaue Adresse, wurde aus dem Gespräch nichts. Da er zunehmend benommener wurde, schwankte und nicht mehr allein stehen konnte, wurde er auf ein im Raum stehendes Sofa gelegt und ein Arzt verständigt.

Als der Arzt kam, war der junge Mann nicht mehr ansprechbar, sondern tief bewusstlos. Er wurde von dem Arzt in das zuständige Krankenhaus eingewiesen und die Polizei verständigt. Anhand der Papiere, die er bei sich trug, konnte seine Identität festgestellt werden, doch was eigentlich mit ihm passiert war, blieb unklar. Man musste warten, bis er wieder ansprechbar war. In der Klinik war inzwischen ein Schädelbasisbruch mit einer schweren Gehirnerschütterung als Ursache der Bewusstlosigkeit festgestellt worden. Vermutlich lag auch eine Blutung im Schädelinneren vor, die weiter beobachtet werden musste. Tatsächlich machte sich in der gleichen Nacht wegen einer Zunahme des Schädelinnendrucks noch eine Schädeltrepanation erforderlich. Der Patient lag mehrere Tage im Koma auf der Intensivstation, bevor er zu seiner Vorgeschichte befragt werden konnte. Und auch dann konnte er nichts dazu sagen, weil er sich an gar nichts mehr erinnern konnte.

Inzwischen war aber bekannt geworden, dass er der Besitzer des Unfallfahrzeugs war und wahrscheinlich mit dem Unfall etwas zu tun hatte. Zwar hatten die ersten Helfer am Unfallort ausgesagt, dass sie nur zwei Personen bei dem Unfallwagen gefunden hätten. Von einer dritten Person war ihnen nichts bekannt. Aber die zwischenzeitlich erfolgten Befragungen an der Arbeitsstelle des verstorbenen älteren Mannes ergaben, dass er am Tag des Unfalls von seinem Schwiegersohn abgeholt worden war und dass dieser den Wagen auch aus der Kaserne hinausgefahren hatte.

Die Sektion der beiden Unfallopfer war inzwischen auch von einem pathologischen Institut durchgeführt worden und bestätigte als Todesursache die schweren, beim Unfall erlittenen Verletzungen. Beide hatten einen Schädelbruch erlitten, der als Todesursache angesehen wurde. Bei der Frau waren noch nicht näher beschriebene Schnittverletzungen im Gesicht und an den Händen im Sektionsprotokoll erwähnt. Der Mann hatte neben der Schädelverletzung noch eine Quetschung des Brustkorbes mit Bruch mehrerer Rippen erlitten.

Der Ablauf des Unfalls war einigermaßen klar. Doch blieb die Frage nach dem Fahrer des Fahrzeugs zum Unfallzeitpunkt. Vieles sprach zwar dafür, dass der junge Offizier als Besitzer des Fahrzeugs auch gefahren war, aber bei den Befragungen der verschiedenen Zeugen war von mehreren berichtet worden, dass sie gehört hatten, wie der Besitzer des Wagens den beiden anderen versprochen hatte, sie auf der Rückfahrt ein Stück fahren zu lassen. Es hätte also durchaus nach Verlassen der Stadt ein Fahrerwechsel erfolgt sein können. Da zwei der Wageninsassen tot waren, konnte nur noch der junge Mann darüber Auskunft geben, aber der war ja wegen seiner völligen Erinnerungslücke im Augenblick nicht dazu in der Lage. Dieser Gedächtnisverlust war bei der Art der Verletzung durchaus glaubhaft. Es war darüber hinaus sehr ungewiss, ob die Erinnerung an die Ereignisse vor dem Unfall überhaupt wiederkommen würde. Erfahrungsgemäß verkleinert sich der Zeitraum, in dem die Erinnerung fehlt, zwar mit der Zeit etwas, aber bei der Schwere der Hirnschädigung war mit einer völligen Wiederherstellung des Erinnerungsvermögens nicht zu rechnen. Der weitere Verlauf des Heilungsprozesses bestätigte diese Vermutung. Auch nach Monaten noch hörte bei dem jungen Mann das Erinnerungsvermögen in dem Augenblick auf, als seine Freundin in das Fahrzeug stieg. Ab diesem Zeitpunkt wusste er nicht, was weiter geschehen war. Erst ab dem Krankenhaus setzte die Erinnerung wieder ein.

Wir erhielten nun den Auftrag, ein Gutachten zu erarbeiten, um zu klären, wer zur Zeit des Unfalls den Trabant gefahren hatte. Da wir die Sektionen nicht selber gemacht hatten, waren wir auf die Sektionsprotokolle des pathologischen Instituts angewiesen. Doch waren diese nach den Prinzipien der Pathologie abgefasst und erstreckten sich im Wesentlichen auf die Feststellung der Todesursache. Die vielen leichten und teilweise oberflächlichen Verletzungen waren darin nicht oder nur summarisch erfasst und beschrieben. Doch gerade diese Verletzungen sind es, die uns im Zusammenhang mit einer genauen Kenntnis des Unfallfahrzeugs Auskunft über die Sitzposition im Moment des Unfalls geben können. Und natürlich gehört hierzu auch die Lage der einzelnen Personen unmittelbar nach dem Unfall dazu.

Da der Auftrag sehr frühzeitig erteilt worden war und eine Beisetzung der Toten noch nicht erfolgt war, konnte eine Nachsektion angeordnet und durchgeführt werden. Trotz der bereits fortgeschrittenen Leichenveränderungen waren noch sehr viele Nebenbefunde zu erheben. Nicht immer ließ sich eindeutig feststellen, ob es sich um Verletzungen handelte, die zu Lebzeiten entstanden waren, oder ob sie erst bei dem Transport oder der ersten Sektion entstanden sind, aber in den meisten Fällen konnte dies durch eine mikroskopische Untersuchung geklärt werden. Die Lage der Toten war sehr exakt in der Unfallskizze festgehalten, fotografisch gesichert und durch Zeugenaussagen bestätigt worden. Das waren praktisch die Faktoren, aus denen die Beantwortung der Frage nach dem Fahrer abgeleitet werden musste. Und diese Befunde reichten in diesem Fall aus, um die Sitzposition beim Unfall sicher feststellen zu können und daraus abzuleiten, wer der Fahrer gewesen war. Da auch der überlebende Insasse noch untersucht werden konnte und einige für seine Sitzposition typische Unterblutungen bzw. Hautabschürfungen aufwies, konnte er zu dieser Begutachtung mit herangezogen werden.

Bei der jungen Frau war an der Außenseite des rechten Oberschenkels eine oberflächliche Blutung unter der Haut zu erkennen, die sich als sogenannte geformte Verletzung einem bestimmten Teil an der Innenseite der rechten Autotür zuordnen ließ. Die diffusen Schnittverletzungen im Gesicht stammten von der völlig zertrümmerten Frontscheibe. Sie hatten das für Verletzungen durch Sicherheitsglas typische Aussehen. Bei der Untersuchung des Wagens fanden sich an der rechten Seite der Umrahmung der Frontscheibe sowie an der Antriebswelle des Scheibenwischers Fasern von dem Pullover der jungen Frau, ebenfalls an den zersplitterten Resten des rechten Kotflügels. Hieraus war ziemlich sicher abzuleiten, dass sie vorn rechts auf dem Beifahrersitz gesessen hatte und durch die Frontscheibe hinausgeschleudert worden war. Somit schied sie als Fahrerin des Wagens aus.

Als nächstes wurde die Leiche des älteren Offiziers untersucht. Er war links neben dem Wagen, etwa in Höhe des linken vorderen Kotflügels, aufgefunden worden. Die linke Tür war offenbar unmittelbar bei dem Anprall herausgerissen worden und lag noch auf der Straße. Der Fahrersitz hatte sich aus seiner Verankerung gelöst und lag links neben dem Wagen. Der Auffindesituation nach hätte dieser Mann durchaus auf dem Platz des Fahrers sitzen können. Auch seine Rippenbrüche ließen sich durch einen möglichen Aufprall auf das Lenkrad erklären. Zunächst kam er also als Fahrer durchaus in Betracht. Doch eine Verletzung konnte nicht so richtig gedeutet werden: Er hatte eine bei der ersten Sektion nicht beachtete Stichverletzung hinter dem linken Ohransatz. Die äußere Wunde war durch das Ohrläppchen weitgehend verdeckt. Innen verlief der Stichkanal parallel zur Hautoberfläche nach vorn in Richtung linke Schläfe. Die Wunde sah so aus, als ob sich hier ein Stück von einem ziemlich starken Draht eingebohrt hatte. Es musste nun ein Gegenstand gefunden werden, der geeignet war, diese Verletzung hervorzurufen. Das Unfallfahrzeug musste deshalb noch einmal genau untersucht werden. Dies geschah dann auch am nächsten Tag. Und jetzt zeigte sich, dass die Rückenlehne der hinteren Sitzbank erheblich beschädigt war. Der Rahmen war gebrochen, der Bezugsstoff stellenweise zerrissen, und auf der rechten Seite, etwa in mittlerer Höhe, schaute das Stück einer abgebrochenen Feder heraus, ein drahtähnliches Stück, wie wir es als Verletzungsgegenstand suchten. Und als wir dieses Stück nun sorgfältig im Labor untersuchten, konnten wir Blut und Gewebsfetzen daran feststellen. Beides stammte von einem Menschen mit der gleichen Blutgruppe wie der verstorbene ältere Offizier. Hinzu kam noch, dass sich jetzt bei genauer Untersuchung der Rückbank auch diskrete Blutverschmutzungen im Bezugsstoff fanden, die ebenfalls in der Blutgruppe mit der des Toten übereinstimmten. Er musste also auf der hinteren Sitzbank gesessen oder besser zum Zeitpunkt des Unfalls mit dem Oberkörper auf der Rückbank des Wagens gelegen haben, wobei der Kopf etwas angehoben war, als dieses Stück der abgebrochenen Feder hinter dem Ohr durch die Haut drang und die beschriebene Verletzung verursachte. Damit schied der Mann eindeutig als Fahrer aus.

Jetzt musste noch der verletzte junge Mann untersucht werden. Als wir ins Krankenhaus kamen, waren bereits mehrere Tage seit dem Unfall vergangen und der Patient auf dem Wege der Besserung. Er war wieder voll orientiert, nur an den Unfall konnte er sich nicht erinnern. Er wusste inzwischen wieder, wie er von seiner Dienststelle zu der seines Schwiegervaters gefahren war, er konnte sich auch noch daran erinnern, wie er dem Schwiegervater den Wagen gezeigt und sowohl Motorhaube als auch Kofferraum geöffnet hatte und wie sie dann abgefahren waren. Aber dann setzte sein Erinnerungsvermögen völlig aus.

An Verletzungen hatte er einen Schädelbasisbruch und mehrere Rippenbrüche sowie eine Fraktur des Brustbeins. Diese Brüche konnten sehr wohl bei einem Aufprall auf das bei dem Unfall beschädigte Lenkrad entstanden sein. Da sie aber auch auf anderen Sitzpositionen entstehen konnten, war dies allein noch kein Beweis, dass er der Fahrer gewesen war. Doch wir hatten noch einen Befund aus dem Fahrzeug zu klären. Bei der genauen Untersuchung des Innenraumes waren Blut und Gewebereste an dem abgebrochenen inneren Rückspiegel und insbesondere an dem noch in der Mitte über der Windschutzscheibe vorhandenen Fuß des Spiegels gefunden worden. Dem Aussehen nach war der Fahrer hier mit dem Kopf dagegengeprallt und musste sich also verletzt haben. Und tatsächlich hatte der junge Mann an der rechten Stirnseite ein Pflaster. Nach Aussage der behandelnden Ärzten war hier eine oberflächliche Platzwunde gewesen, bei der die Wundränder gesäubert und durch zwei Nähte fixiert worden waren. Nach Entfernen des Pflasters fand sich eine in Abheilung begriffene frische Narbe vor. Und da sich in den Gewebe- und Blutspuren am Spiegel ziemlich sicher die Blutgruppe des jungen Offiziers nachweisen ließ, war das der fehlende Beweis dafür, dass er tatsächlich den Wagen zum Unfallzeitpunkt gefahren hatte. Offensichtlich war er nach dem Unfall in einem Schockzustand in das nächste Dorf gerannt und dort verwirrt vorgefunden worden.

Nach seiner Genesung wurde er wegen fahrlässiger Tötung angeklagt und verurteilt. Er nahm das Urteil sofort an.

Die Suche nach der Lehrerin

Ich saß im Institut in meinem Arbeitszimmer, als die Sekretärin hereinkam und fragte: »Oberleutnant X. von der Kriminalpolizei ist da, er möchte Sie kurz sprechen. Haben Sie jetzt Zeit?« Doch bevor ich bejahen konnte, stand der Oberleutnant schon im Zimmer.

»Es dauert auch nicht lange, aber ich habe was Interessantes für Sie.« Er hielt eine ziemlich abgenutzte Aktentasche in der Hand.

Ich bot ihm einen Platz an, er setzte sich und entnahm der Aktentasche einen etwas zerknüllten Schreibblock.

»Diese Tasche haben wir im Hafen vorn auf dem Molenkopf gefunden. Angler haben sie heute Morgen dort liegen sehen. Sie gehört ganz offensichtlich einer Frau, einer Lehrerin, wie aus den Papieren in der Tasche hervorgeht. Die Frau ist verschwunden, wahrscheinlich ist sie ins Wasser gegangen. Das geht zumindest aus ihrem Schreiben hier in der Tasche hervor. Vorher war sie am gestrigen Abend mehrmals in einer

Gaststätte im Hafen und hat sich nach Aussagen des Wirts ziemlich voll laufen lassen. Aber nach Mitternacht hat er sie nicht mehr gesehen. Nur ihre Tasche war heute Morgen noch da, draußen auf der Mole. Die Frau hat den Verlauf des Abends ziemlich genau aufgeschrieben. Und an der Veränderung der Schrift sieht man, wie blau sie zum Schluss war. Vielleicht können Sie daraus etwas über ihre Zurechnungs- und Handlungsfähigkeit ableiten. Ich nehme an, dass Sie dieses Schreiben interessieren wird. Der Staatsanwalt hat eine Schriftbegutachtung angeordnet, weil wir vermuten, dass sie in selbstmörderischer Absicht ins Wasser gesprungen ist. Aber natürlich müssen wir auch überprüfen, ob es ein Unfall aufgrund starker Trunkenheit war oder ob sie ins Wasser geworfen wurde.«

Damit übergab er mir die Tasche und den Schreibblock. Ich blätterte in dem Block und sah auf den ersten Blick, dass anfangs eine normale und später eine durch Alkoholeinwirkung veränderte Schrift zu erkennen war.

»Den genauen Promillewert kann man daraus nicht ablesen, aber der Grad der Trunkenheit ist schon erkennbar. Sicher kann man auch was zur Frage der Handlungsfähigkeit sagen«, antwortete ich ihm. »Ich werde mir das Schriftwerk mal genau ansehen. Wenn ich aber sagen soll, ob es überhaupt von ihr geschrieben worden ist, brauche ich noch Vergleichsproben, frühere Briefe oder ähnliches. Sie hören dann von mir.«

Er verabschiedete sich, und ich sah zunächst einmal die beschriebenen Blätter durch. Während die ersten Seiten eine normale, etwas zierliche und akkurate Schrift erkennen ließen, wurde etwa ab der achten Seite die Schrift immer größer und zerfahrener. Und entsprechend veränderte sich auch der Inhalt. Es war deutlich zu erkennen, dass der Trunkenheitsgrad immer stärker geworden war, bis zum Schluss auf der letzten Seite der Text kaum noch zu lesen war. Es war die typische Veränderung des Schriftbildes unter immer stärker werdender Trunkenheit. Da die Beurteilung, insbesondere der Vergleich mit den im nüchternen Zustand entstandenen Abschnitten und auch die Bewertung des Inhaltes, doch etwas mehr Zeit in Anspruch nehmen würde und ich ja vor dem Besuch mit anderen Gutachten beschäftigt gewesen war, legte ich diese Schriftstücke erst einmal beiseite, um mich später intensiver damit zu befassen, zumal ja die Vergleichsproben noch ausstanden.

Ich kam aber am selben Tag nicht mehr dazu, weil einige andere eilige Aufgaben erledigt werden mussten. Und so blieb die Angelegenheit zunächst einmal liegen. Jedoch wurde ich nach drei Tagen daran erinnert, als sich der Oberleutnant wieder bei mir einfand und die Vergleichsproben aus der Wohnung brachte. Ich hatte ein bisschen ein schlechtes Gewissen, weil ich an dem Gutachten noch nichts gemacht hatte.

»Sie wollen wohl das Gutachten abholen? Ich bin aber noch nicht so weit. Ein paar Tage brauche ich noch, weil noch einige andere Dinge eilig sind.«

Doch er winkte ab. »Darum geht es nicht, Herr Professor, es hängt zwar mit dem Fall zusammen, aber das Gutachten ist nicht so eilig. Wir sind uns ziemlich sicher, dass es ein Selbstmord war. Aber die Leiche haben wir noch nicht gefunden. Ich habe mal irgendwo gehört, dass Wasserleichen am neunten Tag wieder an die Oberfläche kommen. Und nun habe ich mir gedacht, wenn wir an diesem Tag die Küste mit einem Boot absuchen, könnten wir sie vielleicht finden. Ich habe schon für diesen Tag ein Küstenschutzboot angefordert. Haben Sie nicht Lust, mitzukommen? Es ist zwar ein Feiertag, aber in unserem Beruf kann man ja darauf keine Rücksicht nehmen.«

Natürlich hatte ich Lust. Als ich in den Kalender schaute, sah ich, dass der ominöse neunte Tag ausgerechnet der 31. Oktober, der Reformationstag, und damit gesetzlicher Feiertag war. Doch die Aussicht, einen halben Tag auf dem Wasser vor der Küste herumzuschippern, überwog natürlich alles andere. Ich sagte also zu.

»Kann auch mein Mitarbeiter Dr. Y. mitkommen?«

»Aber selbstverständlich, das Boot ist ja groß genug.«

Und so fragte ich den Kollegen, ob er auch Lust hätte, seinen freien Tag zu opfern und auf dem Wasser herumzufahren. Er war genau so begeistert wie ich und sagte zu. Und als Dank dafür versprach ich noch, das Gutachten bis dahin fertig zu haben.

Am Reformationstag fuhr ich rechtzeitig los. Wir wollten uns um 9 Uhr am Boot treffen, und ich wollte auf jeden Fall pünktlich da sein. Es war ein der Jahreszeit entsprechender trüber Tag, der Himmel war wolkenverhangen, und es blies ein steifer Westwind. Die Suche auf dem Wasser versprach etwas stürmisch zu werden. Uns konnte es nur recht sein. Ob wir bei dem Wetter etwas finden würden, war sicher zweifelhaft.

Aber neunter Tag war nun mal neunter Tag, da konnte man auf das Wetter keine Rücksicht nehmen. Allerdings hatte ich bisher noch nie etwas davon gehört, dass Wasserleichen am neunten Tag wieder hochkommen würden, aber man konnte ja nur dazulernen.

Als ich zu dem Liegeplatz des Bootes fuhr, kam ich an einem im Entstehen begriffenen Neubaugebiet vorbei, wo trotz des Feiertags gearbeitet wurde. Offenbar wurden Tiefbauarbeiten ausgeführt und Rohre verlegt. Als ich genauer hinsah, erkannte ich, dass die Arbeiter dort Polizisten waren, die wahrscheinlich an dem kirchlichen Feiertag eine »freiwillige« Aufbauschicht leisteten.

Am Boot waren meine beiden »Mitsucher« schon versammelt, wir begrüßten den Kommandanten des Bootes, gingen an Bord, und die Suche begann. Im Ausguck stand ein Matrose mit einem Fernglas, und wir drei standen mit dem Kommandanten auf der Brücke, ebenfalls mit einem Feldstecher bewaffnet, und suchten nun die See bis zum Horizont ab. Das Boot fuhr große Schleifen vor der Küste ab, etwa das Gebiet, wo wir ein Auftauchen der Leiche vermuten konnten.

Bis zum Mittag hatten wir die Strecke mehrfach abgefahren, ohne dass wir etwas entdecken konnten. Der Wind nahm immer mehr zu, die See wurde immer bewegter, und die Aussichten, bei der durch Wellengang veränderten Wasseroberfläche etwas zu finden, wurden immer geringer. Obwohl wir uns in Erwartung einer etwas stürmischen See warm angezogen hatten, wurde es doch empfindlich kalt auf der Brücke. Da auch immer wieder einige Brecher bis zur Brücke hochkamen und uns einweichten, bot der Kommandant uns an, Ölzeug anzuziehen. Nach einigem Zögern machten wir dann auch von diesem Angebot Gebrauch. Trotzdem wurde es zunehmend ungemütlicher auf der Brücke. Da es Zeit zum Mittagessen war, fragte der Kommandant, ob wir vielleicht an Bord etwas essen wollten. Er könnte uns aber nur eine Erbsensuppe anbieten. Begeistert sagten wir zu, und ich erkundigte mich, ob auch etwas zu trinken an Bord sei. Es war nur Bier da. Um mich erkenntlich zu zeigen, kaufte ich einige Kästen Bier und zwei Flaschen Schnaps aus dem Privatbesitz des Kommandanten – angeblich der einzige Alkohol an Bord – und stellte ihn der dienstfreien Allgemeinheit zur Verfügung.

Das Essen war ausgezeichnet, die Stimmung auch, das Ergebnis unserer Suche jedoch negativ. Und da es draußen schon zu dämmern begann, brachen wir die Suche ab und fuhren zurück in den Hafen. Als wir uns von der Bootsbesatzung verabschiedet hatten und wieder unter uns waren, kam das Geheimnis der Suche am neunten Tag heraus. Für alle Bürger der DDR war der 31. Oktober ein freier Tag, nur die Volkspolizei musste einen zusätzlichen Einsatz ableisten. Und das wollte unser Kriminalist zumindest für sich umgehen. Und möglich war es ja immerhin, dass wir die Tote am neunten Tag gefunden hätten.

Die Leiche der verschwundenen Lehrerin wurde übrigens fünf Monate später, ziemlich weit östlich der Stelle, wo sie ins Wasser gesprungen war, gefunden. Sie war von den Wellen an den Strand gespült worden. An Selbstmord bestand kein Zweifel. Die Auswertung des Abschiedsbriefes bestätigte den Suizid. Sie gab darin ihr Motiv an und schilderte, wie sie sich Mut antrank, um ihre Absicht, ins Wasser zu gehen, in die Tat umzusetzen. Wie sie schrieb, war sie mehrfach aus der Gaststätte hinausgegangen, um ins Wasser zu springen. Aber immer wieder hatte sie der Mut verlassen. Dann ging sie wieder in die Gaststätte zurück und trank weiter. Kurz vor Mitternacht erfolgte dann ihre letzte Eintragung. Das Schriftbild ließ eine ziemlich starke alkoholische Beeinflussung erkennen. Die letzten Sätze waren nur mit Mühe zu entziffern. Sie lauteten: »Jetzt muss ich springen, ich sehe nicht mehr richtig. Alles schwankt. Lebt wohl.«

Kapitel 6

Forensisch-psychiatrische Gutachten

In früheren Jahren sind von mehreren gerichtsmedizinischen Instituten auch forensisch-psychatrische Gutachten erstellt worden. In der DDR hat sich aber die Gerichtsmedizin so entwickelt, dass derartige Gutachten kaum noch von Gerichtsmedizinern erstattet wurden, sondern vorrangig von psychiatrischen Einrichtungen. Es entwickelten sich auch spezielle Abteilungen für forensische Psychiatrie, aber sie waren sehr spärlich, und es traten mitunter erhebliche Verzögerungen bei der Erstattung entsprechender Gutachten auf. Deshalb waren die Gerichte froh, wenn sich für ambulante Begutachtungen gelegentlich auch auf diesem Gebiet erfahrene Rechtsmediziner fanden. Vor allem bei der Beurteilung der alkoholischen Beeinflussung wurde die Gerichtliche Medizin relativ häufig eingeschaltet.

Da ich mehrere Jahre in einer psychiatrischen Einrichtung gearbeitet habe, übernahm ich gelegentlich auch solche Gutachten, vor allem, wenn sie Fragen unseres Fachgebietes betrafen. Zwei solcher Gutachten sind mir wegen ihrer Kuriosität noch besonders in Erinnerung. Deshalb will ich abschließend darüber berichten.

Spion oder Agent?

Die normale Dienstzeit des Institutes war seit über einer Stunde vorüber, doch für mich lag noch ein Berg Arbeit da. Ich war am Vormittag auf einer Außensektion gewesen und erst am Nachmittag zurückgekommen. Jetzt musste noch die Post durchgesehen und die wichtigsten Dinge, die tagsüber liegen geblieben waren, erledigt werden. Für drei bis vier Stunden war ich noch beschäftigt. Aber das war ja nichts Außergewöhnliches. An den meisten Tagen kam ich erst spät nach Hause. Meine Familie war daran gewöhnt.

Und diese späten Nachmittags- und Abendstunden hatten ja auch ihr Gutes. Ich war ungestört und konnte mich ganz auf die Akten bzw. Gutachten konzentrieren. Deswegen waren die Abendstunden ein fester Bestandteil meines Arbeitstages.

Nun saß ich an meinem Schreibtisch und war mit der Durchsicht einer Strafakte beschäftigt, weil ich in diesem Fall in den nächsten

Tagen ein Gutachten vor Gericht abgeben sollte. Ich las gerade die Aussage des Angeklagten durch, als es an meiner Zimmertür klopfte. Etwas verwundert rief ich »Herein«, weil ja niemand mehr im Haus war und auch die Pforte um diese Zeit nicht mehr besetzt war. Auch meine Sekretärin war inzwischen gegangen, im Vorzimmer saß niemand mehr.

Als die Tür aufging, steckte der Besucher zunächst nur vorsichtig den Kopf herein, bevor er die Tür ganz aufmachte und ins Zimmer kam. Es war ein mir gut bekannter Mitarbeiter der Kriminalpolizei.

»Entschuldigen Sie die späte Störung, Herr Professor. Aber ich wusste, dass Sie noch hier sind, und da bin ich schnell selbst vorbeigekommen. Wir haben nämlich einen etwas komischen Fall. Und da wäre es schön, wenn Sie uns dabei beraten könnten. Oder haben Sie jetzt etwas ganz Eiliges zu tun?«

Das verneinte ich.

»Worum geht es denn, wobei soll ich Sie beraten?«

»Ja«, sagte er, »das ist schon eine komische Geschichte. Sie sind doch auch psychiatrisch ausgebildet, und da hätten wir gern, dass sie sich einmal einen Verdächtigen ansehen und uns ihre Meinung zu dem Mann sagen.«

»Ja, gern, aber wo ist der Mann, und weswegen ist er verdächtig? Wenn ich ihn beurteilen soll, muss ich ihn ja wenigstens gesehen haben und wissen, was er gemacht hat. Sonst kann ich mir ja kein Bild von dem Fall machen.«

»Er sitzt unten in der grünen Minna. Aber ich kann ihn nicht hier in ihr Zimmer bringen. Es wäre gut, wenn Sie mit hinunterkommen könnten«, antwortete er.

»Warum können Sie ihn nicht hochbringen? Besteht etwa Fluchtgefahr?«, fragte ich etwas scherzhaft.

»Nein, das gerade nicht. Aber ich kann Ihnen das nicht zumuten. Ich erzähle Ihnen erst einmal, was passiert ist. Sie wissen ja, dass wir, die Volkspolizei, da draußen am Stadtrand ein größeres Übungsgelände haben. Natürlich ist das abgesperrt, und das Betreten ist für Fremde verboten. Seit einiger Zeit werden am Rand des Geländes Aufenthaltsbaracken gebaut, und eine Baufirma, die schon seit Jahren für uns arbeitet, überprüft und als zuverlässig eingestuft wurde, ist damit beauftragt, diese Baracken aufzustellen. Sie hat an ihrem Arbeitsplatz Bauwagen für die Bauarbeiter aufgestellt, in denen sie sich umkleiden können und in denen sie sich in den Pausen auch aufhalten. Da weit und breit keine Toiletten vorhanden sind – die nächsten sind auf der anderen Seite des Geländes –, haben die Arbeiter sich dort unmittelbar am Zaun ein entsprechendes Häuschen gebaut und auf eine Grube gestellt, die sie zuvor ausgehoben haben. Und wie das so ist, vor allem nach dem Essen wird das Örtchen fleißig frequentiert.

Und heute Nachmittag haben wieder einige Bauarbeiter dieses Häuschen benutzt. Als der letzte Benutzer nach Erledigung seiner Geschäfte mehr zufällig in die Grube hinabschaute, sah er dort unten einen mit einem Regenmantel bekleideten Mann kauern. Der Arbeiter war im ersten Moment sehr erschrocken und stieß einen lauten Schrei aus. Dadurch wurden seine Kollegen auf ihn aufmerksam und erkundigten sich nach dem Grund dieses »Urschreis«, wie sie es nannten. Als sie nun die Ursache erfuhren und sich selbst von der unten in der Grube kauernden Gestalt überzeugen konnten, meinte der Vorarbeiter der Gruppe: »Der bleibt dort sitzen, bis die Polizei kommt. Wer weiß, was der vorhat.«

Und so geschah es dann auch. Die Arbeiter bildeten einen Kreis um das Häuschen, einer verständigte die Polizei, die ja auf dem Platz leicht zu erreichen war, und schon nach wenigen Minuten waren mehrere Polizisten an Ort und Stelle. Einer hatte einen Fotoapparat dabei und hielt das seltsame Bild fest. Danach musste der Mann aus der Grube herausklettern.

Als er jetzt völlig eingeschüchtert vor den Polizisten und Arbeitern stand, merkte man, dass ein fürchterlicher Gestank von ihm ausging. Er war über und über mit Kot besudelt. Bekleidet war er nur mit einem Igelit-Regenmantel, den er schamhaft zuhielt. Auf dem Kopf trug er eine Art Südwester.

Nachdem er aus der Grube geklettert war, wollte er zu einem Gebüsch in der Nähe gehen, wo seine Sachen lagen, die er offensichtlich vor der Aktion dort abgelegt hatte, bevor er sich Regenmantel und Südwester anzog. Doch alle Anwesenden waren dagegen. Es musste alles unverändert bleiben, bis die Spezialisten der Kriminalpolizei kamen. Man hatte den Verdacht, dass die komische Figur möglicherweise ein Spion oder Agent sein könnte, der im Auftrag des Klassenfeindes heimlich Gespräche belauschen sollte. Denn wer sonst würde sich in eine solche Situation begeben?

Es dauerte auch gar nicht lange, bis die Kriminalpolizei kam. Nachdem alles fotografisch festgehalten worden war, entschied man, dass der Verdächtige sich zunächst notdürftig säubern sollte. Das war jedoch gar nicht so einfach, weil eine Waschmöglichkeit nicht in der Nähe war. Die sollte ja in den Baracken erst entstehen. Aber für die Bauleute war ein Wasserwagen mit einem Schlauch vorhanden, sodass der Mann erst einmal notdürftig abgespritzt werden konnte.

Nun sollte er zur Vernehmung ins Kreisamt gebracht werden. Verständlicherweise wollte niemand ihn in seinem Wagen mitnehmen. Deshalb wurde eine »grüne Minna« angefordert, in der er dann abtransportiert wurde. Und nun stand dieser Wagen mit dem Gefangenen unten auf der Straße vor dem Institut.

»Ist das nun ein Spion, oder steckt da was anderes dahinter?«, war die Frage des Kriminalisten.

Als ich diese Geschichte gehört hatte, war mir ziemlich klar, um was es sich da handelte. Doch ich fragte noch einmal nach: »Konnte er denn an dieser Stelle überhaupt Geheimnisse belauschen?«

»Nein, natürlich nicht, wenn er überhaupt Gespräche gehört hat, dann die Witze der Bauarbeiter. Und die sind nicht immer die feinsten.«

Ganz offensichtlich handelte es sich hier um einen Menschen, der an einer bestimmten sexuellen Perversion litt, der *Koprolagnie,* bei der die sexuelle Befriedigung durch eine Berührung mit Darmausscheidungen bzw. dem Zusehen bei der Defäkation erlangt wird. Sie kommt äußerst selten vor und wird zu dem großen Formenkreis des Masochismus gezählt.

Ich ging nun mit hinunter und sah mir den Mann in dem Wagen an. Es war ein schmächtiges Kerlchen, das verschüchtert vor mir saß und immer wieder betonte: »Ich habe doch nichts Schlimmes gemacht. Ich habe doch ganz ruhig da unten gesessen. Ich wusste doch gar nicht, dass das verboten ist.«

Obwohl er sich notdürftig gesäubert hatte, ging immer noch ein ganz beträchtlicher Gestank von ihm aus, und der Fahrer des Wagens äußerte seine Besorgnis, das Fahrzeug wieder sauber zu kriegen.

Als ich den Delinquenten dann etwas näher befragte, bestätigte sich meine Vermutung, dass es sich um eine *Koprolagnie* handelte. Er erzählte, dass er auf dem Dorf, wo zur damaligen Zeit ja noch öfter die mehr oder weniger primitiven Außentoiletten vorhanden waren, des Öfteren den Versuch unternommen hatte, anderen Personen bei der Verrichtung ihres großen Geschäfts zuzusehen. Meist hatte es nicht geklappt, weil ihn vorher jemand entdeckt und dann verscheucht hatte. Deshalb hatte er es hier versucht, weil er glaubte, dass ihn da keiner bemerken würde, und weil er auf starke Männer besonders stehe. Das Einsteigen in die Grube hatte ja auch dank der Büsche, die das Häuschen verdeckten, ganz gut geklappt. Dass nun einer der Arbeiter hinuntergesehen und ihn entdeckt hatte, war sein besonderes Pech.

Ich konnte nun bestätigen, dass es sich bei dem Vorfall um eine sehr seltene sexuelle Perversion handelte und dass der Mann keine Strafe, sondern eine ärztliche Behandlung brauchte. Er ist dann zwar zur Vernehmung und insbesondere zur Säuberung noch ins Kreisamt gebracht worden, nach meinen späteren Informationen aber dann anschließend in einer Nervenklinik vorgestellt worden.

Belohnung für den Gutachter

Eine der eigenartigsten Begutachtungen ist mir noch wegen der Begleitumstände ganz besonders gut in Erinnerung.

Eines Tages wurde ich vom Leiter der örtlichen Kriminalpolizei bei einem Besuch in unserem Institut beiläufig gefragt, ob ich am kommenden Wochenende zu Hause sei.

»Wie meinen Sie das, meinen sie das ganze Wochenende, oder handelt es sich um bestimmte Zeiten?«, fragte ich zurück.

»Ich meine das ganze Wochenende. Es könnte sein, dass wir Sie dann brauchen. Doch wann genau das sein wird, kann ich Ihnen jetzt noch nicht sagen«, war seine Antwort.

»Worum handelt es sich denn? Ihre Frage muss doch einen bestimmten Grund haben.«

»Hat sie auch«, antwortete er, »Werner X. wird aus der Haft entlassen.«

Ich sah ihn erstaunt an, denn mit dieser Antwort konnte ich nichts anfangen.

»Wer ist denn Werner X., und was habe ich mit seiner Entlassung zu tun?«

»Was, Sie wissen nicht, wer Werner X. ist?« Jetzt sah er mich erstaunt an. »Den kennt doch in den hiesigen Polizeikreisen fast jeder. Seit seinem 16. Lebensjahr ist er kaum länger als eine Woche in Freiheit gewesen. Und seine Brüder sind ebenso. Diebstähle, Sachbeschädigung, Körperverletzung und dergleichen, keine großen Sachen, aber wie gesagt, lange hält er es draußen nicht aus. Zur Zeit sitzt er noch, wird aber am Wochenende entlassen. Es kann sein, dass er dann wieder etwas ausfrisst und wir ihn festnehmen müssen. Dann wäre es schön, wenn Sie ihn umgehend untersuchen könnten.«

»Wieso soll ich ihn denn untersuchen? Fehlt ihm etwas? Und warum muss das so eilig sein?«, fragte ich verwundert.

»Sie sollen ihn auf seine Zurechnungsfähigkeit untersuchen. Vor allem soll die Frage geklärt werden, ob er in eine Untersuchungshaftanstalt muss oder in einer Nervenklinik untergebracht werden kann«, war die Antwort.

Ich sagte ihm, dass ich am Wochenende nichts Besonderes vorhätte, aber wegen so einer unsicheren Begutachtung auch nicht die ganze Zeit zu Hause sitzen würde. Er könnte mich ja anrufen, wenn er mich brauchte. So brandeilig sei die Angelegenheit ja nun auch wieder nicht. Normalerweise vergingen ja Wochen und nicht selten sogar Monate, bis eine Begutachtung auf Zurechnungsfähigkeit angeordnet würde.

»Warum ist es denn in diesem Fall so eilig? Die Untersuchungshaft wird ja doch wohl einige Zeit dauern. Bis zur Verhandlung vergeht doch immer eine gewisse Zeit. Die Ermittlungen müssen doch erst abgeschlossen werden. Ist der Betreffende denn psychisch so auffällig, dass er sofort in eine Klinik muss?«, fragte ich.

»Das nun gerade nicht. Er ist früher schon mehrfach begutachtet worden, aber immer als voll zurechnungsfähig erklärt worden. Aber keine Haftanstalt wird mit ihm fertig. Deshalb hätten wir ihn gern in einer Klinik untergebracht. Vielleicht kommen die besser mit ihm zurecht. Außerdem ist er ein chronischer Fremdkörperschlucker. Er hat schon alles Mögliche geschluckt, beispielsweise Löffel und Glühbirnen, nur um in eine Krankenabteilung zu kommen«, war die Antwort.

»Nun ja, Sie können mich ja notfalls anrufen, wenn es unbedingt erforderlich ist.«

Damit gab er sich auch zufrieden, und wir verabschiedeten uns.

Das Wochenende verlief jedoch ruhig. Ich war zwar immer zu Hause, aber nicht wegen dieser fraglichen Begutachtung, sondern weil das

Wetter schlecht war und ich mich mit meiner Modelleisenbahnanlage beschäftigen wollte. An Werner X. hatte ich kaum noch gedacht. Ich wurde seinetwegen auch nicht angerufen.

Als ich am Montagmorgen ins Institut kam, sagte meine Sekretärin, dass der Staatsanwalt schon mehrfach angerufen hatte. Ich sollte ihn doch umgehend zurückrufen.

»Sie wollten mich sprechen, Herr Staatsanwalt, worum geht es?«, fragte ich.

»Wir haben eine ganz große Bitte, Herr Professor. Können Sie heute noch Werner X. untersuchen und begutachten? Major W. hat ja in der vorigen Woche schon mit Ihnen in dieser Angelegenheit gesprochen. Werner X. ist am Samstag wieder festgenommen worden und sitzt nun hier in der Untersuchungshaftanstalt.«

»Ist es denn so eilig? Ich habe heute Nachmittag eigentlich schon einen Termin, aber den kann ich eventuell verschieben. Wo soll denn die Untersuchung stattfinden?«

»Hier in der Haftanstalt, Sie kennen ja das Untersuchungszimmer. Zwar ist heute Nachmittag der Anstaltsarzt hier und hat seine Sprechstunde, aber die muss er verlegen. Ich sorge dafür. Ihre Untersuchung ist uns wichtiger. Ich spreche gleich mit dem Anstaltsleiter. Es wird alles bestens vorbereitet. Ich komme auch vorbei, aber etwas später.« Damit verabschiedete sich der Staatsanwalt.

Etwas eigenartig war die Geschichte schon. Ich konnte diese Eile und die Aufregung um einen schon mehrfach vorbestraften Häftling nicht verstehen. Er war nach seiner erneuten Festnahme erst zwei Tage in Untersuchungshaft, da eilte es mit der psychiatrischen Untersuchung im Allgemeinen nicht so. Es musste erst ein Ermittlungsverfahren durchgeführt werden, und dann dauerte es bis zur Gerichtsverhandlung auch noch eine gewisse Zeit. Diese Eile musste schon einen triftigen Grund haben. Dass die hiesige Untersuchungshaftanstalt mit ihm nicht fertig wurde und ihn deshalb gern wieder loswerden wollte, konnte ja nicht der alleinige Grund sein. Ich wollte den Staatsanwalt am Nachmittag danach fragen.

Doch das konnte ich schon eher tun, denn kurz vor Mittag kam er im Institut vorbei: »Ich kann leider heute Nachmittag nicht in die Haftanstalt kommen, deshalb bringe ich Ihnen die Strafakte jetzt vorbei. Ich war gerade hier in der Gegend. Dann können Sie sich auch vorher schon ein Bild machen. X. ist ein ganz besonderer Fall, und wir würden es sehr begrüßen, wenn er in einer psychiatrischen Einrichtung untergebracht werden könnte. Dazu brauchen wir aber ein entsprechendes Gutachten, dass er zumindest vermindert schuldfähig ist.«

Das wunderte mich etwas, denn sonst war es doch das Bestreben der Staatsanwaltschaft, die Schuld des Verhafteten nachzuweisen. Aber dann erfuhr ich auch, warum das gegenteilige Interesse bestand. Der Festgenommene hatte trotz seiner Jugend schon ein recht erhebliches Strafregister und war in den letzten Jahren nie länger als eine Woche auf freiem Fuß gewesen. Und was das Schlimmste war: er hatte nicht nur die regionalen, sondern alle in Betracht kommenden Haftanstalten schon besucht. Wegen seines ausgesprochen schwierigen und renitenten Verhaltens wollte ihn keine Strafanstalt mehr haben, und der Staatsanwalt sah nach seiner Verurteilung die Schwierigkeit voraus, ihn irgendwo unterzubringen. Da wäre ihm eine Einweisung in eine psychiatrische Einrichtung sehr lieb gewesen, denn dort war X. noch nicht bekannt.

Jetzt war er wieder wegen Diebstahl festgenommen worden. Gleich nach seiner Entlassung aus der Strafanstalt am Samstag vergangener Woche hatte er zunächst den katholischen Pfarrer hier am Ort aufgesucht, ihm sein Leid geklagt und eine kleine Geldspende erhalten. Das Gleiche funktionierte auch mit dem evangelischen Pfarrer. Auch dort bekam er etwas Geld. Diese beiden Spenden waren zwar nicht sehr reichlich, aber für einen kleinen Kneipenbesuch reichten sie allemal. Danach suchte er seine Mutter auf und quartierte sich bei ihr ein.

Weil er seiner Meinung nach von irgendetwas leben musste, ging er am Abend in der Dunkelheit wieder auf Tour und stieg in ein Krankenhaus ein. Dort drang er in das Untersuchungszimmer ein und stahl aus dem Medikamentenschrank ziemlich wahllos einige Arzneimittel und verschiedene Instrumente, unter anderem auch ein Fieberthermometer. Da er hierbei einige Geräusche verursachte, wurde er von der Nachtschwester bemerkt und gefragt, was er denn hier wolle. Ohne auf diese Frage zu antworten, lief er davon und kletterte wieder aus dem gleichen Fenster im Parterre, durch das er eingestiegen war. Er gelangte in den Klinikgarten, lief zur Außenmauer und stieg darüber. Dabei wurde er von mehreren Personen beobachtet, die gerade aus einem in der Nähe gelegenen Theater kamen. Da ihnen sein Verhalten sehr verdächtig vorkam, wollten sie ihn festhalten, aber er lief davon. Einige beherzte junge Männer liefen hinter ihm her und riefen dabei den auf der Straße befindlichen Personen zu, dass sie ihn festhalten sollten, weil es wahrscheinlich ein Dieb sei. Auf seiner Flucht lief nun der Täter an einer Straßenecke einem Streifenpolizisten in die Arme, der ihn wegen der Rufe der Verfolger zunächst einmal festhielt, um zu klären, um was es sich hier eigentlich handelte.

Als der Polizist jetzt von dem Festgenommenen verlangte, sich auszuweisen, zog dieser mit artistischer Geschwindigkeit das soeben im Krankenhaus gestohlene Fieberthermometer aus der Tasche, steckte es in den Mund und verschluckte es.

Jetzt bekam es der Polizist mit der Angst zu tun. Das war doch ein Thermometer aus Glas und dann noch mit Quecksilber gefüllt. Das konnte doch im Magen-Darm-Trakt zu schweren Verletzungen und Vergiftungen führen. Hier musste sofort ärztliche Hilfe her. Also holte er einen Streifenwagen herbei und brachte den Festgenommenen in die chirurgische Klinik. Den erstaunten Ärzten erzählte er, dass der Mann soeben ein Fieberthermometer verschluckt habe. Die Ärzte sahen ihn etwas ungläubig an, meinten aber, dass in dem Fall zunächst eine Röntgenaufnahme gemacht werden müsste.

Und so wurde der Mann in die Röntgenabteilung gebracht. Da es schon Nacht war, musste die Röntgenassistentin erst geholt werden, dann wurde die Aufnahme gemacht. Darauf war tatsächlich im Magen ganz deutlich ein Fieberthermometer zu erkennen.

Während die Ärzte und auch der Polizist sich interessiert das Röntgenbild ansahen, nutzte der Täter die Gelegenheit, unbeobachtet zu entkommen. Durch ein Flurfenster stieg er ins Freie und verschwand im Klinikgarten. Zwar versuchte der Polizist, ihn wieder zu kriegen, aber der Mann war wie vom Erdboden verschluckt. Er blieb verschwunden.

Der Dieb war inzwischen in eine andere Klinik eingestiegen und hatte dort im Flur einen weißen Kittel entdeckt, den er sich anzog. Bei seiner Suche nach etwas Brauchbarem kam er auch hier wieder in das Untersuchungszimmer einer Station und fand dort die Nachtschwester vor, die etwas eingenickt war. Sie schreckte bei dem Anblick des weiß bekittelten Mannes auf, den sie für einen ihr unbekannten Arzt hielt, und stammelte verlegen eine Entschuldigung. Mit den Worten: »Beim nächsten Mal sind Sie aber dran, wenn ich Sie wieder schlafend antreffe«, verließ er unbehelligt die Station.

Sein weiterer Weg führte ihn in den Keller der Klinik. Hier stahl er das Fahrrad des Hausmeisters und verließ damit das Klinikum, immer noch mit dem weißen Kittel bekleidet. Sein weiterer Weg führte ihn quer durch die Stadt und an der jenseitigen Ausfallstraße an der städtischen Molkerei vorbei. Hier stellte er das Fahrrad am Zaun ab und ging zum Pförtner. Der war auch eingeschlafen und wurde von dem Besucher etwas unsanft geweckt und wegen des Schlafens beschimpft. Der Pförtner kannte den Mann zwar nicht, war aber durch sein forsches Auftreten und den weißen Kittel beeindruckt und hielt ihn für einen neuen Assistenten der Molkerei. Und als ihm dieser nun erklärte, dass er gekommen sei, um einen Lkw vom Hof zu holen, hatte der Pförtner auch keine Bedenken, ihn gewähren zu lassen. Der Mann im weißen Kittel fuhr dann auch ohne Probleme mit dem Lkw aus dem Betrieb und verschwand in Richtung Umland.

Der weitere Weg konnte nach der Festnahme und den Angaben des Beschuldigten recht gut rekonstruiert werden. Er war danach in Richtung der nächsten Stadt gefahren, aber kurz vor Erreichen der Stadtgrenze hatte er den Lkw in den rechten Straßengraben gefahren und sich dabei leicht verletzt. Wie betäubt saß er noch in seinem Führerhaus, als ein Motorradfahrer mit Seitenwagen vorbeikam und den verunglückten Lkw entdeckte. Er hielt an und fand den noch benommenen Fahrer hinter dem Steuer. Er half ihm aus dem Fahrzeug, lud ihn in seinen Seitenwagen und brachte ihn ins Krankenhaus. Dort wurden die unbedeutenden Hautabschürfungen versorgt und der Patient nach Hause geschickt. Dann verlor sich seine Spur, aber nicht für lange.

Gegen Mittag meldete der Platzwart eines in der Nähe des Krankenhauses gelegen Sportplatzes, dass dort in die Kabinen eingebrochen und verschiedene Gegenstände gestohlen worden seien.

Inzwischen war auch die Fahndung nach dem flüchtigen Einbrecher angelaufen. Für die Kriminalisten lag der Verdacht nahe, dass es sich um den gerade aus der Haft entlassenen Werner X.' handeln könnte. Der ganze Ablauf sprach dafür. Und es war auch wahrscheinlich, dass es sich bei den Einbrüchen auf dem Sportplatz ebenfalls um das Werk Werner X.‹ handeln könnte, denn der gestohlene Lkw war in der Nähe aufgefunden worden. Bis zu dem Sportplatz war also die Spur bekannt, dann aber verlor sie sich. Selbst in der weiteren Umgebung des Sportplatzes war nichts von ihm zu entdecken.

Die Suche in der Wohnung der Mutter, wo man ihn am ehesten vermuten konnte, verlief ergebnislos. Erst, als man am Sonntagabend nochmals diese Wohnung aufsuchte, fand man ihn endlich. Als die Kriminalisten an der Wohnungstür standen, hatte er sich Zimmer für Zimmer zurückgezogen und wurde dann im mütterlichen Schlafzimmer auf dem Kleiderschrank gefunden, wo er sich mit einem großen Federbett verschanzt hatte. Als die Polizisten die Tür aufgebrochen hatten, schlitzte er mit einem Messer das Federbett auf und schüttelte das Bett wie Frau Holle, sodass die Polizisten von oben bis unter voller Federn waren. Das war also die Geschichte, die sich aus der Akte ergab.

Ich fuhr zu dem ausgemachten Termin in die Haftanstalt und wurde auch gleich in das ärztliche Untersuchungszimmer gebracht. Dort saß allerdings schon der Anstaltsarzt und hatte mit seinen Untersuchungen begonnen. Ich war etwas erstaunt und fragte ihn, ob man ihm denn nicht Bescheid gesagt hätte.

»Doch, aber erst, als ich gerade mit der Untersuchung begonnen hatte. Ich mache das nur noch zu Ende, und dann räume ich Ihnen das Feld. Ich gehe in einen anderen Raum.«

Ich wartete also ein paar Minuten. Dann verließ der Kollege den Raum, und ich sagte dem wartenden Polizisten Bescheid, dass der Häftling Werner X. gebracht werden könnte. Der Wachtmeister ging zur Station, um den Häftling zu holen, kam aber zunächst nicht wieder, obwohl die Station nur eine Treppe weiter oben war. Nach einer ganzen Weile erschien er zusammen mit dem Anstaltsleiter, der etwas aufgeregt sagte: »Herr Professor, vielleicht kommen Sie mal mit. Wir wissen nicht, was wir machen sollen. Der Häftling will nicht mitkommen. Er sagt, dass er nicht untersucht werden will. Deshalb hat der Wachtmeister schon mich geholt. Aber auf mich hört er auch nicht.«

Das hatte ich auch noch nicht erlebt, dass ein Häftling sich einfach weigerte, zur ärztlichen Untersuchung zu gehen, und dass es selbst dem Anstaltsleiter nicht gelang, ihn dazu zu bewegen. Ich begleitete ihn also die Treppe hoch zur Station. Dort stand der Häftling mit einem anderen Wachtmeister und hielt sich an den Gitterstäben der Stationstür fest. Ich sprach ihn an und forderte ihn auf, mit mir zu einer einfachen und unkomplizierten Untersuchung zu kommen.

»Ich will nicht untersucht werden. Ich komme nicht mit, da können Sie machen, was Sie wollen, und da können Sie schicken, wen Sie wollen. Ich bleibe hier.«

»Herr X., die Untersuchung ist in Ihrem Interesse. Es geht um Ihre Schuldfähigkeit. Und es ist eine ganz harmlose Untersuchung.« Meine Worte riefen keine Reaktion bei ihm hervor. Ich versuchte es noch eine Weile durch ruhiges Zureden, ihn zum Mitkommen zu bewegen, aber ohne Erfolg. Das Einzige, was er sagte, war: »Ich will nicht in die Klapsmühle.«

Da sagte ich ihm schließlich: »Herr X., wenn ich Sie hier nicht untersuchen kann, dann muss ich Sie in die Nervenklinik bringen lassen und dort untersuchen. Um diese Untersuchung kommen Sie nicht herum.«

Die Drohung mit der Nervenklinik wirkte. Er meinte nach einigem Überlegen: »Na ja, ich kann es ja mal versuchen. Wenn mir aber etwas nicht passt, dann gehe ich wieder.«

Und dann ging er problemlos mit mir und einem Wachtmeister hinunter in das Untersuchungszimmer. Als wir jetzt allein im Zimmer waren, stellte ich mich noch einmal vor und sagte ihm auch, von welcher Einrichtung ich kam. Kaum hörte er das, machte er auf dem Absatz kehrt und wollte den Raum wieder verlassen. Ich vertrat ihm den Weg und machte ihm noch einmal sehr eindringlich klar, um was es ging. Nach einigen Sätzen hatte ich ihn dann wieder soweit, dass er »es noch mal versuchen wollte«. Als ich ihm eine Zigarette anbot und mir selbst auch eine ansteckte, war die Bereitschaft zur Untersuchung noch größer geworden, und nach einer kleinen Pause konnten wir mit der klinischen Untersuchung beginnen, die ihm durchaus Spaß machte. Vor allem das Abklopfen der Reflexe gefiel ihm, und er ließ sich den Sinn dieser Untersuchung erklären. Irgendwelche krankhaften Veränderungen bestanden nicht.

Dann kamen wir zu einigen Tests und zur Beantwortung der im Rahmen einer psychiatrischen Untersuchung gestellten Testfragen, die er auch bereitwillig und durchaus richtig beantwortete. Ich hatte den Eindruck, dass mit dem Fortschreiten der Untersuchung sein Interesse an den Untersuchungsmethoden wuchs und er jetzt ganz gern und bereitwillig alle Fragen beantwortete. Besonders freute er sich, wenn ich ihm dann bestätigte, dass er die jeweilige Frage durchaus richtig beantwortet hatte. Als wir nach einiger Zeit zum Ende kamen, war er sogar etwas traurig, dass nun alles vorbei war. Von ihm aus hätte die Untersuchung durchaus noch eine Weile dauern können.

Ich sagte draußen Bescheid, dass der Häftling wieder auf Station gebracht werden könnte.

Während wir auf das Erscheinen des Stationswachtmeisters warteten, rauchten wir noch eine Zigarette zusammen. Da klopfte X. mir freundschaftlich auf die Schulter und sagte sehr freundlich: »So einen angenehmen Doktor habe ich noch nicht erlebt. Wenn ich das gewusst hätte, wie das läuft, wäre ich gleich mitgekommen. Wissen Sie, Herr Doktor, wenn ich wieder raus bin, mache ich mal einen Knack für Sie. Sie können dann sagen, was Sie haben wollen. Ich besorge Ihnen alles.«

Ich bin des Öfteren in meinem Leben für gute Arbeit gelobt worden. Doch so ein Angebot ist mir nie wieder gemacht worden. Aber es war ehrlich gemeint und nach der Auffassung von X. das Beste, was er mir bieten konnte.

Werner X. war auf Grund meiner Untersuchungen zum Leidwesen der Staatsanwaltschaft nicht vermindert zurechnungsfähig. Es wurde ein normales Gerichtsverfahren durchgeführt, in dem er zu einer mehrjährigen Freiheitsstrafe verurteilt wurde, die er dann auch in einem ehemaligen Zuchthaus absaß.

Nach Verbüßung eines Teils dieser Strafe hatte ich einige Jahre später noch einmal mit ihm zu tun. Im Rahmen einer Amnestie war er vorzeitig entlassen worden und kurz danach wieder straffällig geworden. Ich musste ihn erneut begutachten, denn er hatte während der Haft einen Selbstmordversuch gemacht, und man hoffte, dass jetzt vielleicht doch eine verminderte Zurechnungsfähigkeit herauskommen würde. Um mir einen besseren Überblick über sein Verhalten während der Strafverbüßung zu verschaffen, wurde mir auch die Anstaltsakte mit den täglichen Eintragungen über das Verhalten des Sträflings übergeben, eine Akte, die ich bei derartigen Begutachtungen noch nie erhalten hatte. Sie war sehr umfangreich. Als ich sie aufschlug, stand auf der ersten Seite: »Werner X. wird gemäß Amnestiebeschluss vom … wegen guter Führung entlassen.«

Auf den nächsten Seiten war in den Tagesberichten immer wieder vermerkt: X. ist widersetzlich, X. prügelt sich mit den Mitgefangenen, X. verweigert die Arbeit, X. schlägt einen Wachtmeister, X. erhält wegen Widersetzlichkeit drei Tage Arrest usw. Zwischendurch fanden sich

Schreiben der Versicherung, die Schadenersatz für den gestohlenen und beschädigten Lkw verlangte, denn X. hätte ja inzwischen Arbeitsverdienst haben müssen. Von der Verwaltung der Haftanstalt wurde daraufhin mitgeteilt, dass bis jetzt wegen fehlender Arbeitsleistung auch noch kein Verdienst angefallen sei. In allen späteren Briefen der Versicherung, in der sie doch zumindest eine geringe Zahlung als Anerkennung und Zeichen des guten Willens forderte, wurde gleichbleibend mitgeteilt, das X. nicht zur Arbeit bewegt werden konnte. Und so ging es weiter bis zur »Entlassung wegen guter Führung«.

Der Selbstmordversuch war auch in der Akte erwähnt und die Krankengeschichte aus dem Haftkrankenhaus, in dem er behandelt wurde, beigefügt. Es war kein Zweifel, dass es sich hier um einen demonstrativen Selbstmordversuch gehandelt hatte und dass damit in erster Linie die Absicht verbunden war, in ein Haftkrankenhaus zu kommen. Das zuvor erfolgte Verschlucken einer zertrümmerten Glühbirne hatte keinen Erfolg gehabt.

Auch jetzt war von einer verminderten Schuldfähigkeit keine Rede, X. musste auch die neue Strafe absitzen. Es war seine letzte, denn er beging während dieser Haft nun tatsächlich Selbstmord, indem er sich tiefe Schnitte an beiden Unterarmen beibrachte und verblutete.

Es war dies ein Fall, der mir zeigte, dass ein Straftäter den ganzen Strafvollzug zur Verzweiflung bringen kann, wenn er nur die nötige Sturheit besitzt. Unter der Hand wurde mir dann noch erzählt: »Wir haben ihm sogar angeboten, ihn an die Westgrenze zu bringen, an eine Stelle, wo er leicht hinüberkonnte, und dann nicht auf ihn aufzupassen, nur um ihn loszuwerden.« Auf dieses Angebot soll er nur gesagt haben: »Was soll ich denn da? Ich bin doch hier zu Hause.« Ob das nun wirklich stimmte, weiß ich nicht, aber es würde auf jeden Fall gut in das Gesamtbild dieses Täters passen.

Wolfgang Dürwald
Tote unter Eid
Ein Rechtsmediziner ermittelt

192 Seiten · Hardcover
ISBN 3-86189-212-X
12,70 Euro · 23,00 sFr

Der internatinal anerkannte Rechtsmediziner schildert neue dramatische Fälle vom Sektionstisch à la Quincy.

Wolfgang Dürwald
Ermittler in Weiß
Tote sagen aus

192 Seiten · Hardcover
ISBN 3-86189-178-6
12,70 Euro · 23,00 sFr

Professor Wolfgang Dürwald berichtet aus erster Hand über die schwierige Aufklärung ungewöhnlicher Kriminalfälle und über das Vorgehen und die Methoden der Gerichtsmedizin.